現代言語学入門 2 ─ 日本語の音声

現代言語学入門 2

窪薗晴夫 著

日本語の音声

岩波書店

《現代言語学入門》のねらい

　今この本を読んでいるみなさんは,「言語学」についてこれまでどのような印象をもってきただろうか. ことばに関心があるからこそ, このような本を手にとったのだろうし, 他にもことばをテーマにした本はたくさん出版されていることはご存じだろう. しかし, ことばが「理論的な」研究の対象になり, それを職業にする人までいるということなどは知らなかったかもしれないし, そもそも理論的な研究ということに関心をもつこともなかったのではないだろうか.

　日本の大学にも, 国語や日本語, 英語などの外国語に関する学科はたくさんある. けれども, 言語の理論的な研究をおもな目的とする学科というものは少ないし, あってもあまり知られていない. そこで, この「現代言語学入門」シリーズは, 言語学とは, とくに理論的な言語学とは, いったいどのようなことをするのか, 今までにどのようなことがわかってきたのか, これから何をしなくてはいけないのか, という問題を中心にして, 言語の理論的な研究に興味をもっていただくために, 初歩的なことから説明をしていくものである.

　言語学の入門書がたくさんある中で, 屋上屋を架けることにならないように, このシリーズは一味違う線をねらった. 単なる総花的な概説(「眺める言語学」)や外来の理論の解説(「また聞きの言語学」)ではなく, 身近な問題を実際に分析する力の養成(「自らやる言語学」)である. 題材をどうやって見つけたらいいのか, どうすれば言語の研究者になれるのか, 自分の言語に対する興味を学問レベルにまでもっていくにはどうしたらよいのか, そういう素朴な疑問に対して, 具体的かつ実践的に解説し, アドバイスを与えることをめざした. その意味では, シリーズ全体が言語学の方法論について何らかの形で語っていると言える.

　対象とする読者はおもに大学の学部生だが, 言語そのものを専攻する学科の学生に限らず, 英語教育, 日本語教育, 言語情報処理など, 言語に関係のある学科の教科書, サブテキストとしても使えるはずである. また, 中学・高校以上の, ことばに関する教育の現場にいる人々の役に立つこともねらっている.

言語の研究というと,「文科系」の学問という見方がまだ強いかもしれない.今, この本を手にとっている読者の中にも, 高校・大学と「文科系」の道を歩んできたという人も多いだろう. そういう人は, このシリーズで, 科学的な研究とはどういうものかを是非学んでほしい. 言語学の中でも比較的理論化の進んでいる分野を扱うのも, 論理的に物事を考えることに重点を置き, 題材を自分できちんと分析できるようになることを目標としたからである. 論理的思考というのは暗記の産物ではないので, あらかじめ覚えておかなければならない知識はほとんどない. また, 必要なのは, 一部の天才しかもち得ない名人芸ではなく, 体系的な訓練と論理的な思考を面倒くさがらないいささかの忍耐力である. 先輩が少し手の内を見せてやれば, まねしてできるような部分があるので, きちんと勉強すれば誰にでもマスターできる. それによって, 理論にはどのようなステップがあるのか, それをどのように追っていけばよいのかということを学んでいける. 巻によっては, 数式が登場することもあるが, それらは十分な説明を加えた上で導入されるので, 高校で習ういわゆる文科系向けの数学程度の知識で十分読めるはずである.

　言語学が分析の対象とする言語の数は多いが, 特定の言語のみに見られる現象よりは, 人間の言語一般に見られる共通性・普遍性にこそ興味深いことが観察されるものである. そこでこのシリーズでは, 逆説的だが, 例として取り上げる言語は日本語を中心にした. 実際, 人間の言語に一般に見られる現象は, そのほとんどが日本語でも観察されるのである. また, それ以上に大切な理由は, 他人の説を鵜呑みにするのでなく, 自分で現象を観察しながら理論を作っていけるようになるために, 例文などの判断が母語話者としてできるということが決定的に重要だからだ. つまり, 他人の研究をただ眺めるのでなく, 自ら実践するためには, 自分の母語を分析するのが一番よいのである. 理論的な分析がきちんとできていれば, そこから普遍性に広がっていけるはずである.

　このシリーズは全体で5巻の構成とし, 第1巻で一般的な方法論を述べた後, 第2巻で音韻論, 第3巻で統語論と形態論の一部, 第4巻で意味論と語用論(運用論), 第5巻で計算言語学というように, いちおう, 言語学の伝統的な下位区分に沿った内容の巻が続く. けれども, このような構成はあくまでも便

宜的なもので，シリーズ全体を通して，ことばの研究の面白さを感じとっていただくのがねらいである．また，理論的な研究をするのにも，題材も道具立てもけっして特殊なものでなく，常識的なものであるということを体得していただこうと思っている．したがって，全体を通読すれば，言語学のさまざまな分野で，基本的には同じ手法が用いられていることが納得できるのではないかと思う．

各巻は，基本的に編集委員の一人が著者(の一人)として自ら執筆し，一人ないし二人で，全体を一貫した統一的な視点で書くようにした．そのために，著者の個性が強く感じられる部分もあるかもしれないが，それはこのシリーズの特徴であると考えてほしい．言語学の全体像を語るには，のべ5冊の書物をもってしてもけっして十分ではないが，いささか自負して言えば，このシリーズは量より質をとって，基本的なことがらを精選し，言語学の核心を伝えることに重点を置いたのである．

以下に各巻の概要をまとめておく．

1 『言語学の方法』

言語学とはどういう学問で，何をめざすのか，その全体像を示した後，現象をとらえ，理論的な仮説を立て，それを検証するプロセスを一歩一歩具体的に解説する．自ら考え，理論を組み立て，データの分析，統計処理，などの技術を習得しながら言語学の方法を身につけていけるようにした．

2 『日本語の音声』

日本語のさまざまな音声現象を分析する過程を通して，音韻論および言語学の基本的な考え方や分析方法を解説する．独学でも読めるレベルに抑えながら，日常使う日本語の身近な音声現象を題材として，そこに潜む規則性を見つけ，さらに一般的な法則，原理を発見することの面白さを示した．

3 『単語と文の構造』

言語学で中心となる文法構造の基礎をわかりやすく解説する．統語理論をただ紹介するのではなく，単語や文の成り立ちを，一歩一歩納得してもらいながら，解き明かしていく．とりわけ日本語の構造について最新の成果をもとに具体的に説明するとともに，一定の手続きにより，日本語の文法

構造を取り出す面白さを示す．日本語と他の言語との共通性と相違点も見る．

4 『意味と文脈』

最近研究の進展がめざましい意味と文脈（談話構造）について，基本事項を解説する．語や文のもつ意味とは何か，それをどうとらえるのか，また複数の文にわたる言語現象をどう捉えるのか，辞書と文法で決まる言語表現の文字どおりの「意味」と文脈によって決まる「言外の意味」との関係を豊富な例をもとに具体的に解説する．

5 『言語とコンピュータ』

多様な言語現象に関する大量のデータを扱うのに不可欠なコンピュータの利用を，言語データの集成と分析に即して解説する．さらに進んで，自然言語処理の基本を体験し，人間とコンピュータの違いを理解した上で，コンピュータの可能性と限界を正しく認識し，賢く利用する方法を身につける．

各巻には，基本的な練習問題に加えて，ときには卒業論文や修士論文などの，より発展した研究にも結びつく可能性のある問題を演習問題として用意した．著者たちによる問題の選択を通して，言語学では何が重要で興味深いテーマとされるのかという雰囲気をわかっていただきたいと思う．また，このシリーズのような入門書をこえてさらに深く勉強したいと思う読者のために，読書案内という形で参考書を紹介しておいたので，一人歩きに自信がついたころに取り組んでいただきたい．

1999 年 4 月

窪薗　晴夫
郡司　隆男
田窪　行則
橋田　浩一

はしがき

　日本語の音声を童心に返って眺めてみると，いろいろ不思議な現象に気がつく．たとえば数字を数えるときの発音を考えてみると，1から10まで順番に数えるときと，逆に10から1へと数えるときとでは発音が変わってしまう部分がある．前者では4と7がそれぞれ「しー」「しち」となる（なりやすい）のに対し，後者では同じ数字がそれぞれ「よん」「なな」と発音される．この発音の違いはなぜ生じるのであろうか．特に意味のない，偶然の出来事なのであろうか．それとも何か言語学的な法則が隠されているのであろうか．後者であるとすると，それはどのような法則であろう．またそのような法則が存在する理由は何であろうか．

　同様の疑問が次のような現象に対しても持ち上がる．いずれも日本語にナイーブな感性を持っている小学生や留学生の質問である．

（1）「あっと言う間に」や「人をあっと言わせる」などの慣用表現に「あいうえお」の中から「あ(っ)」という母音が用いられるのはなぜだろう．どうして「うっと言う間に」とか「人をいっと言わせる」とは言わないのだろうか．

（2）「か」に濁点を付けたら「が」となる．では「な」や「ら」に濁点を付けたら何と発音するのだろう．発音できないとしたら，それはなぜだろうか．

（3）くだけた発音で「すごい(oi)」が「すげえ(ee)」となり，「痛い(ai)」が「いてえ(ee)」，「熱い(ui)」が「あちい(ii)」となるのはなぜか．どうして「すぎい」「いとう」「あてえ」などとはならないのだろう．

（4）「青空」を「あおそら」ではなく「あおぞら」と読むのはなぜだろう．「風車」を「かぜくるま」と発音しないのはなぜだろう．

（5）「金太郎」と「桃太郎」ではアクセントの型が違っている．この違いは偶然生じたものだろうか．

（6）「右」と「左」を音読みでつなげると「左右(さゆう)」，訓読みなら「右 左(みぎひだり)」となる．同じように，「表」と「裏」は漢語では「表裏(ひょうり)」，和語では「裏(うら)表(おもて)」となる．このような語順の違いは偶然に生じたものだろうか．

（7）「伊藤」と「江藤」では1文字（あるいは母音が一つ）異なるだけで，アクセント型が違ってくる．これはなぜだろう．

（8）「首位争い」と「首位攻防」では同じ「首位」の部分の発音（アクセント型）が異なっている．これはなぜだろう．

ここであげたような素朴な疑問に対して，明快な答えを出してくれる言語学の教科書は少ない．少ないと言うより，このような疑問はあまりにも身近すぎて，言語学の問題としてまともに取り上げられていないというのが正確な言い方であろう．私たちは完璧な日本語母語話者となる過程で（あるいは現在の詰め込み教育の弊害で），このような素朴な疑問を抱く感性すら失ってしまっている．子供や留学生から質問されてはじめて，日本語にこのような興味深い事実や問題があることに気がつくのである．

本書は日本語音声に関するこのような素朴な疑問に答えながら，言語学の中で音声を理論的に分析しようとする**音韻論**(おんいんろん) (phonology) という学問分野について，その基本的な考え方と分析方法を解説しようとするものである．そこには，日本語の現象が一般言語学の枠組みでどのように解釈できるかという視点と，日本語の分析が言語一般の研究にどのように貢献できるかという視点の，二つの視点が含まれている．日本語の具体的なデータを分析することによって，言語研究の具体的な素材が身近なところにあることを実感しながら，この二つの目標が達成できることを期待したい．

また，音韻論は当然のことながら，統語論（文法論）や意味論などの言語学の他の分野と，基本的な考え方を共有している．音韻論の基本を学びながら，現代言語学の基本的な考え方や分析方法にまで到達できれば幸いである．

本書は七つの章と五つのコラムから構成されている．序論となる第1章では，本書の各章に共通している，「一般化」と「有標性」という二つの概念を解説する．この二つの概念は音韻論だけでなく言語学一般に共通した基本概念であり，また数学や物理学などの自然科学と言語学とを結びつける概念でもある．他の

学問分野と共通するだけではない．これらの概念は我々の日常生活でも頻繁に用いられている考え方を表すもので，きわめて常識的な概念でもある．

　第2章と第3章では，母音と子音の体系を言語に共通する有標性原理の観点から考察した．第2章は特に母音と子音の記述方法を，五十音図の構造や子供の音の獲得と関連づけて解説している．具体的な問題として，上述の(1)と(2)の疑問などを取り上げている．第3章は，物理的には無限に存在する音の世界を音素という有限の音の体系に還元する手順を，未知の言語に遭遇した言語学者と言語獲得期の乳幼児の立場から検討し，きわめて常識的な手順が用いられていることを論じた．第2章と同じく，日本語のデータをもとに日本語の音の体系を解説している．

　続く第4章では，一つ一つの音をいくつかの成分に分解するという分析を紹介する．これは物理学や化学の世界で分子が原子に分解できることにたとえることができる．一つ一つの音を音声素性と呼ばれる音の成分に分解することによって，日本語の言語現象を一般化できるだけでなく，それらを他言語の現象と同じ土俵で比較する基盤を提供し，それらの背後にある言語に共通した特質と日本語の独自性を浮き彫りにすることができる．「すごい」が「すげえ」となる原理を考察しているのもこの章である．

　第5章では日本語の音声現象を形態論との関係から考察した．「風車」という複合語が「かぜくるま」ではなく「かざぐるま」と発音される現象，すなわち「かぜ」が「かざ」，「くるま」が「ぐるま」と発音を変える形態音素交替の現象を分析し，とりわけ後者(くるま→ぐるま)の連濁現象についてその生起を決定する要因を一般言語学的観点から考察した．

　第2〜5章では，日本語の音声現象を一つ一つの音，ないしはそれより小さな単位について分析しているが，もう少し大きな単位について考察したのが第6章と第7章である．第6章では日本語のリズム構造を形作るとされているモーラという言語単位について考察し，この単位によってアクセント現象から吃音(吃り)の構造まで，広範囲な日本語の音声現象が一般化できることを論じた．第7章ではモーラと混同されがちな音節という単位を紹介し，この単位を日本語の記述に取り込むことによって「金太郎」-「桃太郎」のアクセントを

はじめとする日本語のさまざまなアクセント現象が一般化でき，また英語やラテン語をはじめとする他の言語との異同を明らかにすることができることを論じた．この章の後半では音節構造に焦点を絞り，日本語の音節構造が人間の言語に共通する原理，とりわけ有標性の原理に立脚したものであることを解説している．

　本書を通じて音の世界や日本語の問題，そして広く言葉の問題に関心を持つ人が増えれば，著者として望外の喜びである．

　本書の刊行にあたっては，草稿段階で編集委員の方々と，山本武史さん（京都大学大学院），真野美穂さん（神戸大学大学院）のお二人から貴重なコメントをいただいた．また編集・校正に関しては，岩波書店のみなさん，とりわけ桑原正雄氏にお世話になった．ここに記してお礼を申し上げる．

　最後に，日頃から言葉について素朴な質問を投げかけ，研究に刺激を与えてくれる三人の子供たちと，陰ながら研究を支えてくれる妻に感謝の気持ちを伝えたい．

　1999年3月

大阪・箕面にて

窪薗晴夫

目　次

《現代言語学入門》のねらい ・・・・・・・・・・・・・ v
はしがき ・・・・・・・・・・・・・・・・・・・・・・ ix

1　言語学の基本概念 ・・・・・・・・・・・・・・ 1
1.1　一般化 ・・・・・・・・・・・・・・・・・ 2
　　（a）　自然科学と言語学 ・・・・・・・・・・・ 2
　　（b）　連濁と一般化 ・・・・・・・・・・・・・ 5
1.2　有標性 ・・・・・・・・・・・・・・・・・ 9
演習問題 ・・・・・・・・・・・・・・・・・・ 13

2　母音と子音 ・・・・・・・・・・・・・・・・ 15
2.1　呼吸と発声 ・・・・・・・・・・・・・・・ 16
2.2　調音 ・・・・・・・・・・・・・・・・・・ 19
2.3　母音性と子音性 ・・・・・・・・・・・・・ 19
2.4　母音の有標性 ・・・・・・・・・・・・・・ 21
　　（a）　含意の法則 ・・・・・・・・・・・・・・ 21
　　（b）　母音の中の母音 ・・・・・・・・・・・・ 22
　　（c）　五十音図 ・・・・・・・・・・・・・・・ 27
　　（d）　鼻母音 ・・・・・・・・・・・・・・・・ 29
　　（e）　ウムラウト ・・・・・・・・・・・・・・ 30
　　（f）　日本語の「ウ」 ・・・・・・・・・・・・ 35
　　（g）　無声母音 ・・・・・・・・・・・・・・・ 38
2.5　子音の有標性 ・・・・・・・・・・・・・・ 44
　　（a）　ノンタンと子音の有標性 ・・・・・・・・ 44
　　（b）　子音記述の四つの基準 ・・・・・・・・・ 45
　　（c）　調音点の有標性 ・・・・・・・・・・・・ 50
　　（d）　調音法の有標性 ・・・・・・・・・・・・ 51

　　　　(e) 調音法と声の相関・・・・・・・・・・・・・ 53
　　　　(f) 五十音図の秘密・・・・・・・・・・・・・・ 58
　　　　(g) p 音 考・・・・・・・・・・・・・・・・・ 60
　　演習問題・・・・・・・・・・・・・・・・・・・・・・ 62

3 音の獲得・・・・・・・・・・・・・・・・・ 65
　　3.1 音素の発見と一般化・・・・・・・・・・・・・ 66
　　3.2 音素の獲得・・・・・・・・・・・・・・・・・ 68
　　3.3 音素体系の構築・・・・・・・・・・・・・・・ 71
　　　　(a) ミニマルペア・・・・・・・・・・・・・・ 71
　　　　(b) 相補分布・・・・・・・・・・・・・・・・ 73
　　3.4 日本語の音素と異音・・・・・・・・・・・・・ 76
　　　　(a) 2種類のローマ字表記・・・・・・・・・・ 76
　　　　(b) 同化現象と異音・・・・・・・・・・・・・ 78
　　　　(c) 音素の心理的実在性・・・・・・・・・・・ 80
　　演習問題・・・・・・・・・・・・・・・・・・・・・・ 83

4 音の成分・・・・・・・・・・・・・・・・・ 85
　　4.1 音声素性と二項対立・・・・・・・・・・・・・ 86
　　4.2 連濁と音声素性・・・・・・・・・・・・・・・ 89
　　4.3 言い間違いと音声素性・・・・・・・・・・・・ 94
　　4.4 母音融合と音声素性・・・・・・・・・・・・・ 96
　　演習問題・・・・・・・・・・・・・・・・・・・・・・ 104

5 連濁と音の交替・・・・・・・・・・・・・・ 107
　　5.1 形態音素交替・・・・・・・・・・・・・・・・ 108
　　　　(a) 日本語の形態音素交替・・・・・・・・・・ 108
　　　　(b) 形態音素交替と異音変異・・・・・・・・・ 111
　　5.2 連濁と同化・・・・・・・・・・・・・・・・・ 113

5.3　連濁と語種・・・・・・・・・・・・・・・ *115*
5.4　ライマンの法則とOCP・・・・・・・・・ *122*
5.5　連濁と意味構造・・・・・・・・・・・・・ *131*
　（a）並列構造と連濁・・・・・・・・・・・ *131*
　（b）意味制約の一般性・・・・・・・・・・ *135*
5.6　連濁と枝分かれ構造・・・・・・・・・・・ *138*
演習問題・・・・・・・・・・・・・・・・・・・ *142*

6　日本語の特質とモーラ・・・・・・・・・ *143*

6.1　モーラと川柳・・・・・・・・・・・・・・ *144*
6.2　モーラ言語と音節言語・・・・・・・・・・ *147*
6.3　モーラの獲得・・・・・・・・・・・・・・ *150*
　（a）モーラ言語の起源・・・・・・・・・・ *150*
　（b）モーラの言語獲得・・・・・・・・・・ *153*
6.4　歌謡とモーラ・・・・・・・・・・・・・・ *156*
6.5　言い間違いとモーラ・・・・・・・・・・・ *163*
　（a）交換エラー・・・・・・・・・・・・・ *163*
　（b）代入エラー・・・・・・・・・・・・・ *166*
6.6　混成語とモーラ・・・・・・・・・・・・・ *167*
　（a）混成語エラー・・・・・・・・・・・・ *167*
　（b）意識的な混成語・・・・・・・・・・・ *172*
　（c）混成語実験・・・・・・・・・・・・・ *174*
6.7　吃音とモーラ・・・・・・・・・・・・・・ *176*
6.8　音韻規則とモーラ・・・・・・・・・・・・ *179*
　（a）外来語アクセント規則・・・・・・・・ *179*
　（b）代償延長・・・・・・・・・・・・・・ *182*
6.9　モーラの普遍性・・・・・・・・・・・・・ *184*
演習問題・・・・・・・・・・・・・・・・・・・ *186*

xvi 目次

7 音節とアクセント ･･････････････ 189
7.1 音節とは何か ････････････････ 190
7.2 モーラと音節 ････････････････ 195
7.3 シラビーム方言 ･･･････････････ 198
7.4 音節とアクセント規則 ･･････････ 200
（a） 歌謡の言語構造･･････････････ 200
（b） 外来語アクセント規則 ･･･････ 202
（c） 音節構造と外来語の平板化 ･･･ 205
（d） カラヤンのアクセント ･･････ 208
（e） 桃太郎と金太郎のアクセント構造 ････ 212
（f） 複合語アクセント規則 ･･････ 214
7.5 音節構造･･････････････････ 217
（a） 日本語の歴史と音節構造 ････ 217
（b） 頭子音 ･･････････････････ 219
（c） 尾子音 ･･････････････････ 221
（d） 子音結合 ････････････････ 225
（e） 音節構造の多様性･･････････ 226
7.6 母音挿入････････････････････ 229
演習問題･･････････････････････ 235

読書案内･････････････････････････ 237
参考文献･････････････････････････ 241
索　引･･････････････････････････ 243

〈コラム〉　　UPSID　　24
　　　　　濁音の意味とイメージ　　57
　　　　　目は耳ほどにものを聞く　　81
　　　　　大金持ちと大ぼら吹き　　141
　　　　　外来語アクセントとラテン語アクセント　　210
　　　　　音変化と語源　　234

言語学の基本概念

　音声現象を理論的に分析しようとする音韻論にとって，いくつか重要な概念が存在する．本書はそのような概念を日本語の音声分析を通して解説しようとするものであるが，音韻論の基本的な考え方の中には，言語学全般に共通するものも少なくない．本書にとって特に重要なのが一般化と有標性の二つの概念である．**一般化**(generalization)とは無限個の言語現象を有限個の規則や原理に還元しようとする作業であり，言語学が物理学や天文学などの自然科学と共有する基本的な考え方である．一方，**有標性**(markedness)とは，物事に基本的なものと応用的なもの，単純なものと複雑なものというような序列が存在するという仮説であり，応用的なものや複雑なものは基本的なものや単純なものを前提として存在するという考え方である．

　「一般化」も「有標性」も言語学に特有の考え方ではない．他の科学分野でも一般的に使われる基本的概念であり，また学問の世界だけでなく，日常生活でもごく普通に用いられている．具体的な言語分析に入る前に，この二つの概念を日常的な事象を例にかいつまんで解説してみよう．

1.1 一般化

(a) 自然科学と言語学

　一般化とは，複数の現象を一つの規則や原理に還元することである．数学の定理を例にとると，図 1.1 (a) に書いた直角三角形の斜辺 x が 5 cm になるということと，図 1.1 (b) の直角三角形の斜辺 y が 13 cm になるということは無関係ではなく，古代ギリシャの哲学者・数学者のピタゴラスが発見した「三平方の定理」(ピタゴラスの定理)に還元できる．

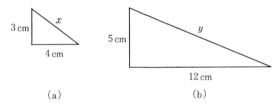

図 1.1　三平方の定理

　x が 5 cm になるということと，y が 13 cm になるということは，一見すると無関係のように見える．「三平方の定理」を知らない人であれば，定規を使ってそれぞれの長さを測り，それぞれ 5 cm, 13 cm の長さであることを経験的に知るであろうが，両者の間にどのような関係があるかということまではわからない．むしろ，両者が関連づけられるものであるということすら予想しないであろう．ところが「三平方の定理」を学んだ人であれば，両者が無関係でないことを知っている．この 2 例に限らず，直角三角形の斜辺の長さは他の 2 辺の長さから正しく予測できる．つまり，x と y の長さは無関係なものではなく，「三平方の定理」という単一の法則によって説明できる現象なのである．このように，一見すると異なるように思える現象が同一の規則や原理に支配されていることを客観的に示すことを一般化という．複数の現象を「統一的に記述する」と言ってもよい．

　自然科学の歴史は一般化の歴史である．たとえば物理学者の有馬朗人氏が

書いた次のエッセイ「統一への努力」を読んでみよう．この中で使われている「統一する」という言葉は「一般化」と同義である．

　自然科学の進んできた道程を振り返って見ると，長年別々な現象と思われてきたものの裏にひそんでいる共通性をみつけ，両者を統一して理解することによって，飛躍的な発展がもたらされたことがきわめて多い．

　よく知られている例は，ニュートンの発見した力学である．1600年代にニュートン力学によって，太陽のまわりを回転する水星や金星などの惑星運動と，地上の物体の落下運動が全く同質のものとして説明できるようになった．そしてリンゴと地球の間にも，惑星のような大きなものの間にも，全く同じ重力が働いていることがわかった．

　電気と磁気という一見違った現象も，ファラデーやマクスウェルたちによって電磁気学にまとめられた．前世紀の終わりごろのことである．

　この電磁気相互作用と，原子核のベータ崩壊や素粒子の崩壊で重要な役割を演じる弱い相互作用が，ワインバーグとサラムにより，電弱統一理論としてまとめられ，大成功を収めて我々を驚かせたのは最近である．物理学者はさらに原子核の内部で働く強い相互作用と電弱相互作用とをまとめ，ついには重力をも統一してアインシュタインの夢を実現しようとしている…

（朝日新聞『しごとの周辺』より）

　自然界の現象が無限であるのと同じように，言語の世界の現象も無限である．単語一つとってみても，どの言語の語彙も無限に増えていく可能性を持っているし，それらの単語から作り出される文の数も事実上無限である．しかしながら，ちょうど自然科学の分野の研究者たちが，自然界の現象を有限個の原理に還元しようと試みてきたように，言語学者たちも，無限の言語現象の中に有限個の原理を見いだそうとしてきた．それらの原理は，規則(rule)，原則(principle)，法則(law)あるいは制約(constraint)と，ときによりさまざまな呼び方がされてきたが，基本的なところは同じであり，無限から有限を導きだそうとする努力の結果である．

　言語学者がなぜこのような努力をしてきたかというと，言語の世界も自然界

と基本的に同じであると信じてきたからである．見かけ上は複雑な現象であってもじつは比較的単純な原理に支配されていて，その原理をつきとめれば，一見無関係に思える複数の現象がすべて統一的に，そして単純に説明できるはずである，言語学者はこのように考えてきたのである．この根底には自然科学者と共通した「真理は単純である」という信念がある．自然科学の世界では，上記のエッセイにもあるように，研究の歴史がこの信念の正しさを実証している．言語の研究でも，およそ200年前に始まった近代言語学，あるいは古代インドやギリシャの古典的言語研究によって，この信念が正しいことが証明されてきた．本書でもこの一部を紹介しようとするわけであるが，現代の言語学者はこのような歴史的研究の成果の上に立って，さらに単純な真理を探ろうとしているのである．

　これまでの言語研究の成果を知らない人であっても，子供が言葉を獲得していく過程を考えてみると「言語の世界も真理は単純である」という仮説を比較的容易に理解することができる．子供は親の母語とは直接関わりなく，生後数年のうちに自分の生まれ育った環境の言語を獲得する．最近の言語発達研究によると，子供は生後6か月で母語の母音体系の骨格を獲得し，その半年後には子音体系までも獲得するという．リズムやイントネーションといった韻律構造（いわゆるプロソディー）の獲得は，一般に母音や子音の獲得よりも早いと言われていることを考えると，母語となる言語の基本的な音韻構造は生後わずかの期間に獲得されるということになる．赤ん坊がまわりの大人が話す言語に常に接しているとはいっても，これほどまでに短期間のうちにその言語の基本的構造を獲得するということは，ほとんど奇跡に近いことである．その奇跡を（脳に障害があるといった例外的ケースを除いて）すべての子供が成し遂げるという事実から，言語の構造はそれほど複雑なものではないのではないか，少なくとも，無限の現象が存在するほどには言語構造・体系は複雑なものではないであろうと推測できるのである．少しでも科学の心があれば誰でも，無限の言語現象の背後に有限個の規則や原理が存在し，それらの規則・原理は子供が短期間のうちに獲得できる程度に単純なものであると考えるに違いない．もっとも，それがどの程度単純なものであるかという問題は先験的に決めることができる

ものではない．人間の言語活動が示すさまざまな言語現象を一つ一つ分析し，現象間の関連性を考察することによって，問題となる規則・原理の中身や抽象度が解明されていくのである．それらを実証，理論の両面から解明していくのが言語研究の課題なのである．

　話をもとに戻して，本書では，言語の音声現象がどのように一般化されてきたか，現象を一般化するためにどのような概念が提案されてきたかを，日本語の分析を通して解説してみる．具体的には，一般に「音」と呼ばれている「音素」という概念，音素を分解した「音声素性(そせい)」という概念，複数の音素をまとめた「モーラ」や「音節」さらには「フット」という言語単位がこれに含まれる．また，これらの言語単位を用いて言語現象を一般化するために，規則，原理，法則，制約といった概念が提案されてきた(窪薗 1998)．ここでは連濁という言語現象を例に，音声現象が一般化される過程を簡単に解説して見てみよう．

(b)　連濁と一般化

　まず(1)の名詞を発音してみよう．これらの名詞はある共通した音声特徴を持っているが，それが何かわかるだろうか．

　(1)　海亀，渋柿，雨傘，ミカン狩り，生菓子

　(1)の名詞はいずれも二つの名詞が結合してできた名詞(**複合名詞**)であり，後部要素の初めの音が変化している．ここで起こっている変化は語ごとに異なるものではなく，「か」という音節(子音と母音のまとまり)が「が」という音節に変わるという形で一つにまとめることのできるものである．つまり，「か→が」という規則を仮定することによって，(1)の五つの現象を一般化できる．しかし，この一般化は真の一般化ではない．日本語を知っている人であれば，(1)に起こった変化と同じ変化が(2)の語にも起こっていることがわかるはずである．

　(2)　雛菊(ひなぎく)，目薬(めぐすり)，月の輪熊(わぐま)，産毛(うぶげ)，迷子(まいご)，へっぴり腰(ごし)

　ではどのようにしたら(1)と(2)を一般化できるのか．答えは(3)のように単純である．音節全体の発音が変わるのではなく，[k] という音が [g] という音に変わると分析すればいいのである．つまり音節をさらに小さく砕いて，「か」を [k]+[a]，「き」を [k]+[i] というように分析すれば，(1)と(2)の共通性は容易に

捉えることができるようになる．この [k] や [i] のような単位が**分節音**(segment)ないしは**音素**(phoneme)と呼ばれているものである．

(3)　k → g

このように音節を音素に分解すると(1)と(2)を統一的に捉えることができるようになるが，この(3)の規則も(1)や(2)の現象に対する真の一般化とは言えない．日本語話者の直観では，(1)や(2)に起こっている変化と同じ変化が(4)にも起こっていると感じられるからである．

(4)　a. 海亀，雛菊，目薬，産毛，迷子
　　 b. 川魚，沼鹿，巻きずし，猫背，青空
　　 c. 戸棚，鼻血，海釣り，山寺，山鳥
　　 d. 虫歯，たき火，浪花節，川べり，流れ星

音素という概念を用いただけでは(4)の例をすべて統一的に捉えることはできない．音素という概念では(4a〜d)を(5a〜d)のように別々の現象として捉えることしかできないからである．

(5)　a. k → g
　　 b. s → z
　　 c. t → d
　　 d. h → b

ではどのようにしたら(4)を一般化できるのか，つまり(5a〜d)の共通性を表すことができるのか．ひらがなやカタカナを知っている人なら(6)のように答えるだろう．あるいは日本語音声の知識のある人であれば，(7)のように答えるに違いない．(7)で用いた清音・濁音とは，音節に与えられた名称で，かな文字にしたときに濁点の付かないいもの，付くものにそれぞれ対応する．

(6)　後部要素の初めの文字に濁点を付ける．

(7)　後部要素の初頭の清音を濁音に変える．

(6)と(7)の規則はいずれも(4)のすべての複合語（合成語）に共通した変化を捉えている．その意味において(4)の例を一般化したものである．しかしながら，(6)は(4)に起こった音声変化を文字のレベルで捉えていて，音声のレベルで捉えているものではない．(4)に起こっている変化は基本的に発音の変化で

あり，文字とは独立して起こっているものである．この点(7)の記述は優れている．日本語のカ行，サ行，タ行，ハ行の音節はすべて清音であり，(4)の変化はこれらの清音を対応する濁音に変えたものである．清音・濁音という概念を用いることによって(4)に例示した連濁の現象を一般化することができるのである．

しかしながら(7)の記述にも欠点がある．連濁が清音を濁音に変える過程であるならば，ナ行やマ行，ヤ行，ラ行，ワ行といった他の清音にも同じ変化が起こってもおかしくないはずである．ところが(8)に示すように，これらの清音には連濁は起こらない（＊は不適格な形を表す）．

(8) a. やき＋なす → やきなす，＊やきな゛す
　　 b. そら＋まめ → そらまめ，＊そらま゛め
　　 c. あたご＋やま → あたごやま，＊あたごや゛ま
　　 d. やま＋りす → やまりす，＊やまり゛す
　　 e. おお＋わし → おおわし，＊おおわ゛し

― 練習問題 1.1 ―――――――――――――――
　　(8)の現象を説明する原理を考えてみなさい．

「な」や「ま」には濁点の付いた文字がないから(8)のような変化は起こりえないと考える人もいるかもしれないが，その説明は説得力に欠ける．連濁は基本的に発音の変化であるから，文字体系に説明を求めることは適当ではないし，かりに文字が原因であるとしても，そもそもなぜ「な」や「ま」に濁点の付いた文字がないのかが問題となるからである．つまり，同じ清音でもカ行，サ行，タ行，ハ行の音節とナ行，マ行，ヤ行，ラ行，ワ行の音節とがなぜ違うのかを明確に説明する必要がでてくるのである．清音・濁音という概念を使って一般化しようとすれば(7)を(9a)または(9b)のような複雑な規則に改訂するしかない．このように改訂しても，なぜカ行やサ行に対してナ行やマ行が対立する濁音を持っていないのかという疑問が残る．

(9) a. 後部要素の最初の音節が対立する濁音を持っている清音である場合に，この清音を濁音に変える．

　　　　b. 後部要素の初頭の清音を濁音に変える．ただし，これは対立する濁
　　　　　音を有する清音に限る．
　言語学ではこの説明を**音声素性**(phonetic feature)という考え方に求める（具
体的には第4章参照）．音声素性とは一つ一つの音を構成している音声特徴の
ことであり，そのような特徴が束になって一つ一つの音ができていると考える
のである．この考え方をいま問題となっている連濁の場合にあてはめると，連
濁は音を構成している複数の音声素性の中で，声(voice)という素性が変化す
る過程と分析できる．規則化すると(10)のようになる．
　(10) 　[−voice] → [+voice]
　音声素性を用いたこの分析は，上で指摘した2種類の清音の違いを簡単に
説明できる．日本語で清音と呼ばれているものの中で，カ行，サ行，タ行，ハ
行の子音はいずれも声帯の震えを伴わない音，すなわち**無声音** [−voice] であ
り，一方，ナ行，マ行，ヤ行，ラ行，ワ行の子音は声帯の振動を伴う**有声音**
[+voice] である．連濁が [−voice] という特徴を持った音を [+voice] に変える過
程である限り，有声音のナ行やマ行の音に連濁が起こらないのは当然である．
有声音とは声帯の振動を伴う音であるから，そのような特性を持った音をさら
に有声にすることは，はじめから生理的に無理ということになる．ナ行やマ行
の文字に濁点が付かないのもこのためである．[voice] という音声素性を用いて
分析すると，このような当たり前のことが無理なく明示できるようになる．
　このように，一つ一つの音を分解した「音声素性」という考え方を取り入れ
ることにより，連濁という音声現象を過不足なく記述できるようになる．この
分析はさらに，連濁が起こる理由を明らかにし，また日本語に見られる他の音
声現象や他の言語の現象との共通性を明示的に捉えることを可能にしてくれる
(4.2節)．一見して無関係に思われる現象間の共通性を捉えること，これがす
なわち「一般化」ということであるから，「音声素性」の概念は，このような言
語現象の一般化を可能にしてくれる道具立てということになる．

1.2 有標性

「一般化」と並んで，現代言語学で重要な役割を果たしているのが有標性という概念である．有標性とは，AとBという二つのものが対立している場合に，そのいずれかが他方より一般的であること意味している．一般的な方を**無標**(unmarked)，特殊な方を**有標**(marked)と言う．

たとえば *man-woman, day-night, old-young* という英語の対語を考えてみよう．これらの対語は対等の関係をなしているように思えるかもしれないが，実際にはそうではない．いずれのペアでも最初に書いた語(*man, day, old*)の方が他方よりも無標な語として扱われている．その証拠に，*man*(男)と *woman*(女)を総称する場合に *man*(人間)という語を用い，*day*(昼)と *night*(夜)を総称して *day*(1日)と呼ぶ．*old* と *young* にしても「何歳ですか」と中立的な意味で使うときは *How old are you?* と *old* を使い，*How young are you?* とは言わない．このように，一見して対等の資格を持っているように見えても，両者は対等ではないのである．*man* と *woman* では *man* の方が，*day* と *night* では *day* の方が，そして *old* と *young* では *old* の方が，一般的な意味で使われている．このように一般的な扱いを受けているものを無標，他方を有標と言うのである．人間の認知能力という観点からみると，対立概念AとBを対等に扱うのではなく，「Bでないものはすべて A である」というような認知の仕方をしているということである．全体の中でB(特殊)となるものさえマークしておけば，A(一般的)となるものまでマークする必要はないということである．

---練習問題 **1.2**---
日本語で無標-有標の関係にある対語をあげなさい．

man-woman の対立の中で *woman* の方を有標(特別)扱いするというのは男女平等の原則に反することであろうが，不思議なことに人間の脳は物事の認識においていろいろ不平等な処理を行っている．その好例が色(color)の認識であろう．虹の中にいくつの色を感じとるかはそれぞれの文化によって異なるとさ

れているが，そこには普遍的な法則が存在することも心理学の研究によって明らかにされている．人間にとってもっとも基本的な色は黒と白であり，3色体系ではそれに赤が加わる．4色体系では黄色か緑が加わり，5色体系は黒，白，赤，黄色，緑の5色である．6色や7色を有する言語(文化)では，これらの5色にさらに青と茶色がこの順番で加わることになる．このように人間の脳はたとえば七つの色を対等に認識するのではなく，色の世界を(11)に示したような序列に従って分割するというのである．

(11) {黒, 白} → 赤 → {黄, 緑} → 青 → 茶

人間の活動においてこのような一種差別的な状態が見られることは，じつは日常の生活でもごく普通に観察されることである．ここでは鉄棒体操と数学の勉強を例にあげよう．同じ鉄棒体操でも逆上がりと大車輪では質的な違いがある．子供がこれらの練習をする場合，まずは基本的な前回りを体得し，その後に逆上がり，そして最後に大車輪へと進む．前回りもできないのに，いきなり大車輪に挑戦するということは無理な話である．それゆえ，大車輪ができる人は前回りもできるが，前回りができるからといって大車輪ができるとは限らない．数学の勉強でも，足し算から掛け算へと進んでその後に微分・積分がくる．基本的な足し算から応用的なものへと進むのが合理的な進み方であり，それゆえ，「微分・積分はできるが足し算はできない」というような奇妙な事態は起こらない．物事には基本的なものと応用的なものがあり，基本から応用へと進むのが常道なのである．

色の場合でも基本的なものから認識を始め，それから徐々に複雑なものに進む．色を体操や数学にたとえて言えば，黒色や白色にあたるのが前回りや足し算であり，基本7色に入らない紫色やピンクにあたるのが大車輪や微分・積分ということになる．これらのたとえの中で基本的と呼んでいるのが有標性理論における無標の構造であり，応用的と呼んでいるのが有標の構造である．

有標性の考え方をもう少し具体的に知るために，その根底にある「マークする」という概念を考えてみよう．わかりやすい例が，学校の名簿である．男女混合の名簿で男女の区別をする必要がある場合には，男子か女子のいずれかをマークしておけばよい．男子にA，女子にBというような記号を付けたらい

1.2 有標性

いと思うかもしれないが，そのように両方に記号を付けることはじつは合理的な方法ではない．男子か女子のいずれかだけにAや＊などの印を付けておきさえすればよいのである．工学部のように男子が大多数のところでは女子をマークし，外国語学部のように女子が多いところでは男子をマークしておけば，男女の区別が無駄なくできる．特別な方（ここでは少ない方）をマークしておけば，最小の努力で二者の区別ができるようになる．

言語の場合に何をマークするかというと，それは特別な振る舞いをするものである．動詞の活用ならば，不規則動詞をマークすればよいのである．たとえば英語の動詞活用を覚える場合には，*set-set-set* や *catch-caught-caught* のように不規則変化をするものをすべて覚えればよく，*ask-asked-asked, kill-killed-killed* のように規則変化するものまでも一つ一つ覚える必要はない．特別なもの，規則性の低いものをマークしておけば，全項目を覚えなくても，全体を比較的簡単に覚えられるというわけである．

無標−有標の区別は，このように**予測可能性**（predictability）ということを前提にしている．人間は男−女の二項的な対立をなしているから，男でなければ女，女でなければ男ということになる．それゆえ一方をマークしておけば，マークされていない人の性別は自ずとわかるのである．予測可能性という意味でもう一つ，住所録に出てくる電話番号の例を考えてみよう．大学や会社の住所録には省略された電話番号と省略されていない番号の両方が出てくる．たとえば神戸大学の職員録には(12)に示した2種類の番号が登場する．

(12) a. 803–xxxx
  b. 075–721–xxxx

(12a)のような7桁の番号は明らかに何かが省略されたものである．何が省略されているかというと神戸市の市外局番078が省略されている．なぜこの市外局番が省略されるかというと，神戸市以外の職員についてその電話番号をフルに記しておけば，その他の職員（つまり神戸市在住の職員）の市外局番は予測できるからである．神戸大学の職員の多くは神戸市在住であるから，この予測可能な部分を無標扱いすることによって，一見すると不完全なようにみえても，無駄のない合理的な住所録ができあがることになる．これと同じ有標性の考え

方を，電話会社自体が採用している．神戸大学から電話するとき，市外へかける場合には市外局番をダイヤルしなくてはいけないが，市内へかける場合には078という番号をダイヤルする必要はない．日本の電話番号は基本的に10桁であるから，その10桁の番号をいつでも完全にダイヤルする方が正確なようであるが，けっしてそういうわけではないのである．上記のように市内通話のときだけ市外局番を省略したとしても正確さは変わらないし，それに何よりも，その方が無駄が少ない．予測できるところは省略して無駄を省くという考え方が，有標性という概念の基底にある．人間の言語もその言語を操る脳も，そのように合理的にできているはずだ，という考え方が有標性理論の根底にあるのである．

予測可能性ということは形態の簡潔さということにも現れてくる．電話番号の場合には，予測可能な市内の電話番号が無標の扱いを受け，予測できる部分は省略されている．それゆえ，無標のものは有標のものよりも単純な形を持っているのである．このこともまた言語の場合にあてはまり，有標なものは特別な形態をとり，無標なものは規則的な形態をとる．たとえばこの節の冒頭にあげた *man-woman* という対語でも，有標な扱いを受けている *woman* の方が無標の *man* より複雑な語形をとっている．同類の例として(13)にあげる英語の数詞(11〜19)を見てみよう．

(13)　eleven, twelve, thirteen, fourteen, fifteen, sixteen, seventeen, eighteen, nineteen

(13)にあげた9個の数詞の中で複雑な形態をとっているのが *eleven* と *twelve* の2語であり，他の語は規則的な語形を持っている．14は4(four)+10(teen)，17は7(seven)+10(teen)という規則的な形を示すのである(*teen* は *ten* の異形であり，また *thirteen* の *thir-* は *three* の異形である)．単純に語の長さだけを比べると *eleven* や *twelve* の方が *fourteen, seventeen* などよりむしろ短いかもしれないが，形態的には *fourteen* や *seventeen* の方が規則的な形と言える．言語獲得という観点から見ると，子供がマークして覚えるのは *eleven, twelve* の2語であり，他の語は [X+teen] という規則にあてはめて覚えればよいのである．

同じことが英語の序数詞(*first, second, third, fourth, fifth, sixth, seventh,* …)

や反復数詞(once, twice, three times, four times, …)にもあてはまる．序数詞の中で third 以上の数詞が規則性を示して［基数詞＋語尾］という単純な形式をとっているのに対し(third は thir(three)+d である)，first と second は基数詞とは関係のない特殊な語形をとっている．いずれも一部の語彙に特別な語形を与え，他の大多数の語彙には規則性の高い語形を与えているのである．言語獲得においては，前者だけをマークしてしっかり覚えれば，後者は規則を覚えるだけで一つ一つ覚える必要はないのである．ちなみに数字の体系や動詞の活用などにおいては，基本的な数字や動詞に不規則な形態が許される傾向がある．基本的なところは日常よく使われるために，規則に合致しない例外性(つまり有標な形態)が許容されるということであろう．

演習問題

1.1 言語学は物理学などの自然科学とどのような共通性を持っているか．「一般化」という概念を用いて解説しなさい．

1.2 「一般化」とは，複数の現象を統一的に記述・説明することである．連濁現象を例に，この考え方を具体的に説明しなさい．

1.3 英語の far/close, good/bad, long/short, big/small のペアを例に，有標−無標の違いを説明しなさい．

1.4 海にいる蛇を「海蛇」と呼ぶが，陸に住む蛇は単に「蛇」と呼ばれ，「陸蛇」や「岡蛇」とは呼ばれない．この違いを有標性の考え方を用いて説明しなさい．

1.5 英語の反復数詞(once, twice, three times, four times, five times, …)と，日本語の「一人(ひとり)，二人(ふたり)，三人(さんにん)，四人(よにん)，五人(ごにん)，…」という数え方の二つの現象について無標と有標の区別を解説し，両現象の共通性を指摘しなさい．

母音と子音

　幼児向けの絵本に『ノンタン』という本があるのをご存じであろうか．ノンタンという名前の猫が仲間のウサギさんやクマさんたちと一緒に遊ぶ内容の絵本である．大人にはとりたてて面白い内容ではなく，また絵が特別上手というわけでもない．全体的に何の変哲もない絵本なのだが，幼児の絵本では1970年代以降ベストセラーとなっている．幼少期にこの本を読んだり，読んでもらったりした読者も少なくないだろう．

　ではなぜこの主人公の猫は「ノンタン」なのか．これが「ノンちゃん」の赤ちゃん発音であることは容易に想像がつくが，ではなぜ子供は「ちゃん」を「たん」で代用するのか．なぜ「ちゃん」の発音がむずかしいのか．何か言語学的な理由があるとすると，それは日本語の構造に関係するものであろうか，それとも人間の言語に共通した問題であろうか．

　同様の素朴な疑問が日本人のかな文字についても生じる．かな文字を習い始めた小学生がしばしば，「「か」や「さ」に濁点が付くと「が」や「ざ」になるけど，「な」や「ま」に濁点が付いた「な゛」「ま゛」は何と発音するの？」という質問を発する．「「な゛」や「ま゛」のような字はないの」と答えると，「なぜないの？」と聞いてくる．本当になぜであろう．「が」や「ざ」はあるのに「な゛」や「ま゛」がないのは偶然であろうか．それとも何か理由があるのであろうか．その理由は日本語に固有の問題であろうか，それとも人間の言語に共通した構造を反映しているものであろうか．

2　母音と子音

この章では，このような素朴な疑問を出発点として，母音と子音の構造を一般言語学の観点から考察することにする．その前提として，まず音声コミュニケーションのために人間がどのようにして音声を作り出しているか，そのメカニズムを簡単に見てみることにする．

2.1　呼吸と発声

人間が音声を産出する出発点は呼吸にある．人間は生きるために息をし，息が止まると生きるという活動が終結する．生きることと息をすることは同義なのである．しかし呼吸が生きることにとって不可欠なことであるといっても，人間は生きるためだけに息をしているわけではない．呼吸することによって音声コミュニケーションの基盤をも作り出している．

呼吸活動は，体外から肺へ空気を吸い込む「吸気」と，肺の空気を体外へ排出する「呼気」の，二つの過程から成り立っている．このうち生きるためにより必要なのは吸気の方であり，一方，音声産出にとって重要なのはおもに呼気の方である．人間は，生きるために空気を吸い(酸素を吸収し)，その廃棄物(二酸化炭素)を体外に捨てるために空気を吐いている．音声産出は後者の活動をうまく利用したリサイクル活動と言える．音声を産出するために，人間は空気を肺から気管を通って**声道**(vocal tract，すなわち口や鼻)へと送り出す．この一連の通路の中で，さまざまな音声が作り出されるのである．

音声産出に関わる**発音器官**(speech organ)を表したのが図2.1である．

肺から送り出された空気をまっ先に利用するのが**喉頭**(のど，larynx)である．喉頭の中には**声帯**(vocal cords)と呼ばれる長さ1 cmくらいの一対のひだがある．これはちょうど唇のようなもので，この部分が肺から流れてくる空気によって振動する．この声帯の振動が逆に空気に伝わって有声音ができるのである．この声帯の活動を**発声**(phonation)と言う．また，喉頭の中で声帯が位置する部分を**声門**(glottis)と呼ぶ．

声帯を振動させるかどうかは人間が自らの意志で決めることができ，声帯を振動させれば**有声**(voiced)の音が，振動させなければ**無声**(voiceless)の音が作

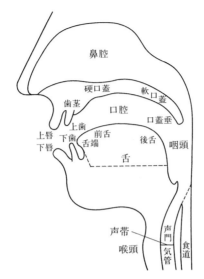

図 2.1 発音器官

り出される.試しにのどに指をあてて,サ行の [s] の音とザ行の [z] の音を長く発音してみるとよい.[s] の場合には声帯が震えないが,[z] の場合には声帯の振動が指に伝わってくる.母音は普通,有声であり,一方,子音には有声と無声の2種類がある.より正確に言うと,子音の中には有声・無声の対立に関与するものと関与しないものの2種類がある.[z]-[s] のペアは有声と無声の区別をすることのできるタイプの子音であり,マ行の [m] などは無声のペアを持たない有声子音である.有声・無声の区別を持つかどうかは,かなりのところまで予測可能である.簡単に言うと,発音が母音に近い子音は有声だけしか持たず,母音と大きく異なる子音は声の対立を持つことができる.このことについては後ほど詳しく述べることにする (2.5 節).

声帯の機能は有声・無声の区別を作り出すことだけではない.声帯をどの程度震わすかによって,声の高さ(すなわち**ピッチ** pitch)を調整することができる.声帯が振動すればするほど声は高くなり,振動が少なくなればなるほど逆に声は低くなる.具体的に言うと,同一の声帯であれば,声帯を引っ張って緊

張させればさせるほど声は高くなり，また，肺からの空気の圧力（呼気圧）が大きくなればなるほど声帯が振動し，声が高くなる．人間は，これらの複数の手段を使って声の高さを調整しているのである．

　ついでながら同一人物であっても，変声期の前と後では声の高さが大きく異なってくる．この傾向はとりわけ男性に著しいが，その理由は声帯の構造が変わってしまうことによる．体の成長が著しい時期には声帯の成長も著しく，短期間のうちに急に太くなる．細いゴム紐と太いゴム紐を比べてもわかるように，太い方が細い方よりも，より低い音が出る．声帯が急に太く成長する時期には，声も急に低くなってしまうのである．女性の場合にはこの声帯の成長が男性ほど顕著ではなく，比較的高い音域にとどまる．アニメなどにおいて男の子の声の大半を女性の声優が出しているのはこのためである．

　声帯が果たしている二つの役割は，喉頭癌などのために声帯を摘出した場合を考えてみるとよく理解できる．声帯を摘出すると声門が空洞状態になり，振動するものがなくなってしまう．肺からいくら空気が送られてきても，振動するものがないために声を作ることができないのである．しかし声はできなくても音は産出できる．母音も子音もすべて無声音となってしまうため，ひそひそ話をするときの，いわゆる**ささやき声**（whisper）だけになってしまうのである．ひそひそ話ということでわかるように，このようにして作り出される音は遠くまで伝わらない．声帯の振動を伴う有声音ではないから仕方ないことであるが，これではコミュニケーションに支障をきたしてしまう．これを矯正するためにいろいろな工夫がなされている．その一つがバイブレーターであり，電池によって振動する小さなバイブレーターを喉頭の部分に外からあてることによって，その振動が空気に伝わり，声帯が振動するのとよく似た状態（つまり有声の状態）が作り出されるのである．バイブレーターの振動数を調節することによって，声の高さもある程度制御できる．

2.2 調　音

　声門を通過しただけの空気は，有声・無声の区別と声の高さが決められているだけで，音と呼ばれるものの区別はない．[s]と[z]の違いは作り出されていても，[s], [t], [m], [a]などの区別はまだない．それを作り出すのが喉頭から上の部分，具体的には鼻腔，口腔，咽頭の部分（図2.1参照）である．この部分を総称して声道と言う．そして，この部分において音の区別が作り出されることを**調音**（articulation）と言う．言語障害などの音声言語医学の分野では，調音の代わりに**構音**という用語を使うことが多い．

　声門を通過してきた空気の流れが，声道のどこでどのように妨げられるかによって母音と子音の区別や，母音間の違い，子音間の違いが作り出されるのである．つまり，声道の形状によってさまざまな「音」が作り出される．母音の場合でも子音の場合でも，特に重要なのが舌と唇の形状・動きである．詳しくは次節以下で述べることにする．

　声道の形状と並んで重要なのが頬（ほっぺた）の存在である．頬は音声産出に直接関与していないように思えるかもしれないが，じつはそうではない．交通事故などで頬に穴があいてしまうと，音というものがほとんど（あるいはまったく）出なくなってしまう．空気の流れが頬の穴から外に出ていってしまう結果であるが，このことは，頬が音声産出になくてはならない存在であることを物語っている．頬があることによって，音が共鳴する部屋（chamber）が作り出されるのである．この共鳴室が音を作り出す舞台となるわけである．ちなみに交通事故などで頬に穴があいた人は，人工の皮膚でその穴をふさいでしまうと以前と同じように音を作り出すことができるようになる．

2.3 母音性と子音性

　いわゆる人間が発する「音」と呼ばれるものには**母音**（vowel）と**子音**（consonant）の2種類がある．母音とは文字通り「母なる音」，つまり音節の中心と

なる音であり，子音はそのまわりに群がった音である(第7章)．言語音は母音と子音に大別されるが，両者の間に明確な境界があるわけではなく，音声学的には両者は連続している．母音と子音は，基本的に喉頭を通って声道(鼻や口)に流れ込んだ空気が，その声道内をどれほど自由に流れるか，その程度の違いによって区別される．声道を空気が比較的自由に流れて行く音を母音と呼び，逆に声道を通る空気の流れが唇や舌の動きによって妨げられる形で作られる音を子音と呼ぶ．

母音の中にも子音に近い母音とそうでない母音が存在する．前者の代表例が[i] や [u] であり，これは母音性が低い母音，あるいは子音性が高い母音である．これに対し，[a] は母音性の高い母音である．ここで母音性，子音性と呼んでいるのは，上で述べた「空気の流れがどれだけ阻害されるか」という尺度を指している．阻害の度合いが高いものを子音性が高い(あるいは母音性が低い)と呼び，その逆の状態を子音性が低い(あるいは母音性が高い)と呼んでいるのである．

母音と同じように子音の中にも子音性の度合いの差が見られる．[p][t][k] のような音は空気の流れを一瞬完全に遮断してしまうため，もっとも子音性の高い子音とされている．一方，日本語のヤ行やワ行の子音([j][w])は母音に近いくらいに空気が自由に声道内を流れていく音であり，子音の中ではもっとも子音性の低い(母音性の高い)子音である．

母音も子音も，基本的には「どの程度空気が自由に流れるか(あるいはどの程度阻害されるか)」という基準と，「声道内のどの位置で空気の流れがもっとも大きく阻害されるか」という基準によって分類される．母音空間図(図2.2)でも子音表(表2.8)においても，前者が縦軸に，後者が横軸に表される．

練習問題 2.1

母音と子音の違いは何か．

2.4 母音の有標性

(a) 含意の法則

すでに述べたように，物事には順序・序列というものがあって，人間は基本的なものから獲得を始め，段階を追って複雑なもの，むずかしい段階へと進む．むずかしいことができる人は，その前提として基本的なこともできる．この関係を**含意の法則**(implicational law)と言う．たとえば微分・積分ができるということは，足し算や掛け算ができることを含意している．また体操(鉄棒)でも，「大車輪はできるが逆上がりができない」というような含意の法則に反する状態が生まれるはずはない．

「順序・序列」という考え方は，獲得とは逆の「喪失」という側面についてもあてはまる．人間が知識や技能を喪失する場合，複雑なものから失い，基本的なものは最後まで保持している．基本的なものを喪失するときはすべてを失うときである．数学であれば，微分・積分の問題が解けなくなっても足し算や引き算は覚えているだろうし，鉄棒体操でも，大車輪ができなくなっても前回りは最後までできるはずである．

数学や体操の世界に基本的なものと複雑なものの序列があるように，じつは，「音」の世界にも基本的な音と，応用的で複雑な音というものがある．母音や子音というような一つ一つの音についても，音節構造についても，あるいはアクセントについても，基本的なものとそうでないものが存在するのである．数学や体操と同じように，子供は基本的な構造をまず獲得し，その後に複雑な構造へと進む．複雑なものを獲得するためには，それより先に基本的なものをまず獲得しておかなければならないのである．同じ序列が言語喪失にもあてはまり，言語障害によって言葉を失う場合には，複雑で応用的な構造から先に喪失し，その後に基本的な構造へと喪失の対象が広がっていく．この「基本から応用への序列」，これが第1章で述べた有標性理論の基本的な考え方である．

(b) 母音の中の母音

ここで母音に焦点を絞るならば，数多くの母音の中でもっとも基本的(つまり無標な)母音は「ア」であるとされている．この母音は口を最大限開けたときにできる音であり，母音の中の母音と呼ばれているものである．もっとも基本的であるという証拠に，「ア」という母音を持たない言語はほとんど存在しない．「エ」や「オ」などの母音を持たない言語であっても，「ア」という母音だけは有するのである．この母音は，言語獲得過程において子供がまっ先に獲得する音であり，また言語の喪失過程において最後まで残る母音であるとされている．「エ」や「オ」などの母音を獲得する前に「ア」を獲得し，これらの母音を喪失しても「ア」の音だけは最後まで失わずに持っていると言われている．「ア」の喪失はそれ以外の母音の喪失をも含意するのである．

「ア」がもっとも基本な母音であることは，私たちの日常生活を考えてみてもわかる．目の前に突然恐ろしいものを見たときに出てくる音(叫び声)は「ア」という母音を含む「キャー」であり，「キュー」や「キェー」などのように他の母音を含むものではない．あるいは日本語の「あっと言う間に」や「人をあっと言わせる」などの慣用表現に出てくる母音も「ア」である．これらの事実は，口をとっさに開けば自然にこの母音が出てくることを物語っている．このように発音のしやすい音であるから，子供がこの音を他の音より先に獲得し，また世界中の言語に現れるというのも納得のいくところであろう．ちなみに「ア」という基本的な母音は，「パパ」や「ママ」などのように実際に子供が言語獲得の最初の段階で獲得する単語を構成する母音でもある．このことについては後ほど述べることにする．

練習問題 2.2

「母音の中の母音」とは何か．どのような現象にその特徴がよく現れているか．

「ア」の次に基本的な母音は「イ」と「ウ」であるとされている．人間の言語には三つの母音しか持たない言語がいくつも存在するが，その多く(たとえ

ばアラビア語や日本語の沖縄方言)は「アイウ」という組み合わせを持っている．カリフォルニア大学で編纂されたデータベース UPSID によると，分類の対象となった317言語のうち，三つの短母音体系を持つ言語は合計25言語(全体の約8%)あり，その半数以上(17言語)が「アイウ」という3母音体系を有している(コラム〈UPSID〉表2.3参照)．このことから，言語獲得過程において「ア」の次に子供が獲得しやすい母音は「イ」と「ウ」の二つであろうと推測され，また言語障害によって言語を喪失する過程では，「ア」を喪失する直前にこれらの2音を失うものと考えられる．

　「ア」から「イウ」へと進んで，次に基本的な母音が「エ」と「オ」である．ある言語が「エ」や「オ」という母音を持つということは「ア」や「イウ」の母音をも有することを含意している．たとえば5母音体系を有する言語は数多いが，日本語(東京方言)をはじめとしてその大半は「アイウエオ」という五つの母音を有している．具体的に UPSID を見てみると，317言語のうち五つの短母音を有する言語が109言語(34%)あり(表2.1)，そのうち92言語が「アイウエオ」の5母音体系をなしている(表2.5)．上と同じように推論すれば，子供の言語獲得過程では「アイウ」に次いで「エオ」を獲得しやすいということになる．また言語喪失過程でも，後述する他の母音を失った後，「アイウ」を失う前にこれらの母音を喪失すると推測される．

　このように，母音の有標性は「ア→{イ，ウ}→{エ，オ}」という序列で捉えることができ，そのような序列を仮定することにより，

(i) 人間の言語に見られる母音の分布
(ii) 子供の言語獲得の順序
(iii) 言語障害による喪失の順序

の三つの関連した現象を統一的に説明できるようになる．そこで問題となるのが，なぜ人間の言語が「ア→{イ，ウ}→{エ，オ}」という序列を示すのかということである．「ア」はすでに述べた通り，口を自然に開けたときの母音であるから，この母音がもっとも基本的な母音であるというのは容易に理解できる．では「{イ，ウ}→{エ，オ}」という序列についてはどうであろう．「ア」から少し口を閉じると「エ，オ」の2母音となり，さらに口を閉じると「イ，ウ」の

UPSID

UPSID(UCLA Phonological Segment Inventory Database)はカリフォルニア大学ロサンゼルス校で作成されたデータベースで，その中には世界中の317言語の母音や子音の目録(inventory)が収録されている．世界中に6000を超える言語が存在すると言われる中で317という数字は比較的少ないように思えるかもしれないが，現在のところでは最大級のデータベースである．このコラムでは渡部眞一郎氏による同データベースの分析結果を紹介する(渡部1996)．

上記の317言語を短母音の数に基づいて分析したのが表2.1であり，それらの言語に見られる母音の頻度をまとめたのが表2.2である．母音数をもとにした体系ごとの詳細を見てみると表2.3〜2.7のようになる．これらの表の中で /ü/,

表2.1 短母音の数による言語の分類

短母音の数	2	3	4	5	6	7	8	9	10
言語数	2	25	30	109	54	44	23	20	10
百分率(%)	0.6	7.9	9.5	34.4	17.0	13.9	7.3	6.3	3.1

表2.2 UPSIDの317言語に見られる短母音の種類と頻度

	前舌母音			中舌母音			後舌母音		
	平唇		円唇	平唇		円唇	平唇		円唇
開口度	/i/	270	/ü/ 23	/ɨ/	33	/ʉ/ 6	/ɯ/	19	/u/ 254
	/ɪ/	56							/ʊ/ 39
	/e/	199	/ö/ 16	/ə/	71	/ɵ/ 3	/ɤ/	12	/o/ 211
	/ɛ/	117	/œ/ 7	/ɜ/	7		/ʌ/	5	/ɔ/ 103
	/æ/	36		/a/	289		/ɑ/	21	/ɒ/ 11

表2.3 3母音体系の種類と頻度

14例	2例	2例	1例	1例	1例	1例	1例
i u			i ɯ	i	i	i u	i u
	ɪ ʊ				ɤ		
		e o		o	ə		
						ɛ	
a	a	a	a	a			æ

/ö/ と表記されているのはウムラウト母音の [y] と [ɸ]，また /ɪ/ と /ʊ/ はそれぞれ [ɪ] と [ʊ] である（他の母音記号については表 2.2 の分類を参照されたい）．

表 2.4 4 母音体系の種類と頻度

9 例	7 例	4 例	3 例	2 例	2 例	1 例	1 例	1 例
i　u	i	i ɨ u	i ɨ	i　u	i　u	i ɨ	i ɨ u	
e	e　o		o	o　ə	e	ə		e ə o
a	a	a	a	a	a	a		a

表 2.5 5 母音体系の種類と頻度

64 例	14 例	14 例	2 例
i　u	i　u	i　u	i ɨ
e　o		o	e　o
	ɛ　ɔ	ɛ	
a	a	a	a

表 2.6 6 母音体系の種類と頻度

/i u e o a/+ə	23	/i u e o a/+ɨ	6	/i u e o a/+ɔ	8
/i u e o a/+ɛ	5	/i u e o a/+ɑ	3	/i u e o a/+ɯ	3
/i u e o a/+ö	2	/i u e o a/+ɵ	1	/i u e o a/+ʉ	1
/i ɨ ɯ ɣ a/	1	/i u ə o ɜ a/	1		

表 2.7 7 母音体系の種類と頻度

19 例	3 例	4 例	3 例	3 例	2 例
i　u	i　u	i　u	i ɨ u	i ɨ u	i ü u
	ɪ　ʊ				
e　o	e　o	e ə o	e　o	e ə o	e ə o
ɛ　ɔ		ɛ	ɛ		
a	a	a	a	a	a

2母音ができる．つまり口の開き具合（これを**開口度**という）という点から見ると，「ア→{イ，ウ}→{エ，オ}」ではなく，「ア→{エ，オ}→{イ，ウ}」という順番が予想されるのである．

なぜ「ア」の次に基本的な母音は「イ」と「ウ」であって「エ」「オ」ではないのか．この問題を解くヒントは図2.2に示した**母音空間**（vowel space）にある．母音空間とは，母音が作り出されるときに口（口腔）の中で舌がどのような位置にあるかを示したもので，通常，図2.2(a)のような逆台形か，(b)のようにそれを簡略化した逆三角形で示される（2.5節(b)の図2.8参照）．

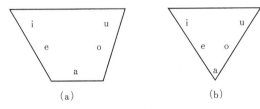

図2.2 母音空間

この母音空間はすべての人間に共通したものであり，この空間をどのように分割するかによって特定言語の母音体系が決まってくる．日本語（東京方言）の場合には，この空間をおおよそ図2.3(a)のように五つの領域に分割し，沖縄方言やアラビア語は図2.3(b)のように3分割しているのである．

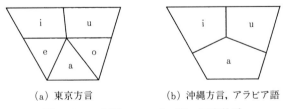

図2.3 日本語，アラビア語の母音体系

母音空間を均等に3分割しようとすると図2.3(b)のような「ア→{イ，ウ}」の体系ができあがる．つまり「ア→{エ，オ}」ではなく「ア→{イ，ウ}」の序列に従うことによって，三つの母音がそれぞれ最大限の縄張り（母音領域）を持つ

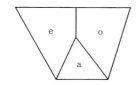

図 2.4　母音空間の不均等な分割

ような体系ができあがるのである．「ア→{エ, オ}」という序列では図 2.4 のように不均等な体系になってしまう．

　人間の言語が図 2.4 ではなく図 2.3(b) のように母音空間を 3 分割するということは，人間が母音空間を分割する（つまり母音体系を構築する）ときに，その空間をできるだけ均等になるように分割しようとするということを意味している．「ア→{イ, ウ}→{エ, オ}」という有標性の序列の背後には，そのような縄張りの原理が働いているのである．この原理によってそれぞれの母音が最大限の領域を占めることができ，その結果，それぞれの母音の音色が最大限に区別できるようになる．最大限に領域を広げるという縄張り原理には，音を効率よく区別するという効果が含まれているのである．

練習問題 2.3

　五十音図の「アイウエオ」という母音配列は「アオウイエ」という配列よりどのような点で優れているか．

(c)　五十音図

　これまでの話から，3 母音体系を有する言語が通常「アイウ」という 3 母音を選択し，また 5 母音体系を有する言語の多くが「アイウエオ」という 5 母音を選択する理由が明らかになった．「ア→{イ, ウ}→{エ, オ}」という有標性の序列が子供の母音獲得や言語障害における母音喪失の過程にも現れてくることはすでに述べた通りであるが，同じ序列がもっと身近なところに現れている．子供や外国人が日本語を学ぶときに使う五十音図である．

　日本語にアイウエオの五つの母音が存在するとしても，その 5 母音の並べ

方は1通りではない．順列・組み合わせの方式を使うと5×4×3×2×1の合計120通りの並べ方があるはずである．「アイウエオ」という以外にも，119通りの配列があることになる．その中には「ア」を起点に母音空間を時計回りに回る「アエイウオ」や，それとは逆回りの「アオウイエ」などが含まれる．五十音図がそのような並べ方をとらずに，「アイウエオ」という並べ方を採用している背後には，無標の母音から有標の母音へと並べるという有標性の原理が存在しているのである．五十音図を作った昔の人たちは，この原理を知っていたということである．

もっとも，これまで説明してきた原理に従うならば「アイウエオ」以外に「アウイオエ」「アイウオエ」「アウイエオ」の三つの可能性もある．(1)のような有標性の序列からは2×2の4通りの可能性が出てくるからである．

(1) ア→{イ, ウ}→{エ, オ}

この四つの可能性のうち，「アイウオエ」と「アウイエオ」の配列は上記の縄張り原理によって排除することができる．「アイウ」と続いた場合，その後に続くのは「エ」であって「オ」ではない．後述するように「ウ」は舌の後ろの方が高くなる**後舌母音**(back vowel)であるが，これに対して「エ」は「イ」と同じ**前舌母音**(front vowel)，そして「オ」は「ウ」と同じ後舌母音である．音の連続を最大限に区別するためには，その2音の音色ができるだけ異なるように選択する必要がでてくる．「オ」は「エ」よりも「ウ」に音色が近い母音であるから，「ウオ」と並べるより，「ウエ」と並べる方が対比の効果が大きく2音を区別しやすくなる．これと同じ原理によって「アウイエオ」という配列も排除される．この結果，残るのは「アイウエオ」と「アウイオエ」の2通りということになる．

この二つの音連続の中で「アイウエオ」の方が「アウイオエ」より有標性の原理により合致したものであることは，UPSIDの分類を見てみるとわかる．3母音体系では「アイウ」の3母音が標準的であると述べたが，この原則に反している6言語を見てみると，「イ」が欠けた言語が2例しかないのに対し，「ウ」の欠けた言語が4例も報告されている（表2.3）．また4母音体系をなしている言語を見てみても（表2.4），「アイウ＋α」という原則に反しているもののほと

んどは「ウ」が欠落した体系であり，「イ」が欠落する例は皆無に近い．このことから，「ウ」に比べて「イ」の方が言語に出現しやすい母音であることがうかがえ，さらには「イ」の方が子供にとって獲得しやすい音であるということも推測されるのである．この分析を上で述べた結果とあわせると，「アイウエオ」の方が「アウイオエ」より有標性の原理により合致した並べ方であるという結論に達する．このようにして120通りもの可能性の中から「アイウエオ」という一つの並べ方が半ば必然的に選ばれたのである．

ところで，五十音図を作った昔の人たちは有標性の原理を知っていたと述べたが，この人たちは意外にも日本人ではない．五十音図は縦に「アイウエオ」という5母音が並べられ，横に「アカサタナハマヤラワ」という音節が配列されているが，この体系の基本を作ったのは古代インド人であるという．今から二千数百年前の古代インド人が作った五十音図が，仏教の伝来とともに中国を経て日本に伝わったというのである．後述するように，子音の配列順にも音声学的に見て非常にきれいな規則性がある (2.5節(f))．古代インド人たちは母音や子音の特性について鋭い直観を持っており，この直観に従って五十音図の体系を作り出したということであろうか．古代人の言語直観には脱帽するしかない．

(d) 鼻母音

これまでの議論から「アイウエオ」という5母音が母音の中で基本的な音ということがわかった．算数にたとえてみれば，「ア」が足し算，「イウ」が引き算，「エオ」が掛け算というところであろう．では「アイウエオ」以外の音はどうであろうか．

フランス語をはじめとする言語には，**鼻母音**(びぼいん)(nasal vowel)という鼻にかかった音色の母音が存在する．母音を発音するときには通常，肺から流れてきた空気が鼻腔ではなく口腔の方へと流出する．ところが鼻子音と呼ばれる一部の子音と同じように，鼻母音は調音時に軟口蓋(図2.1参照)が下がり，空気が鼻腔へと通り抜ける形で作られる．鼻腔内で共鳴が起こるために鼻にかかった音に聞こえるのである．音声学では母音の上に波線を付けて表記される．一つ例

を出すと，日本語の「パン」という語のもととなったポルトガル語はもともと [pão] という鼻母音を含む語であったという．[pão] という音を聞いた戦国時代の日本人が，鼻母音を「普通の母音（**口母音**oral vowel）＋鼻子音」の連続に分解したわけである（類例に orgão オル<u>ガン</u>，Cristão キリシ<u>タン</u>などがある）．現代の日本語にも口母音と鼻母音の対立はないから，鼻母音を含む外来語は「パン」と同じように処理されることになる．

鼻母音が「アイウエオ」などに比べて特殊な（つまり有標な）母音であることは，後者を指す「口母音」（ないしは口腔母音）という用語が，実際にはほとんど使われないという事実に現れている．これはちょうど，海に住む特殊な種類の蛇が「海蛇」と呼ばれるのに対して，陸に住む普通の蛇が単に「蛇」と呼ばれている状況と同じである．特殊な方だけに特別な名前を付ければそれですむという，有標性の考え方を反映している（第1章参照）．

鼻母音の特殊性は自然言語における母音の分布を見てもわかる．まず第一に，口母音と鼻母音の対立を持つ言語は少ない．たとえばフランス語にはあるが，英語や日本語には存在しない．第二に，鼻母音を持つ言語はその前提として必ず対応する口母音も持っている．たとえば [ã] を持つ言語は [a] も有しており，[a] は持たないのに [ã] は持つというような言語は存在しないとされている．

練習問題 2.4

鼻母音の特殊性はどのような事実に現れているか．具体的に述べなさい．

(e) ウムラウト

鼻母音と同じように特殊（有標）な音に属するのが**ウムラウト**（umlaut）と呼ばれる母音である．これはドイツ語やフランス語，中国語などに見られる音であり，[i] や [e] のように前舌を高くしたまま唇を丸くして発音する音である．つまり，舌の後半部分ではなく前半部分を高くするという点では [i] や [e] と同じであるが，これらの母音とは違い唇が丸く突き出る形となる．舌の構えは [i] や [e] と同じで，唇の構えは [u] や [o] と同じ音と言ってもよい．外国語学習では，[u] や [o] の唇の形をしながら [i] や [e] と発音する，というように教える．

2.4 母音の有標性

　国際音声学協会(International Phonetic Association, IPA)は[i]に対応するウムラウト母音に[y]という発音記号を，[e]に対応する母音に[ø]という記号を採用している．ドイツ語などでは[u]や[o]の上に補助記号を付けてü, öという文字を使っている．(2)に日本語に入ってきた語の例をあげておく．日本語にはウムラウトの音がないために，いずれの例も前舌・平唇(つまり[i][e])もしくは後舌・円唇(つまり[u][o])の母音で代用している(下線部がウムラウト)．

(2)　a. ドイツ語からの借用語
　　　　Röntgen → レントゲン
　　　　Köln → ケルン(地名)
　　　　Goethe → ゲーテ
　　　　Zürich → チューリヒ
　　b. フランス語からの借用語
　　　　aventure → アバンチュール
　　　　luge → ルージュ
　　　　liqueur → リキュール

　ウムラウトの母音はドイツ語や中国語などに出てくると述べたが，人間の言語にそれほど広範囲に出てくる音ではない．たとえば先に言及したUPSIDによると，5母音までの母音体系にはこの種の母音はまったく登場しない(表2.3～2.5)．6母音体系でも54言語のうちわずかに2言語が[ø](=[ö])の母音を持つだけである(表2.6)．これらの言語は[a i u e o]の5母音プラス[ø]の6母音体系である．また7母音体系を見ても(表2.7)，ウムラウトを有しているのは34言語中2言語だけである(ちなみに7母音体系の中で圧倒的に多いのが[a]と[i][u]の間に2種類の「エ」([e][ɛ])と「オ」([o][ɔ])を区別する[a i u e o ɛ ɔ]の体系である)．このようにウムラウトの母音は[i][u][e][o]などの母音に比べて，きわめて特殊な母音であることがわかる．

　ちなみに英語では，古期英語(7～11世紀)の時期に[i]-[y]-[u]の対立を持っていたが，中期英語期(12～16世紀)に入るまでに[y]の音が[i]と合流し，[i]-[u]の単純な対立へと変わってしまった．このように歴史的変遷の中で[i]-[y]-[u]の三項対立から一つが消えるときには，[i]や[u]よりも先に[y]が消える．ま

た歴史的に [i]–[y]–[u] の三項対立が生じるときにも，[i] と [u] を前提に [y] の音が新たな音として発生することが想像できる．このように，ウムラウトの母音は「アイウエオ」の母音に比べて特殊な母音なのである．「アイウエオ」を鉄棒の前回りや逆上がりにたとえれば，ウムラウトは前節で述べた鼻母音と同じように大車輪に近い高度な技にたとえることができる．

　含意の法則という考え方を用いるならば，ウムラウトの存在は [i] や [u] などの母音の存在を含意している．ウムラウト [y] は有するのに，[i] や [u] という母音は持っていないというような言語は存在しないのである．ではなぜウムラウトの母音がそれほど特殊な音なのであろうか．その理由を理解するためには，母音がどのようにして作られているかを知る必要がある．

　母音も子音も，基本的には「声道を通っていく空気の流れがどこで，どのように妨げられるか」ということによって分類される．母音の場合に「どこで」にあたるのが，「舌のどの部分」が口蓋にもっとも接近するかということであり，この基準により前舌母音-後舌母音という分類法が出てくる．前舌-中舌-後舌と3段階に区分されるときもある．前舌-後舌という舌の動きは，日本語の「エ」と「オ」を何回も交互に発音してみるとよくわかる．「エ」の発音に比べ「オ」の方は，舌が後ろの方へ引っ張られている．「エ」が舌の前半部分が盛り上がるのに対し，「オ」は舌の後半部分が盛り上がるのである（図 2.5）．もう少し正確な言い方をすると，前舌母音は舌の前の部分が硬口蓋に向かって盛り上がる母音，一方，後舌母音は舌の後ろの部分が軟口蓋に向かって盛り上がる母音と言える（表 2.8 参照）．

「エ」　　　　　「オ」

図 2.5　「エ」と「オ」の調音

これに対し「空気の流れがどのように妨げられるか」ということの中身は，前舌であれ後舌であれ，「舌がどのくらい口蓋に接近するか」ということである．舌がもっとも口蓋に接近すると「イ」や「ウ」の母音となり，もう少し口蓋から離れると「エ」や「オ」の母音となる．もっとも口蓋から離れた状態が，口を大きく開けた「ア」の状態である．この3種類を**高母音**(high vowel)，**中母音**(mid vowel)，**低母音**(low vowel)と呼んでいる．この「舌の高さ」という基準は，伝統的に開口度と呼ばれてきたもの，つまり口の開き具合と同義である．口が開閉する動作は上顎を固定したまま下顎が上下に動く動作であり，下顎の上下運動は上顎に対する下顎の距離を意味している．舌は下顎に付いていて，また口蓋は上顎の一部であるから，下顎の上下運動は舌と口蓋との距離を決定することになる．それゆえ，口の開き具合は口蓋に対する舌の位置と同義となるのである．高母音は伝統的に**閉母音**あるいは狭母音(close vowel)と呼ばれ，低母音は**開母音**ないしは広母音(open vowel)と呼ばれてきたものに相当する．高母音-低母音(あるいは閉母音-開母音)の違いは，「ア」「エ」「イ」の3母音を続けて発音してみるとはっきり実感できる．「ア」から「イ」へと口が徐々に閉じていき，上顎(口蓋)に対する舌の位置は高くなっていく．

「どこで」「どのように」という二つの基準に加え，母音を分類する際にもう一つ重要となってくるのが唇の形状である．「エ」と「オ」を連続して発音してみるとわかるように，この二つの母音は舌の前後位置だけでなく，唇の形も異なっている．顔を前から見ると「エ」が平たい唇であるのに対して「オ」の方は唇が丸くなっている．また顔を横から見ると「オ」の方が，唇が前に突き出た形をしている．顔を正面から見たときの違いをもとに，「エ」を**平唇母音**，「オ」を**円唇母音**と言う．

練習問題 2.5

母音記述の三つの基準とは何か．また，その基準を用いて [i], [e], [u], [o] の4母音を記述しなさい．

以上，母音を記述する基準として前舌-後舌，高母音-低母音，平唇-円唇という三つの尺度をあげた．人間の言語に見られる母音は基本的にこの三つの基

2 母音と子音

準によって記述できると考えられているが，この基準を用いて「アイウエオ」の五つの基本的な母音を分析してみると面白いことに気がつく．図2.6に示されるように，前舌-後舌の基準と平唇-円唇の基準が相関するのである．

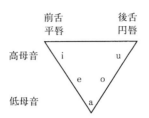

図2.6 母音の記述様式

つまり，舌の前後の動きと唇の形状は無関係ではなく，舌が後ろへ引っ張られると唇は自然に丸くなって前に突き出るようになり，逆に舌が前の方へ動くと，唇は自然に平たくなって前への突出がなくなっていく．このような筋肉の連動は人間の体では珍しいことではない．たとえば手を開いた状態から1本ずつ指を折り曲げてみると，薬指と小指の間に連動が見られる．（1割くらいの人を除いて）ほとんどの人は，小指を曲げようとすると薬指も自然に曲がってしまう．他の指はそれぞれ独立した動きを見せるし，また薬指を曲げようとしても小指はほとんど曲がらない．それなのに，小指を曲げるときだけは薬指も連動して曲がってしまうのである．これは，小指を動かす筋肉と薬指を動かす筋肉が連動することを意味している．

小指と薬指の場合には，隣り合っている指同士であるから，このような相関関係が見られても何ら不思議ではない．しかし舌の動きと唇の形状の場合には，ことはそれほど単純ではない．舌の動きを支配する筋肉と唇の形状を決める筋肉は隣接しておらず，生理学的には独立したものと考えられているようであるから，両者を生理学的に関連づけることはむずかしいようである．赤ちゃんが効率よくおっぱいを吸うためにこのような唇と舌の相関ができ上がったのだという機能的な説明もあるが，その妥当性も確かなものではない．

しかし理由はともかくも，舌の前後の動きと唇の形状が連動するという事実は興味深いものであり，そのような連動がある限り，子供にとっても大人にと

2.4 母音の有標性

ってもその連動に従った音は作りやすく，従わない音は作りにくいことが想像できる．ドイツ語などに見られるウムラウトの音が，まさにこの相関関係に違反した音なのである．この節の冒頭で [y] は [i] と [u] の中間の音，[ɸ] は [e] と [o] の中間の音であると述べたが，これらのウムラウトの音は(3)に示すように舌と唇の連動した動きに違反した特徴を持っている．つまり [i] や [u] に比べ，[y] は不自然な組み合わせをしているのである．

(3)

	[i]	[y]	[u]
舌の位置	前舌	前舌	後舌
唇の形状	平唇	円唇	円唇

ウムラウトの母音はこのように発音がむずかしい音であるから，子供は基本的な音である [i][u] や [e][o] を獲得してから [y] や [ɸ] を獲得することが想像できる．世界の言語においてウムラウトの母音が少ないという事実，あるいは [i] と [u] がない言語には [y] は出てこないという事実も容易に理解できるものであろう．歴史的変化において [i]–[y]–[u] の三項対立からまず [y] が消えるというのも，(3)のような特徴から理解できることである．[i][u] が足し算や引き算に相当し，[y] が順列・組み合わせや微分・積分に相当すると考えれば，ごく当然のことであろう．

―― 練習問題 2.6 ――――――――――――――――――――――――
ウムラウトの母音が有標であるということは，どのような事実に現れているか．また，このタイプの母音が有標となる音声学的な理由は何か．

(f) 日本語の「ウ」

舌の前後の動きと唇の動きが相関すると述べたが，日本語教育の世界にいる人はこの説に異論を唱えるかもしれない．日本語教育では日本語の「ウ」に対して後舌・平唇を意味する [ɯ] という発音記号を使用している．この記述が正しいとすれば，日本語の「ウ」は問題の相関関係に違反した非常にむずかしい

音であることになる．と同時に，日本語は後舌・円唇という基本的な母音 [u] を持たないにもかかわらず，後舌・平唇という特殊な母音を有していることにもなる．鉄棒運動にたとえると，逆上がりもできないのに大車輪ができるというようなものである．この論に従うなら，日本語を特殊な言語であると認めるか，さもなくば上記の連動説を否定するかのいずれかしかない．連動説は人間の言語における母音の分布からも裏づけられるものであるから，これを否定することはむずかしい．また日本人だけにこの連動があてはまらないと考えるのにも少々無理がある．とすれば，日本語を奇妙な言語と位置づけるしかないという結論に達してしまう．はたしてこれでよいのであろうか．

　この疑問に対する答えは，じつは別のところにある．舌と唇の相関関係を否定せず，また日本語を特殊な言語と決めつけなくても，日本語の「ウ」は説明できる．答えは単純で，日本語の「ウ」は純粋な後舌母音でもなければ平唇母音でもないのである．「イ」と「ウ」を連続して発音してみるとわかることであるが，この連続は「エ」-「オ」ほどに舌の前後の動きは大きくない．また「ウ」は「イ」ほど平唇の母音ではなく，若干の円唇性を伴う音である．

　他言語の [u]（たとえば英語の *book* や *cook* の母音）と比べた場合，たしかに日本語の「ウ」には円唇性が少ない．この傾向は西日本より東日本に顕著であるとよく言われるが，西日本の「ウ」でも英語の [u] に比べると円唇性は少ない．このように他言語の [u] より円唇性が少ないために，英語やフランス語の [u] を日本語の「ウ」に代用すると違和感を感じてしまう．日本語教育が日本語の「ウ」に [ɯ] の記号を採用しているのは，このような円唇性のなさを強調してのことであろう．しかしながら，日本語の「ウ」は完全な後舌母音でもなければ，完全な平唇母音でもない．IPA が定める [ɯ] という後舌・平唇母音に比べると，日本語の「ウ」はまだ円唇性が残っているし，また [ɯ] ほど後舌母音でもない．舌の位置でいうと [i] と [u] の中間，つまり前舌と後舌の中間の中舌であり，また唇の形状でいっても両者の中間，つまり円唇母音ほど円唇性はないが平唇母音ほどに平唇ではない形状である（このため本書では [u] でも [ɯ] でもない日本語の「ウ」に対して [u] という簡易表記を用いる）．日本語の「ウ」に対するこのような記述は，音声学の研究ではけっして珍しいものではなく，ア

メリカの言語学者 T. Vance による日本語の分析(Vance 1987)では図 2.7 のように記述されている．日本人の側から見ると後舌母音のように聞こえる「ウ」の母音は，アメリカ人の耳には後舌母音とは聞こえないのである．

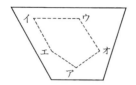

図 2.7　Vance による日本語母音の分析

　日本語の「ウ」をこのような特徴の母音として捉えなおしてみると，この母音が舌と唇の連動説に対する例外ではないことがわかる．日本語の「ウ」は後舌から前舌方向へ舌の位置が移動している分だけ，円唇性が失われた音なのである．問題の連動説に対する例外になるどころか，むしろ，後舌から前舌へという舌の動きと円唇から平唇へという唇の形状の変化が連動していることを示す生きた証拠と言うことができよう．

　もっとも，なぜ日本語の「ウ」の母音が円唇性を失って後舌から前の方へ舌の位置を移動してきたのか，その理由は定かではない．母音は実現領域が最大限となるように分布するという母音の縄張り理論(本節(b))から見ると，いくぶん奇妙な変化に見える．後述するように(4.4節)，この母音は日本語の母音体系の中で依然として後舌母音としての振る舞いを見せるようであるから，音韻的には後舌母音として機能しながら，何らかの理由によって音声レベルの発音だけを少し変化させたものと言えよう．

―― 練習問題 2.7 ――――――――――――――――――――

　日本語の「ウ」の母音を後舌・平唇母音とみなすと，どのような問題が生じるか．また同じ母音を，後舌より前よりの母音で，かつ円唇性を半分失った(残した)母音とみなせば，どのような利点が生じ，またどのような疑問が残ることになるか．

（g） 無声母音

舌の動きと唇の動きが奇妙にも連動すると述べたが，じつは同じような相関が声道の広さと声帯の活動の間にも見られる．母音は基本的にすべて有声であり，喉頭（のど）の中にある声帯が振動する．しかし，この特徴はすべての音にあてはまるものではない．子音の中には閉鎖音や摩擦音のように有声と無声の対立を持つもの（たとえば [b]-[p] や [z]-[s]）が少なくないのである．ではどのような場合に「基本的に有声」となり，どのような場合に声（有声-無声）の対立が出てくるかというと，それは肺から流れてきた空気が声道（口腔，鼻腔）の中をどれだけ自由に流れていくかということと相関する．

母音だけでなく，母音と同じように空気が口腔を比較的自由に流れていく [j][w][l][r] のような子音や，鼻腔を自由に流れていく [m] や [n] のような鼻音は「基本的に有声」である．日本語の五十音図でいうと，ナ行，マ行，ヤ行，ラ行，ワ行の各行の子音がそれにあたる．「基本的に有声」ということは，その音について有声-無声の対立を有する言語体系は珍しく，また，無声だけが現れる体系は皆無であるということを意味している．後者について言えば，有声母音や有声鼻音は持たないのに無声母音や無声鼻音は持つという言語体系は皆無ということである．有標性という概念を用いると，有声の母音や鼻音は無標（つまり自然）で，無声の母音や鼻音は有標（つまり特殊）ということができる．この考え方は音声表記にも現れており，IPA は無声の閉鎖音や摩擦音を有声の音とは異なる記号で表記しながら（たとえば [b] に対して [p]，[z] に対して [s]），無声の母音や鼻音は補助記号（ ̥）で表記している．たとえば [a] と [m] に対応する無声音は [ḁ]，[m̥] と表記される．特殊な音には特殊な記号が用いられているわけである．

このような有標-無標の観察は，「声道の広さ」と「声帯の振動」との間に相関関係があることを示唆している．声道が広くなって空気が自由に流れれば流れるほど，声帯が自然に振動しやすくなる（つまり有声音となる）という相関関係である．この声道の広さと声帯の活動との関連性は音声学の教科書にも取り上げられることが少なく，その背後にある原理まで言及しているものはないよ

うであるが，声帯の振動が呼気圧と関係あることを考えるとわりと無理なく説明できる．

　肺から喉頭へ向かってくる呼気圧が一定であると仮定すると，声道が広くなればなるほど，声帯より上の部分の気圧が小さくなることが予想される．逆の言い方をすれば，声道が狭くなればなるほどこの部分の体積が小さくなり，気圧が高まる．声帯を振動させる力は，一つには肺から気管へと伝わってくる呼気圧と声道内の気圧との差によって決定されるから，声道が広くなって声道内の気圧が小さくなるほど，その差は大きくなり，声帯を振動させる力が大きくなることになる．逆に声道が狭くなると声道内の気圧が大きくなり，その結果，呼気圧との差が小さくなることによって，声帯を震わせる力が減少すると予想されるのである．このように考えると，母音や半母音，鼻音のような声道が広くなる音では有声が普通の状態となり，一方，閉鎖音や摩擦音のように声道が狭くなる音には有声に加えて無声の状態が生じやすくなるということが理解できるようになる．

　このように声道の広さと声の有無が連動することから，無声の母音は人間の言語には生じにくい．少なくとも，有声の母音と無声の母音が対立するような体系，すなわち両者が異なる音として振る舞う体系はきわめてまれである．しかしながら，無声母音が人間の言語にまったく生じないかというとそういうわけでもない．声帯を振動させずに母音を発音することは生理的に無理なことではなく，ひそひそ話すときのいわゆる「ささやき声」では母音も鼻音もすべて無声音となっている．また，無声母音は自然な発話において生じることも珍しくない．ここでは日本語の無声母音を例に，その生起環境を見てみることにする．

---練習問題 2.8---
　無声母音がまれにしか生じない音声学的な理由は何か．

　たとえば喉頭（のど）に指をあてて「しか」（鹿）という語を発音してみよう．[ʃika] という発音表記だけを見ると [i] と [a] の二つの母音の部分で声帯が振動するはずであるが，実際の発音ではよほど意識して発音しない限り「し」の部

分で声帯が震えることはない．つまり [i] という母音が無声母音となっている．[ʃi̥ka] と発音されているのである．このような母音の無声化は常に起こるというものではなく，(4)にあげたような条件が複合して起こると言われている．

(4) a. 西日本(近畿，中国，四国地方)より東日本(関東地方)で起こりやすい．
　　b. 二つの高母音 [i][u] に起こりやすく，他の三つの母音には起こりにくい．
　　c. 無声子音に挟まれた環境か，無声子音と語境界の間で起こりやすい．

このうち(4a)の地域差は，近畿方言と東京方言を比較した場合に顕著に現れる．たとえば「きつね」や「すし」という語では，近畿方言話者が母音を無声化せずに発音する傾向があるのに対して，東京方言話者は [ki̥tsune], [su̥ʃi] と発音する傾向を示す．近畿方言の方が母音をしっかり発音するということであろうが，興味深いことに，この傾向は母音の無声化だけに起こるものではない．無声化からさらに母音が弱められると，**促音化**(そくおんか)という，母音が完全に脱落する現象が生じる．「音楽会」の [ku] の音節から [u] が脱落し，「おんがっかい」[k] となってしまう現象である．歴史的には**促音便**(そくおんびん)と呼ばれる現象であるが，この現象は近畿方言より東京方言で顕著に起こる．たとえば東京方言が(5a)のように促音便を用いるところに，近畿方言は(5b, c)のように**ウ音便**(うおんびん)を多用する．促音便は［子音+母音］の連続から母音が消えて子音(促音)が残る現象，ウ音便は逆に子音が消えて母音が残る現象と分析できることから，東京方言は子音優先，近畿方言は母音優先ということができる．このように子音優先の東京方言において，本来有声であるはずの母音が無声化しやすいというのは十分うなずけるところであろう(「買う」はもともと [kawu] という音形を持つ)．

(5) a. 買う〜買って: kawu + te → katte
　　b. 買う〜買うて: kawu + te → kaute → koote
　　c. 早く〜早う: haya + ku → hayau → hayoo

次に(4b)に述べた [i] と [u] の2母音が無声化しやすいという傾向を見てみよう．「鹿」(しか)と「坂」(さか)の発音を比べてみると，基本的に同じ音声環境に現れてい

るにもかかわらず,「鹿」の [i] は無声化しても,「坂」の [a] は無声化しにくい.後者の場合には,声帯の震えが指にしっかり伝わってくる.このように母音の無声化現象は,特定の母音に起こりやすく,他の母音には起こりにくいものである.その違いは音声学的に説明できる.

　日本語に限らずどの言語でも,低母音の [a] や中母音の [e][o] に比べ高母音は音声的に短く発音される傾向を示す.音節の基本構造は[子音+母音]であるから(詳しくは第7章),口を比較的閉じた子音の状態から母音の発音に至るまでの時間は,口をあまり開かない [i] や [u] の方が,口を大きく開く [a] よりも短い.目標となる口の構えに至る時間が,低母音より高母音のときの方が短いというわけである.このように音そのものが持っている時間長を**内在時間長**(intrinsic duration)と言う.[i][u] と [a] の間の内在時間長の違いは話者が意識できるほどに大きいものではないが,母音の無声化の違いを生み出す原因となる.日本語ではとりわけ [u] の内在時間長が短いことが知られており,それを反映して [u] の無声化が著しい.

　日本語で [i] と [u] の 2 母音が無声化しやすいということは,借用語に起こる母音挿入過程がこれらの 2 母音を挿入母音として用いるという事実とも関係している.古くは中国語から漢語が借用された過程,新しくは英語などの言語から外来語が借用された過程,これらの借用過程において,日本語は自らの音節構造に合わせるために母音を挿入する.このときに挿入される母音が [i] と [u] (とりわけ後者)なのである.(6)に具体的な例を示す(詳しくは第 7 章参照).

(6)　a. 漢語
　　　　gak + sei → gakusei(学生)
　　　　cf. gak + koo → gakkoo, *gakukoo(学校)
　　　　sek + tan → sekitan(石炭)
　　　　cf. sek + kai → sekkai, *sekikai(石灰)
　　b. 外来語
　　　　ski → sukii(スキー)
　　　　mask → masuku(マスク)
　　　　steak → suteeki(ステーキ)

[a] や [e] などの母音ではなく [i] や [u] が挿入された理由は，原語にもっとも近い発音を保持するためと考えられる．[i] と [u] はもともと他の母音より継続時間が短いために，他の母音を挿入するより中国語や英語のもとの発音に近いものができあがる．加えて，[i] と [u] が無声化しやすく，それゆえその存在を感じさせにくい母音であることから，[i] か [u] を挿入母音として選択することが，もっとも原語の発音に近く，その意味でもっとも被害の小さい選択となる．

―練習問題 2.9―――――――――――――――――
「きつつき」という語を普通の速度で何回も発音してみて，自分の発音ではどの母音が無声化しているかを確認しなさい．

[i] と [u] が無声化しやすい理由を理解した上で，次に(4c)の条件を考えてみよう．のどに指をあてて発音してみるとわかるように，「鹿」の [i] や「学生」「スキー」の [u] は声帯の振動を伴わないことが多い．無理に声帯を振動させようとすると，誇張した不自然な発音になってしまう．このような語における母音の無声化は，二つの無声子音に挟まれた環境で起こっている．「スキー」では [s] と [k] の間で，「学生」では [k] と [s] の間で母音が無声化しているのである．これに対して，同じ高母音でも「時間」や「滋賀県」，「自画像」の [i]，「学問」や「杉」の [u] のように，前か後ろのいずれか（あるいは両方）に有声子音を持つ [i] や [u] は無声化しにくい．

前後がともに無声子音という環境において母音の無声化が起こりやすいということは，音声学的にはきわめて自然なことである．声帯の制御を電気のスイッチにたとえると，「鹿」のように [無声子音＋母音＋無声子音] という音連続では声帯振動のスイッチを本来 off–on–off と切り替えなくてはならないのであるが，そうするよりも，ずっと off の状態を保つ方がエネルギーの無駄がなく楽である．これに対して [有声子音＋母音＋無声子音] あるいは [無声子音＋母音＋有声子音] という環境では，もともと on–on–off あるいは off–on–on の状態であるから，これを on–off–off, off–off–on に変えても消費エネルギーという点で大差はない．このように母音の無声化という現象の基底には，発話エネルギーを小さくするという省エネの原理が働いている．

2.4 母音の有標性

省エネというのは，これまでの言語学で**惰性**(inertia)，発音のしやすさ(ease of articulation)，あるいは**経済性**(economy)と呼ばれてきたものである．母音の無声化は，もともと有声であるはずの母音を前後の無声子音に合わせて無声化するというもので，音声学ではこのような現象を特に**同化**(assimilation)と呼んでいる．母音の無声化は，前後の子音が持っている無声[−voice]という音声特徴を母音が受け継いだ現象と言える．これと逆の効果を持つ同化現象が，母音に挟まれた無声子音が有声化する現象である．日本語では第5章で論じる連濁の現象が，(アメリカ)英語では強勢母音と無強勢母音に挟まれた /t/ が有声化し，日本語のラ行音やダ行音によく似た発音となる(たとえば *water, shut up* がワラ，シャラップと聞こえる)現象がこれにあたる(2.5節(b))．上記と同じスイッチにたとえるならば，on–off–on を一貫して on の状態に保つ現象である．母音が無声化するか，子音が有声化するかという違いはあるものの，母音の無声化と連濁などにおける子音の有声化は，同化という点では同じ性格のものである．

最後に，(4c)の後半にあげた条件を考えてみよう．無声子音に囲まれた音声環境だけでなく，[無声子音+母音]が語末に起こる場面でも母音の無声化が生じる．たとえば東京方言の「…います」や「烏(からす)」の「す」は無声化しやすい．上で述べた音声環境と比較してみると，語境界が無声子音と同じ働きをしていると言うことができよう．語境界とは発音するものが残っていないということであるから，声帯の振動は止まってしまうのが自然である．それゆえ，語境界が無声子音と同じ働きをしても不思議ではない．また音韻論的にみても，語末は有声と無声の対立が**中和**(neutralize)されやすい環境である．ドイツ語などの言語では，語末の有声子音が無声化してしまう現象が観察される(たとえば英語の *day* に相当するドイツ語は複数形が *tage* [taːge] となるのに対し，単数形は *tag* [taːk] となる)．日本語の母音無声化は有声–無声の対立を中和するものではないが，語末において声の特徴を失うという点で，ドイツ語などの語末子音無声化現象と基本的に同じ性格のものと言うことができる．

練習問題 2.10

無声化はどのような意味で同化現象なのか．

2.5 子音の有標性

(a) ノンタンと子音の有標性

　この章の冒頭で述べた「ノンタン」の問題を考えてみよう．「ノンタン」は小さな子供向けの絵本の名前であり，その主人公の猫の名前でもある．この「ノンタン」という名前が「ノンちゃん」の赤ちゃん発音であることは容易に想像がつく．子供にとって「…ちゃん」という発音はむずかしいようで，言葉を話し始めた頃は「…たん」で代用する．「ゆうちゃん」が「ゆうたん」，「あやちゃん」が「ああたん」となってしまい，また「お父さん」と言わせようとしても「とうたん」になってしまう．

　では「…ちゃん」はもともと何という音なのか．「バス」のことを「バチュ」，「何ですか」を「何でちゅか」，「来なさい」を「来なちゃい」ということからもわかるように，幼児はサ行の子音（[s] や [ʃ]）を破擦音の [tʃ] で代用してしまう．つまり「ノンタン」の「…たん」は「…ちゃん」を通過地点として「…さん」にまでさかのぼることができる．「ノン」というのは「のりこ」や「のぶこ」「のぞみ」などの短縮形であるから，「ノンタン」は「のりこさん」「のぶこさん」「のぞみさん」を幼児語化した愛称形ということになるのである（語幹部分が「ノン」という形になることについては，窪薗 (1995) を参照されたい）．以上のことをまとめると次のようになる．

　(7)　のりこさん → のりこちゃん → のりちゃん → のんちゃん → ノンタン

　ここで愛称語を作り出す接尾辞の発音に注目すると，[s] → [tʃ] → [t] という子音の変化が読みとれる．幼児は発音器官が未発達なために，[s] を [tʃ] で代用し，さらに [tʃ] を [t] で代用する傾向を示すようなのである．言語発達という視点から見るならば，日本語を母語とする子供は [t] → [tʃ] → [s] という順番で

子音を獲得していくことになる．[s] という子音を発音できる子供はすでに [t] と [tʃ] の子音を獲得しているというわけである．これは母音の獲得における順序と並行した現象であり，子音の中にも発音のしやすさの序列というものが存在することを意味している．子音にも無標のものから有標のものまで序列があるというのである．この有標性の序列は次項以下で見るように，言語獲得だけでなく諸言語における音の分布にも現れてくる．[s] という音を持つ言語は [t] という音もその前提として有するというような法則（つまり含意の法則）が子音の世界にも存在するのである．

(b) 子音記述の四つの基準

　子音の有標性を正しく理解するためには，子音がどのような特性を持っているのかということを知っておく必要がある．母音と子音の基本的な違いは，声道を通っていく空気がどれくらい自由に流れていくかということであった．子音は母音に比べて声道が狭められ，空気の流れが大きく阻害されるという特徴を持っている．正確に言うと，そのようにして作り出される音を「子音」と呼んでいる．このため，子音の記述にも空気の流れが声道の「どこで」「どのくらい」妨げられるかという基準が必要となってくる．これらはそれぞれ**調音点**（place of articulation），**調音法**（manner of articulation）と呼ばれている．母音の記述における「前舌–後舌」と「舌の高さ」（開口度）に対応する基準である．

　同じ尺度を問題にしながら母音と子音で用語が異なるのは，実際の記述範囲が大きく異なることによる．母音空間の図 2.6（2.4 節 (e)）を思い出してみるとわかるように，母音の記述において横軸にあるのが「前舌–後舌」という尺度である．舌のどの部分が一番高くなって声道をもっとも狭めるかという基準により作り出される対立であるが，この前舌〜後舌という範囲は図 2.8 からもわかるように，声道のごく一部を使っているにすぎない．これに対して，子音の場合にはこの範囲にとどまらず，声道の入口である喉頭（のど）から，その出口にあたる唇にまで範囲が広がる．狭めることのできる声道の範囲がはるかに広くなるのである．この結果，母音の記述に用いられる「前舌〜後舌」という範囲は，この広い範囲の中央部に含まれてしまう形になる．具体的には，前舌母音

図 2.8 発音器官と母音空間

表 2.8 母音と子音の合体表

調音法 \ 調音点	両唇	歯 歯茎	硬口蓋 歯茎	軟口蓋	声門
閉鎖音　無声	p	t		k	
有声	b	d		g	
摩擦音　無声		s	ʃ		h
有声		z	ʒ		
鼻音	m	n		ŋ	
弾音		r			
半母音	w		j	(w)	

　　　　　　　　　　　　　i　　u
　　　　　　　　　　　　　e　o
　　　　　　　　　　　　　　a

は硬口蓋子音と，後舌母音は軟口蓋子音と狭めの位置が対応している（表 2.8）．
　横軸だけでなく縦軸でも母音と子音の間で記述の範囲が異なっている．すでに繰り返し述べたように，母音と子音の違いは，空気がどのくらい自由に声道を流れていくかということによって作り出される．このため母音と子音の境界は漸次的なものであり，母音の延長線上に子音があり，子音の延長線上に母音があるという関係をなしている（表 2.8 参照）．これはちょうど，窓ガラスをどのくらい開けるかということにたとえることができる．窓ガラスを完全に開けた状態が「母音の中の母音」と言われる [a] の状態であり，このとき，最大限に開いた空間（声道）を通って自由に空気が流れていく．これと対極をなしているのが窓ガラスを完全に閉じた状態，つまり声道を流れる空気の流れが瞬時な

2.5 子音の有標性

がら完全にストップしてしまう状態である．これが「子音の中の子音」と呼ばれる閉鎖音の状態である．母音も子音もすべてこの [a] と閉鎖音との間に位置づけることができる．

母音のなかで [a] と対峙しているのが [i] や [u] の高母音で，[a] よりも口を閉じて声道を狭くする．ここが母音としての極限である．[i] や [u] よりもさらに口を閉じて空気の流れを妨げるようにすると**半母音**(semivowel)や**流音**(liquid)などのいわゆる**接近音**(approximant)が生じる．声道が狭められても，閉鎖や摩擦が生じるほどには狭められていない状態である．このうち半母音の代表的なものは，[i] の延長線上にあるヤ行子音の [j] と，[u] の延長線上にあるワ行子音の [w] である．半母音は便宜上，子音の中に分類されているものの，その用語からもわかるように母音と子音の中間に位置する．半母音からさらに声道を狭めると摩擦が生じるようになるが，半母音はそれほど声道が狭められず，かといって [i] や [u] ほどには声道が広くないという中途半端な段階である．言語によっては（たとえば英語などでは）[r] の音も半母音に分類されることがある．

半母音よりやや声道が狭められるのが [l] や [r] の流音と呼ばれる音である．このうち [l] は**側音**(lateral)と呼ばれ，舌先が歯茎付近に接触する一方で，その両側（あるいは片側）から空気が自由に流れていく特性を持つ．一方 [r] の音は言語によって発音が大きく異なっている．現代英語の [r]（たとえば*red, rifle*）は半母音に近いほどに声道が広くなっているが，現代日本語のラ行子音は舌先が一瞬だけ歯茎に接触する発音を持っており，**弾音**(flap)と呼ばれる（IPA は [ɾ] という記号を定めているが，本書では [r] で代用する）．調音上は有声閉鎖音のダ行子音 [d] によく似た特性を持っており，幼児語や外来語においてしばしば両者の混同が起こっている（2.4 節(g)）．

半母音や流音からさらに声道を狭くすると，上で述べたように摩擦が生じるようになる．これが**摩擦音**(fricative)である．これは窓ガラスが少しだけ開いて，すきま風がビュービュー吹き抜ける状態にたとえることができる．[s] や [ʃ] などの子音がこのタイプに分類される．これらの子音をそれぞれ長く発音してみると，この状態が実感できる．

摩擦音の状態からさらに声道を狭めると，声道の中で空気の流れが一瞬スト

ップしてしまう**閉鎖音**(stop)の状態が作り出される．窓ガラスを完全に閉めた状態に相当し，摩擦(すきま風)も生じなくなる．[p][t][k][b][d][g] というのが代表的な閉鎖音である．もっとも，閉鎖の状態が長く続くことはない．実際の発話では何か別の音が続くことが普通であるから(たとえば [pa] では [a] が後続する)，閉鎖はすぐに開放される．この開放に伴ってせき止められていた空気がどっと出てくる状態を**破裂**(plosion)と言う．伝統的な音声学ではこの状態に注目し，閉鎖音を**破裂音**(plosive)と呼んでいた．

閉鎖音と摩擦音の中間に位置する音も存在する．**破擦音**(affricate)と呼ばれる音である．用語自体が閉鎖音(破裂音)と摩擦音を組み合わせて作り出されていることからもわかるように，この音は閉鎖と摩擦を連続させて作り出される．つまり，一瞬だけ閉鎖を作り出し，閉鎖の開放直後に摩擦を作り出す音である．[ts](日本語の「つ」の子音)や [tʃ](「ち」の子音)がその代表例である．閉鎖音・破擦音・摩擦音の 3 種類は子音の中でも子音性の高い音，つまり声道が極端に狭められる音であることから，**阻害音**(obstruent)という名称でまとめられることもある．

―練習問題 2.11――
「接近音-阻害音」という子音の二分法は，どのような音の特性に着目した分類であるか．

以上，子音の分類表(表 2.8)における縦軸と横軸を母音の記述様式に対応させて解説した．子音の記述では以上述べた「調音点」と「調音法」に加え，**口音-鼻音**の区別と**声の有無**が三つ目，四つ目の記述尺度となってくる．このうち口音-鼻音の区別は，喉頭を通ってきた空気が口腔(口)の方へと抜けるか，鼻腔(鼻)に抜けるかという違いによって作り出される．口腔へ抜けると(図 2.9 (a))，**口子音**(oral consonant)が作り出され，鼻腔へ抜けると(図 2.9(b))鼻腔内で音が共鳴し，**鼻子音**(nasal consonant)が作り出される．

表 2.8 の子音表からもわかるように，ほとんどの子音は口子音であり，鼻子音は [m][n][ŋ] などに限られてしまう．つまり，空気は口腔を通るのが基本であり，鼻腔を通るのは特殊なのである．このため，後者だけが鼻子音ないしは鼻

(a) [b]　　　　　(b) [m]

図 2.9　口子音と鼻子音

音と呼ばれ，前者が口音，口子音と呼ばれることは少ない．特殊な方だけに特別の名前を付けて区別しているのである．鼻音が特殊というのは母音の場合でも同じであり，2.4 節 (d) で述べたように鼻母音は口母音よりも出現頻度がはるかに低い．

　ところで，鼻子音は声道における空気の妨げという面から見ると二面性を持っている．鼻腔を通っていく空気は舌や唇による妨げを受けないために，比較的自由に流れていく．つまり，閉鎖音や摩擦音とは違い，母音性がかなり高いという特性を持っている．この一方で口腔内の状態を見てみると，鼻子音は口腔内で閉鎖を伴うのが普通である．つまり唇([m])，歯茎([n])，軟口蓋([ŋ])などの位置で閉鎖が作られ，空気の流れが一瞬完全にストップしてしまう．口腔内に閉鎖が作り出される結果，口から出ることのできなくなった空気が鼻の方へ抜けていくのである．口腔内で閉鎖が作り出されることから [m][n][ŋ] は**鼻腔閉鎖音**(nasal stop) と呼ばれている．この名称からもわかるように，鼻子音は閉鎖音という特性も持っているのである．閉鎖音はもっとも子音性の高い子音であるから，鼻子音も口腔内の閉鎖という点では子音性の高い音ということができる．

---練習問題 2.12-------------------------------------
　鼻子音の持つ二面性とは何か．この二面性がどのような形で現れてくるか.

　子音の記述様式の最後の尺度として「声の有無」を見てみよう．声の有無は，

2.1節で述べたように声帯の振動によって作り出されるもので，**有声子音**と**無声子音**の区別を作り出す．たとえば [p] と [b]，[s] と [z] の対立である．もっとも，すべての子音に声の対立があるかというとそういうわけではない．人間の発音機構としてはすべての子音に有声–無声の対立を作り出すことが可能であるが，実際の言語においてこの対立が生じる子音は限られている．一般的には，閉鎖音・破擦音・摩擦音という子音性の高い子音だけにこの対立が生じる．摩擦音よりも子音性が低くなると，つまり声道が広くなって空気が自由に流れるようになると，無声の状態（つまり声帯が振動しない状態）がなくなり，常に有声の状態になる．[r] や [m][w] などの子音が有声を基本とするのはこのためである（[m] や [n] などの鼻子音も空気が鼻腔を自由に流れていくために [r] や [w] などと同じ振る舞いをする）．これらの母音性の高い子音に無声音が生じることもたまにあるが，それは有声音を前提に生じるものであり，無声の鼻音を持ちながら有声の鼻音を持たないという言語は存在しない．このことは表記法にも現れており，[m] や [r] の無声音は独立した発音記号を持たず，[m̥] や [r̥] のように補助記号（ ̥）を伴って表されるのが一般的である．

練習問題 2.13

子音記述の四つの基準を述べなさい．

（c） 調音点の有標性

子音の記述様式を理解した上で，子音に関する有標性の問題を考察してみよう．先にも述べたように，母音の場合と同じように子音の場合にも基本的な子音と特殊な子音の序列が存在する．まず子音表（表 2.8）の横軸にあたる調音点については，口の奥（たとえば軟口蓋）で作り出される音よりも口の出口付近（唇や歯茎）で作り出される音の方が，発音が容易であると考えられている．とりわけ [p][b][m] という唇で作り出される三つの子音は子音の中でも基本的な音である．このことは「お母さん」「お父さん」を意味する基本的な単語によく現れており，言語の系統や体系に関わりなく，これらの子音が頻出する．中でも，母音の中でもっとも基本的な [a] という母音と組み合わされることが多い．

いくつか例をあげてみよう.

(8) お母さんとお父さんを表す単語

	お母さん	お父さん
中国語	[mama]	[papa]
ラテン語	[mater]	[pater]
イタリア語	[mamma]	[papa]
タイ語	[mɛ]	[pʰɔ]
インドネシア語	[bu]（または[ibu]）	[pak]（または[bapak]）
日本の公家言葉（江戸時代）	[ota:san]	[omo:san]
古代日本語	[papa]	[titi]

幼児にとってもう一つ大切な単語が「食べ物」を意味する語である.この意味の語にも唇音と[a]の組み合わせが多く,とりわけ幼児語にはその傾向が強い.日本語では「マンマ」[mamma]（地方によっては「ママ」[mama]）,タイ語の[mam]（あるいは[mammam]）などが代表的な例である.戦国時代にポルトガル語から日本語に入った「パン」（もとはラテン語では[pa:nis]）も類似の音声構造を持っている.

同じ閉鎖音でも[k]や[g]のように口の奥で調音されるものは,発音がむずかしいようである.日本語を母語とする幼児が「ケーキ」を「チェーチ」,「銀行」を「じんこう」,「ゲゲゲの鬼太郎」を「ジェジェジェのちたろう」と発音するのはこのことを反映したものであろう.[k]や[g]の音を[tʃ]や[dʒ]という歯～硬口蓋の破擦音で代用しているのである.

― 練習問題 2.14 ―――
子音の発音で無標の調音点とはどこか.それを支持する事実は何か.

(d) 調音法の有標性

子音表（表2.8）の縦軸にあたる調音法についても有標–無標の序列が存在する.阻害音について言えば,子音性がもっとも高い音である閉鎖音が,もっと

も無標な音であると言われている．摩擦音や破擦音のように，子音性が低くなる（つまり声道が広くなる）阻害音は有標性が高くなる．破擦音や摩擦音より閉鎖音が基本的な子音であることは，(8)にあげた「お母さん」「お父さん」を表す語彙の音声構造を見てみるとよく理解できる．言語の系統や体系を問わず，[p][b][m] という閉鎖音が高い頻度で出現している．鼻腔閉鎖音の [m] は空気が鼻腔から自由に流れていくという点では [r] や [w] などの子音と共通しているが，口腔に閉鎖を作るという点では [p] や [b] の閉鎖音と共通している．言語獲得の過程では，後者の特性によって [p] や [b] と同じ振る舞いを示すのである．

　閉鎖音が他の阻害音（破擦音，摩擦音）よりも基本的な子音であることは，有声阻害音についてもあてはまる．日本語を母語とする子供は，「ぞうさん」（象さん）を「どうたん」，「れいぞうこ」（冷蔵庫）を「れいどうこ」と発音する傾向がある．つまり，摩擦音（[z]）や破擦音（[dz]）を閉鎖音（[d]）で代用するのである．

　ところで，摩擦を伴う2種類の音，すなわち摩擦音と破擦音の中で，どちらが無標なものであるかということについては二つの説が存在する．音声分析に有標性の理論を持ち込んだ Roman Jakobson の研究（Jakobson 1968）では，摩擦音より破擦音の方が有標性が高く（特殊であり），乳幼児は破擦音より摩擦音の方を先に獲得すると分析されている．破擦音が閉鎖音（破裂音）と摩擦音の二つの音の特性を結合したものであることを考えると，閉鎖音と摩擦音を獲得してからでないと破擦音を獲得できないというこの説は一応の説得力を持つ．

　ところがその一方で，日本語を母語とする子供の言語発達を分析してみると，摩擦音より破擦音を先に獲得するという傾向が観察される．つまり，閉鎖音→破擦音→摩擦音の順番で獲得しているようなのである．この序列はすでに本節(a)で見たように，「ノンタン」などの愛称語の接尾辞に見られる [t] → [tʃ] → [s] という子音の獲得順序によく現れている．幼児は閉鎖音をまっ先に獲得し，その後で破擦音，摩擦音と進んでいく．音韻獲得の最初の段階では破擦音や摩擦音を閉鎖音で代用し，次いで摩擦音を破擦音で代用し，最終的に摩擦音が発音できるようになるようなのである．摩擦音を破擦音で代用する段階の具体例として手塚治虫の漫画『ブラック・ジャック』に登場するピノコという子供の発話をあげておこう（ダ行音がラ行音と交代することについては本節(b)参照）．

2.5 子音の有標性

(9) 「ねっ，先生，ろうちて はくちゅちないのさ」(ʃ→tʃ)
    「ちゃんと 前むいて なちゃい」(s→tʃ)
    「なんでちゅか，よこの女の子ばかい 気にちて」(s→tʃ, ʃ→tʃ)

このように，摩擦音と破擦音の間の序列に若干の揺れはあるものの，言語発達の段階に見られる有標性の序列は諸言語における子音の分布にも現れている．つまり，人間の言語で閉鎖音を持たない言語はないと言われ，また摩擦音を有する言語はその前提として閉鎖音も有するとされている．摩擦音を持ちながら閉鎖音を持たない言語は存在しないというわけである．小学校の算数にたとえるならば，閉鎖音が足し算で，摩擦音が割り算に相当することになろうか．

有標性を論じるときに子供の言語獲得と自然言語における分布と並んで問題になるのが，言語障害における言語喪失の過程である．言語喪失の過程が真に言語獲得や生起頻度と相関するものであれば，言語喪失においても同様の序列が生じてくるはずである．すなわち，破擦音や摩擦音を先に喪失し，閉鎖音を最後まで保持すると予想される．この予想が経験的に正しいかどうか，今後の体系的な研究を待たなくてはならない．

練習問題 2.15

閉鎖音が摩擦音や破擦音より無標であるということを裏づける事実は何か．

(e) 調音法と声の相関

母音の特性と有標性について話を進めた際，声道の広さと声の有無の間に面白い相関関係があることを指摘した(2.4節(g))．声道の広さは空気がどれくらい自由に流れるかという尺度であり，子音記述の調音法に対応する．これに対して声の有無は，喉頭の中にある声帯が振動するかどうかという生理活動の結果である．前者は主として下顎の上下運動や舌の動きによって作り出され，後者は声帯の活動によって作り出されるものであるから，本来は独立した現象となるべきものである．すなわち声道の広さとは関係なく，有声-無声の区別が作り出されておかしくない．ところが言語における音の分布を見ていると，この二つの現象の間には非常に強い関連性があり，声道が広くなって空気の流れが

自由になるにつれ，自然に声帯が振動するという結果が生じる．言い換えるならば，声道が狭くなる場合だけに有声音と無声音の対立が生じてくるのである．

　このような奇妙な相関関係がどのようにして生じるものか，今のところ定説といえるものはない．おそらく呼気圧と声道内の気圧との関係といった生理的な要因が背後にあるものと思われるが，いずれにしても，このような相関関係の結果，閉鎖音・破擦音・摩擦音という子音性の高い音（いわゆる阻害音）に有声と無声の対立が生じやすく，摩擦音よりも声道が広くなる音では基本的に有声音しか生じなくなるという顕著な傾向が作り出されている．接近音（半母音・流音）や鼻音は「母音と子音」という分類では子音の中に分類されるが，声の対立を持つかどうかという観点では母音と同じグループに属する．つまり阻害音かそれ以外かという2グループに分かれるのである．

　接近音や鼻音や母音では有声が原則（すなわち無標）であり，一方，阻害音では有声・無声の両方が生じる（生じやすい）と述べたが，阻害音にもじつは有声・無声の間で有標性の違いがある．すなわち，閉鎖音や摩擦音では無声の状態が無標であり，有声の状態が有標である．これは自然言語における音の分布によく現れており，阻害音に有声と無声の対立を持たない言語は，原則的に無声となって現れる．つまり無声閉鎖音を持ちながら有声閉鎖音を持たないという言語は存在しても，その逆のタイプ，すなわち有声閉鎖音を持ちながら無声閉鎖音を持たないという言語は存在しないとされている．

　たとえば閉鎖音に有声・無声の対立を持たない現代中国語では，すべての閉鎖音が無声の状態で現れている（現代中国語では有気と無気の対立（たとえば $[p^h]$ と $[p]$ の対立）があるが，それらはいずれも無声音である（3.3節(b)参照））．また有声と無声の摩擦音を持つ英語の歴史をたどってみると，もともとは無声摩擦音しか持たなかったということが判明する．語中の母音と母音に挟まれた位置で，同化現象として無声摩擦音が有声摩擦音に変わり，そこから有声摩擦音が発生したのである．これとは逆に有声と無声の対立が解消された言語を見てみると，有声の阻害音（[b][d][g]など）が無声の阻害音（[p][t][k]など）に融合するという変化をとげている．たとえばタイ語の歴史を見てみると，有声の阻害音（[b][d][g][v][z]など）が無声化して対応する無声の阻害音（[p][t][k][f][s]など）

と合流し，その一方で，無声の鼻音([m̥]や[n̥])や接近音([l̥][r̥][w̥][j̥])が有声化して，それぞれ有声の鼻音([m][n])，接近音([l][r][w][j])と融合するという発達を示している．鼻音や接近音は有声が基本的で，阻害音は無声が基本的という特徴を示しているのである．

阻害音について有声より無声の方が無標であるということは，じつは身近な日本語の体系に端的に現れている．清濁の区別とその文字表記である．日本語では清音と濁音を区別し，後者を前者より有標な音として分類しているが，文字表記からもわかるように，清音を前提として濁音が存在している．つまり「が，ざ，だ，ば」という濁音は「か，さ，た，は」という清音に濁点という特殊な記号が付されている．濁点という特殊記号が付されている分だけ，特殊な音としての扱いを受けているのである．音にしても文字にしても，ここでは無声の阻害音([k][s][t][h])が有声の阻害音([g][z][d][b])に対して，より基本的なものとして分類されている．

ところで日本語の清音・濁音という対立は，音声学でいう無声音・有声音の対立と完全に一致しているわけではない．無声阻害音を含む音節(か，さ，た，は)はすべて清音であるが，他の清音(な，ま，や，ら，わ)は有声子音を含んでいる．両者の違いをまとめると次のようになる．

(10) 清濁と有声・無声の関係

	無声	有声
清音	k, s, t, h	n, m, j, r, w
濁音	―	g, z, d, b

上の表からもわかるように，清音は鼻音([m][n])・接近音([j][r][w])と無声の阻害音([k][s][t][h])で始まる音節を総称したものであり，一方，濁音は有声の阻害音で始まる音節を指している．この中では無声阻害音が有声の鼻音や接近音と同じ扱いを受けているのである．これまでの議論からわかるように，この日本語の清濁の区別は，じつは広く人間の言語一般にあてはまる有標性の原理を反映したものである．閉鎖音や摩擦音のように声道が狭くなる音では無声が自然の状態であり，無声音を前提として有声音が生じる．一方，鼻音や接近音(あるいは母音)のように声道が広くなる音では，有声音が自然の状態であり，

有声音を前提として無声音が生じる．日本語の清濁の区別はこのような一般的な有標性原理に基づくものである．(10)に見られる清濁と有声・無声の間のズレは，このような一般的な原理を反映したものなのである．

このように日本語の清濁を有標性の観点から眺めてみると，日本語になぜ「まﾞ」や「やﾞ」のような文字がないのかという小学生の疑問にも容易に答えることができよう．「ま」や「や」は「か」や「さ」と同じ清音であるが，両者に含まれる子音を音声学的にみると有声音と無声音という違いがある．「ま」や「や」の子音([m][j])は清音でありながら，有声音なのである．濁点は無声音を有声音に変える働きを持っているから，[m]や[j]のようにはじめから有声という特徴を持った音を，それ以上「有声」に変えることはできない．その点において，「か」や「さ」の子音([k][s])とは異なるのである．しかしその一方で，なぜ無声音の[k][s]と有声音の[m][j]が清音という同じ範疇に入れられているかというと，それは上で述べた有標性の原理が存在しているからである．阻害音は有声より無声の状態が基本的であり，それ以外の音（鼻音や接近音や母音）は逆に有声の方が基本的なのである．濁音に対する清音という音のグループは無標の音をまとめあげたものなのである．

最後に，ここで問題にしている有標性の原理は，声道の広さと声帯の活動の間に見られる機能的なつながり（相関）によって作り出されていることを再確認しておきたい．母音だけでなく子音の中でも声道が広くなって空気が自由に流れていくタイプの音は，声帯が自然に振動する．有声が無標の値となるのである．一方，声道が狭くなる子音（つまり閉鎖音や摩擦音などの阻害音）の場合には，声帯が振動しにくくなり，無声の状態が無標の値となる．日本語の清濁の区別をはじめとするさまざまな現象は，声道の広さと声帯の活動の間に見られる不可思議な相関関係によって作り出されているのである．

練習問題 2.16

無声閉鎖音と有声閉鎖音ではどちらが無標か．また，そのように考える根拠は何か．

濁音の意味とイメージ

濁音は不快なイメージや否定的なニュアンスを伝えると言われる．たしかに「さらさら」に対する「ざらざら」，「するする」に対する「ずるずる」，「たらたら」に対する「だらだら」のように，濁音はマイナスの意味を持っているようである．もっとも濁音がすべてそのようなイメージを持っているかというと，そういうわけではない．「かめ」(亀)に対する「うみがめ」(海亀)，「かみ」(神)に対する「かみがみ」(神々)のように，複合語の中で起こる連濁という音韻現象によって作り出された濁音は，否定的な意味とは直接的に結びつかない．不快なイメージや否定的な意味を持つのは，特に語頭に現れる濁音のようである．「ざまを見ろ」という場合の「ざま」は「さま」(様，すなわち「ありさま」有様)の語頭が濁音化した例であり，また鹿児島方言で聞かれる「じゃ」(茶，まずいお茶，出がらしのお茶)という語も同類である．「ざらざら」などのオノマトペ(擬声語・擬態語)と同じように，語頭の位置で濁音化し，その特徴によって「不快」「否定的」という意味を作り出している．

ではなぜ語頭の濁音がこのような否定的な意味を持つかというと，それは日本語が本来，語頭に濁音を持たない言語であったからである．そのような構造を持つ言語において濁音で始まる語が作り出されるということは特別なことであるから，そのような特別な構造に特別な意味が加えられても何ら不思議ではない．ここでは「不快」「否定的」という特別な意味が加えられたわけである．ちなみに語頭に濁音が立たないというのは日本語に特有の現象ではない．阻害音(閉鎖音・摩擦音)の中で有声と無声の対立がもっとも生じやすいのが語中であり，語頭や語末では声の対立は生じにくい(2.4節(g))．阻害音は無声が無標(基本)であるから(2.5節(e))，語頭や語末に無声阻害音か有声阻害音のいずれかが生じる場合には前者が生じることになる．日本語にもともと語頭の濁音がなかったというのは，このような一般的な傾向を反映したものである．

ところで「不快」とか「否定的」とか悪いニュアンスを持った語の作り方を考えてみると，濁音を用いるという方法が孤立的な現象ではないことがわかる．短縮語という語形成では，語頭部分を残すという形式が圧倒的に多数である(たとえば「イラストレーション」が「イラスト」，「ストライキ」が「スト」，「こうもり傘」が「こうもり」と略される)．これに対し，語末部分を残

すというかなり例外的な方策の例を見てみると「(ま)やく」(麻薬),「(けい)さつ」(警察),「(けい)むしょ」(刑務所),「(しん)ぶんや」(新聞屋),「(あ)ばしり」(網走),「(つかい)ばしり」(使い走り)のようなアングラ用語が目立つ.中には「(アル)バイト」のように普通の意味を持つ語もあるが,比率からいうと偶然とは思えないほどの偏りである.同じ短縮という語形成でも,悪い意味を持たせる場合には不規則な形式をとるということであろうか.

　語形成の中でも既存の単語を語末から読んでいく「逆さ言葉」も同じような意味を持っているようである.日本語ではきわめて生産性の低い語形成なのであるが,その数少ない例を見てみると「ダフ屋」(<ふだ(札)),「すか」(<かす),ねた(<たね(種))のようないくぶん否定的な意味を含む語が多い.

　語頭の濁音にせよ,語末を残す短縮語にせよ,あるいは逆さ言葉にせよ,あまり一般的でない構造や形式を用いて作られた語には,「不快」「否定」などの悪いニュアンスが込められているようである.

(f) 五十音図の秘密

先に「あいうえお」という母音の配列順を論じた際に,五十音図はもともと古代インドの人たちが作ったものであり,母音の配列にちゃんとした法則があることを述べた.五十音図の縦軸をなす母音の並べ方が一定の原理に従っているように,その横軸をなしている子音についても「(あ)かさたなはまやらわ」という配列順の背後には規則性が存在している.

　カ行からワ行までの9個の子音は,前半の六つ(か,さ,た,な,は,ま)と後半の三つ(や,ら,わ)に大別できる.前者は声道内で閉鎖か摩擦が生じる音,具体的には阻害音(閉鎖音と摩擦音,破擦音)と鼻音のグループである.鼻音は空気が鼻腔へ自由に流れていくが,口腔内では[p]や[t]などの閉鎖音と同じく閉鎖を引き起こしている.一方,「や,ら,わ」の三つの子音は,声道がそれほど狭められることのない子音であり,現代音声学で接近音と総称される音のグループである(本節(b)).つまり,カ行からマ行までの子音性(阻害性)の高い六つの子音を最初に並べ,その後ろにヤ行,ラ行,ワ行という母音性の高い子音を並べている.

次にこの二つのグループ内の配列順を見てみると，調音点が口の奥から出口の方へ順次移行していくことがわかる．前半のカ行～マ行では，軟口蓋で作られる [k] の子音から歯茎音(～歯音)の [s][t][n] へ移行し，さらに唇音のハ行子音とマ行子音 [m] へと移行する．現代日本語のハ行音(は，ひ，ふ，へ，ほ)は，「ふ」の子音を除き唇の音ではないが，昔の日本語では [p] という両唇閉鎖音であったと言われているから(詳しくは次項参照)，マ行子音と同じように唇音に分類することができる．このようにカ行～マ行を全体として見た場合，調音点が後ろから前へと移行していくのである．

同様の移行がヤ行～ワ行についてもあてはまる．ヤ行子音は硬口蓋，ラ行子音は歯茎，ワ行子音は唇でそれぞれ狭めが作られる．ワ行の [w] は軟口蓋と唇の2か所で狭めが作られる音であるが，ここでは唇の方が参照点となっている．

以上のことをまとめると次のようになる．調音法という点から見ると母音性の低い子音を前半に，高い子音を後半にそれぞれまとめ，また調音点という点では，いずれのグループでも口の奥から唇へと調音点が前の方へ移行するという構造を持っている．

(11)

	k s t n p m	j r w
調音点	軟口蓋　歯茎・歯　唇	硬口蓋　歯茎　唇
調音法	阻害音・鼻音	接近音

ところで，(11)にまとめた子音の配列順は，一定の法則に従っている点では母音と同じであるが，その中身については母音の場合と大きく異なる点を含んでいる．その一つは，調音点が後ろから前へ移行するという構造が，有標なものから無標なものへという並べ方になっている点である．すでに述べたように，唇や歯茎の子音は軟口蓋の子音より子供にとって発音しやすく，より基本的な音であると言われている(本節(c)参照)．五十音図に見られる子音の配列順は，有標な調音点から無標な調音点へ移行する構造を持っているのである．これに対し「あいうえお」という母音の配列は，2.4節(c)で述べたように基本的な母音から順番に並べるというものである．つまり，五十音図の子音は有標→無標という並べ方，母音は無標→有標という並べ方となっている．

60 2 母音と子音

母音と子音の配列順に関するもう一つの違いは，連続性を持つかどうかという違いである．母音の場合には，「あ」から「い」「う」へと母音空間内で大きく離れた位置へとまず動き，その後で中間位置の「え」「お」へと移行している．これに対して子音の並べ方では，子音分類表の横軸にあたる調音点の軸を，口の奥から前へと順次移行している．軟口蓋から唇へ大きく移動し，その後で両者の中間位置にある歯茎へと動くような構造を持ってはいない．母音が対比（コントラスト）をつけるように移行しているのに対し，子音は一つの座標軸を連続的に移行しているのである．この違いは，おそらく両者の縄張りの違いから生じるものと思われる．本節(b)で述べたように，母音空間は軟口蓋から硬口蓋という狭い範囲に位置づけられ，これに対して子音は，声門から唇までの広い範囲に実現する．つまり，母音空間というきわめて狭い範囲内で音を区分する場合には，一つの極から他方の極へと対比的な移行を示し，他方，子音の場合には母音空間よりはるかに広い範囲を区分するために，一方の極から他方の極へ向かって段階的に移行すると解釈することができる．

練習問題 2.17

五十音図の横軸「あかさたなはまやらわ」はどのような配列規則に従っているか．また母音の配列とどのように異なっているか．

(g) p 音 考

前項で日本語のハ行音は昔々[p]の音であったと述べた．現代日本語のハ行子音は後続する母音によって3種類の発音を持つとされている．すなわち前舌（すなわち硬口蓋）の[i]の前では硬口蓋摩擦音の[ç]，後舌で円唇性を持つ[u]の母音の前では両唇摩擦音の[Φ]，そして他の母音([e][o][a])の前では声門摩擦音の[h]の音になる．この中で前二者は母音の調音点に引かれて（つまり同化によって）生じた音であり，現代日本語の体系では声門摩擦音の[h]が無標の値（つまり特別の事情がない限り生じる発音）であるとされている(3.4節参照)．しかしながら，日本語のハ行音が昔からこの発音であったとすれば，五十音図の規則性が乱れてしまうことになる．つまり，横軸は口の奥から唇の方へ調音点が

2.5 子音の有標性

移行していくという五十音図の規則性がハ行のところだけおかしくなってしまうのである。これに対して,昔の日本語のハ行音が唇の音であったと仮定すると,五十音図の規則性が理解できるようになる.

これは五十音図の体系を考察した場合の推論であるが,じつは日本語のハ行音がかつて唇を調音点としていたという仮説には他にも独立した根拠がいくつか存在している.その一つがハ行音とバ行音が清濁の対応をなしていることである.「さ」に濁点が付いて「ざ」ができるように,「は」に濁点が付くと「ば」となる.つまり(12)のような対応が見られる.この対応は連濁という音韻過程にも現れており,「さ」が連濁によって「ざ」となるように「は」は「ば」へと変化する.

(12) sa : za = ha : ba
(13) a. え + さら → えざら (絵皿)
     b. ビール + はら → ビールばら (ビール腹)

ここで [s] と [z] はともに歯茎を調音点とする子音であるが,[h] と [b] は調音点が異なっている.清濁が調音点を同じくする子音の声(無声-有声)の交替によって生じると考えるならば,ハ行子音だけがこの例外であることになる.ハ行子音が昔から口の奥で調音されていたとしたら,同じ清濁の関係をなしている他のペアとは明らかに異なる性格を持っていることになるのである.これに対し,ハ行子音がかつて [b] と同じく唇の閉鎖音 [p](あるいは唇の摩擦音 [Φ])であったと考えるならば,このような変則的な解釈をとる必要がなくなる.ハ行子音が連濁によってバ行の子音に変わることが,日本語の体系上からも,あるいは音声学的にも,きわめて自然な形で説明できるようになるのである.

ハ行音がかつて唇を調音点とする音であったということは,いくつかの単語の語源をたどってみることからもわかる.たとえば「光」という名詞は「ピカリ」というオノマトペと同源であったとされる.「ピカリ」と光るから「ひかり」と呼ばれるようになったという解釈である.同様に「ヒヨコ」や「ヒヨドリ」も「ピヨピヨ」というオノマトペと語源を同じくすると言われている.「ピヨピヨ」鳴く鳥を「ヒヨドリ」,子鳥を「ヒヨコ」と呼んだというのである.これらの名詞とオノマトペの間には今でこそ「ぴ」と「ひ」という音の違いが

存在するが，かつての日本語でともに [p] の音であったと考えることは無理なことではない．むしろ「ピカリ」と光るものを「ピカリ」と呼び，「ピヨピヨ」鳴く鳥を「ピヨドリ」，「ピヨコ」と名づけたと考える方が自然である．自然現象と直接結びついているオノマトペの方が発音を変えなかったのに対し，名詞の方は「ピカリ」から「光」へ，あるいは「ピヨドリ」「ピヨコ」から「ヒヨドリ」「ヒヨコ」へと発音を変えてしまったと解釈すれば，現代語に見られる両者の違いと語源上のつながりがともにうまく説明できる．

日本語のハ行音がもともと唇音であったと考えると，さらに「母」(haha) という基本語彙の発音も理解できるようになる．この語は現代語では声門摩擦音 [h] と解釈されている子音を含んでいるが，これは閉鎖音ではなく摩擦音であるということと，唇や歯茎の音ではなく口の奥の音であるということの2点（つまり調音法と調音点）において子供には発音しにくい音である．「母」という昔から日本語に存在し，かつ幼児にとって非常に基本的な単語が，このように発音のむずかしい子音を含んでいたとは考えにくい．他の言語の発音（本節(c)）と比較した場合，この日本語の単語が [h] の音ではなく [p] という唇音であったと考える方がはるかに自然なのである．

―― 練習問題 2.18 ――――――――――――――――――――
日本語のハ行子音がかつて唇の音であったと考えると，どのような事実が説明できるようになるか．

演習問題

2.1 母音の中の母音とは何か．子音の中の子音とは何か．このような特徴が現れる言語現象を具体的にあげて考察しなさい．

2.2 「とうたん」→「とうちゃん」→「とうさん」という言語発達過程をもとに，子音（阻害音）の有標性を論じなさい．

2.3 五十音図の縦軸と横軸は，どのような配列順になっているか．その原理をそれぞれ音声学的観点から分析し，母音と子音の配列順の違いを有標性という観点から述べなさい．

2.4 「ヴァイオリン」(violin)などの外来語では，[v] の音を表わすのにしばしば「ヴ」という表記法が用いられる．その根拠を音声学的観点から考察しなさい．

2.5 日本語のハ行子音が昔，唇の音 [p] であったとすると，ア段，エ段，オ段では [p] → [h] という変化が起こったことになる．この変化は子音の有標性という観点から見ると非常に奇妙な変化である．どのような意味で奇妙なのかを考察した上で，その奇妙な変化が生じた理由を分析しなさい．

2.6 自分のまわりにいる乳幼児の発音を観察し，母音と子音それぞれについて獲得順序を分析しなさい．特に，3種類の阻害音(閉鎖音，摩擦音，破擦音)がどの順番で獲得されているか考察しなさい．

音の獲得

しばらく前に『スーパーマン』というアメリカの映画が流行した．地球の平和を乱す悪者に立ち向かうために，クラーク・ケント(Clark Kent)という新聞記者が空飛ぶスーパーマンに変身する映画である．いわゆる変身物の古典的な映画で，日本でも『エイトマン』や『パーマン』『ウルトラマン』『ウルトラセブン』(最近では『ウルトラマンダイナ』や『ウルトラマンガイア』)などの漫画やドラマに同じ手法が用いられている．

この手の変身物の映画やアニメに共通していることの一つは，劇中の他の登場人物がなぜか英雄の正体に気がついていないということである．『スーパーマン』の場合には，スーパーマンの正体がクラーク・ケントであることを彼のまわりの人たちは知らないし，『ウルトラセブン』でもモロボシ隊員がウルトラセブンに変身することを知らず，彼の仲間のY隊員に至っては「お前はいつも肝心なときにいなくなる」という滑稽なセリフを毎回のように繰り返している．

このY隊員のセリフがなぜ滑稽か，その理由は説明の必要があるまい．映画やドラマを見ていると，英雄の正体がすぐにわかるからである．そのような自明のことを主人公の仲間たちは気がついていない，そこに滑稽さの根元がある．では，映画やドラマを見ている人はどのような根拠でスーパーマンがクラーク・ケントの変身した姿であることを推測できるのであろう．

そこで用いられているのは相補分布という基準である．ウルトラセブンが

66　3　音の獲得

登場している場面ではモロボシ隊員の姿は見えず，ウルトラセブンが消えるとモロボシ隊員が戻ってくる．このような相補分布の事実をもとに，両者が同一人物であるということを推測しているのである．じつはこの相補分布という概念は，言語分析においても重要な役割を果たしている．音声的（物理的）に異なる特性を持った複数の音が，その言語の体系（あるいはその言語の母語話者の頭）の中で同じ音として機能しているのか，それとも別々の音なのか，この重大な問題を解決するときに変身物の映画やドラマを見るときと同じ推論の原理が使われるのである．言い換えるならば，物理的には無限に存在する音から有限個の音の体系（音素の体系）を推定するときに，「スーパーマンの正体はクラーク・ケントである」（あるいは「クラーク・ケントの正体はスーパーマンである」）と推定するのと同じ考え方が用いられている．この章では音素と異音という二つの概念を中心に，音素体系の獲得や音素抽出の原理などについて述べてみたい．

3.1　音素の発見と一般化

　日本語には母音が五つしかなく，その数は英語の母音よりはるかに少ないと言われている．また [r] と [l] の区別がないなどの理由から，日本語は子音の数も比較的少ないと言われる．このように「音」の数が比較的少ないと言われる一方で，日本語でも母音の発音は無限であると音声学者は言う．Aさんが発する「あ」という母音とBさんが発する「あ」という母音は同じように聞こえていても異なる音であるし，また同じAさんが発する複数の「あ」という発音でも，1回目の発音と2回目の発音とでは微妙に異なる特性を持っていると言う．日本語でも無限に近い数の母音や子音が観察されると音声学者は言うのである．

　「日本語に母音が五つある」という観察と「日本語に無数の母音がある」という観察は一見矛盾しているようであるが，けっしてそうではない．対立している母音の数は5個であるが，物理的に異なる音は無数に観察されるのである．「音」や「母音」という用語は，このように二つの大きく異なる意味で用いられている．前者のように「特定言語の中で対立している音」を**音素**（phoneme）と

いう(工学系の研究者はしばしば「音韻」という用語を用いる). 音素とは, その言語において意味の違いを作り出す最小の音声単位である. 単語を区別することを意味する**弁別機能**(distinctive function)という用語を用いるならば, 音素とは, 弁別機能を持った音の単位ということになる. たとえば英語の *cat* という語は, [k]-[æ]-[t] という三つの音素からできており, それぞれの音を別の音と入れ替えると別の意味を持つ単語となる. [k] を [m] と交換すると *mat*(マット)という語になり, 母音を [ɪ] と入れ替えると *kit*(道具一式)という語になり, [t] を [p] に代えると *cap*(帽子)という語ができあがる. 音を一つ入れ替えただけで, まったく意味の異なる別の単語となってしまうのである. それゆえ英語では [k][æ][t] の三つの音はそれぞれ独立した音素と分析される. 日本語でも同じように, 「飴」(ame)を構成する三つの音をそれぞれ別の音と入れ替えてみると, 「梅」(ume), 「姉」(ane), 「網」(ami)というまったく別の単語ができあがる. [a] が [u] と対立し, [m] が [n] と, [e] が [i] とそれぞれ対立しているから, それぞれの音は日本語の体系の中で独立した音素ということになるのである.

音素が「意味の違いを作り出す音声単位」であるということは, 同時に, 一つ一つの音素が「意味の違いを作り出さない音(phone)の集まり」であることをも意味する. 日本語では [l]-[r], [e]-[ɛ] という区別がそれぞれ語の意味の区別に役立たず, たとえば「レモン」を [remon] と発音しても [lemon] と発音しても, あるいは [rɛmon] と発音しても, 多少の不自然さは生じたとしても, 意味の違いが生じることはない. これは [l] と [r], [e] と [ɛ] がそれぞれ音声的によく似た特性を持っており(第2章参照), 同じ音素の縄張りに入ることを意味している. 音素をスラッシュ(/ /)に入れて表記するならば, 日本語では /r/ という音素の中に [r] も [l] も入り, また /e/ という音素の中に [e] だけでなく [ɛ] という音も入っているのである. このように一つ一つの音素はそれぞれの縄張りを持っている. その縄張り内の音の集まりを音素と呼ぶのである. 話者を主人公にしてみると, 音素とは話者の頭の中に作られた音の体系ということになる.

日本語の母音体系を例にとると, 日本語に「あいうえお」の五つの母音があるということは, 日本語(母語話者)が人間に共通している母音空間をおおむね図 3.1 のように分割していることを意味している. たとえば「え」という母音

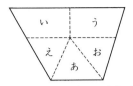

図 3.1 日本語の母音体系

音素は,「い」や「あ」などの他の母音音素と対立する一方で,「え」の縄張りに属するすべての音を総称しているのである.

音素が音の集合体であるということは,一般化という言語学の基本的な考え方につながっていく.現象が無限個あっても,それを作り出している規則や原理は有限個であるというのが科学の基本的な考え方である.「真理は単純である」という信念のもと,現象の背後にある規則・原理を発見することによって無限を有限に還元することが「一般化」ということであった.言語学の場合には,無限個の言語現象を観察しながら,その背後にある有限個の規則や原理を発見しようという努力が続けられてきた.音声研究において音声(物理)的に異なる無数の音の中に有限個の音の縄張り(つまり音素)が存在するということは,じつは人間が用いる音の世界も「真理は単純」なのであり,無限に存在する物理音の背後に有限個の音の体系(音素体系)が存在する,ということを意味している.特定の言語を分析して音素を抽出し,その言語の音素体系を構築するということは,音の世界を一般化するということに他ならないのである.

練習問題 3.1

「日本語には五つしか母音がない」という主張と,「母音の数は無限である」という主張は,どのような整合性を持つか.

3.2 音素の獲得

最近の幼児言語あるいは言語発達の研究によると,子供はこれまで考えられていたよりもはるかに早い段階で母語の母音体系や子音体系を獲得するという.[l] と [r] の区別をはじめとする子音の獲得は生後1年ほどで行われ,母音の獲

得はそれよりさらに早く，生後6か月くらいであるという．もっともこれは音声知覚に関する観察であり，1歳になる前の乳児が母音をはっきり区別して発音したり，[l]と[r]を区別して発音できるという意味ではない．通常，音声産出よりも音声知覚の能力の方が早く発達するから，「発音できなくても知覚はできる」という状態が比較的長く続くのである．しかしながら，子供が1歳になる頃には母語となる言語の音素体系を獲得しているという発見は，特筆に値することであろう．

では音素体系の獲得ということが具体的に何を意味しているかというと，母音であれば母音空間(2.4節の図2.2)を，子音であれば子音の調音領域(調音点や調音法，声の対立，口音に対する鼻音)を，その言語に特有の切り方で区分するということである．母音空間や子音の調音領域は多少の個人差こそあれ，基本的にすべての人に共通したものである．この万人に共通した領域を，母語となる言語のデータをもとに有限個に区切っていく作業こそが，音素体系を獲得するということなのである．

日本語の母音について言えば，子供は日本語のデータに触れる過程で，「あいうえお」の五つの母音が区別されているということを知る．つまり「あいうえお」の五つの母音が「飴」(ame)-「梅」(ume)のような語の意味の違いを作り出しているということを知るのである．子音の場合には，同じデータに触れる中で[d]と[r]の音が異なる意味をもたらし，一方[l]と[r]は異なる意味にはつながらないことを知る．このように，どの言語のデータに触れるかによって，その言語に特有の切り方で母音空間や子音の調音領域を区分していく．その努力の結果，1歳の誕生日を迎える頃には母語の母音体系と子音体系の骨格を獲得するというわけである．

このように考えてみると，音素の獲得に関する限り，言語獲得とはある意味での喪失であることがわかる．何を喪失するかというと，すべての人間の言語を獲得する能力を喪失するのである．ちょうどA嬢と結婚したX氏が同時にB嬢とは結婚できなくなるのと同じように，日本語母語話者は日本語という特定の言語を獲得することによって，英語や中国語をはじめとする世界中の言語を母語として獲得する可能性を失う．言語の場合にはもちろん，二言語併用と

いう特殊な環境に生まれ育った人は，複数の言語を母語とする，いわゆるバイリンガルになることができるが，これはそのような環境が整った場合である．またそのような場合でも，その母語となった(たとえば日本語と英語)以外の言語については，母語として獲得する可能性を失うことになる．母語が複数あったとしても，6000あるといわれる人間の言語の中でわずかの数の言語を獲得するにすぎない．生まれたばかりの子供はいわば万国語(あるいは普遍語)の母語話者であり，どのような言語でも自在に獲得する能力を持っているのであるが，言語獲得とは，そのような無限の可能性と引き替えに，特定の言語の体系を獲得するという過程なのである．

このように言語獲得はある意味では喪失を意味するのであるが，だからといって何も悲嘆する必要ない．結婚の場合に誰かと結婚しない限り結婚はできないのと同じように，言語獲得の場合でもいずれかの言語を獲得しない限り，言語の獲得はできないのである．言語が獲得できなければ，言語を駆使するという，人間が持って生まれたすばらしい能力を生かすことはできない．

また，生後1年以内に母音体系や子音体系を獲得するといっても，母語以外の言語音が100%獲得できなくなるわけではない．たとえば[l]と[r]の区別が日本語にないからといって，日本語を母語として選択した人にとってこの2音の区別が不可能になるわけではないのである．事実，最近の第二言語獲得に関する研究によると，小学生になってから学習しても，この2子音を知覚・産出の両面において区別することは十分に可能であるという．ただ気をつけなければならないことは，この種の学習には長時間に及ぶ意識的な努力が必要となるということである．母語を獲得する場合には，特に意識的な努力がなくても，[l]と[r]の区別をはじめとする音の対立を獲得することが可能である．この点において，母語の獲得と外国語学習とは根本的に異なっている．

練習問題 3.2

言語獲得はどのような意味で喪失と言えるのか，論じなさい．

3.3 音素体系の構築

言語獲得の過程は，子供が万国語の話者から特定の言語の話者に変わる過程であると解釈した．それでは子供はどのようにして母語となる言語の音素体系を構築するのであろうか．つまり，どのようにして無限個の音の中から有限個の音素を抽出できるのであろうか．あるいは，言語学者が未知の言語と遭遇するとき，どのようにしてその言語の音素体系を構築するのであろうか．

音素は意味を区別する音の最小単位であるから，音素を抽出するということは，どの音とどの音が意味の区別に役立つかを発見する過程を意味する．物理的に異なる特性を持った二つの音が意味の区別に役立つか役立たないかを見定めていけば，自ずとその言語の音素体系が構築できることになる．この作業において重要な役割を果たしているのが，ミニマルペアと相補分布の二つの概念である．前者は任意の2音が異なる音素であることを保証する概念，後者は同一の音素であると推論づける概念である．

(a) ミニマルペア

意味の違いを作り出すような二つの音は，通常，音声的に見ても大きく異なる特性を持つ場合が多い．たとえば [m] と [s] は調音点・調音法・声・鼻音−口音のいずれの観点から見ても異なる特性を有しているから，特定の言語においてこれらの2音が同一の音素として機能する可能性は低い．[ma] と [sa] が同じ事象を指すという言語は（かりに存在しても）少ないであろうと思われる．母音の [i] と [a] についても同じである．これに対し，[l] と [r]，あるいは母音の [e] と [ɛ] のように，音声的によく似た特性を持つ2音の場合には，そのような予想がむずかしい．このような2音は，言語によって別々の音素である場合もあるし，そうでない場合もある．別々の音素として扱う言語では，2音の間に音素対立の線を引き，一方，単一の音素として扱う言語では，そのような線を引かずに2音を同音とみなす．言語学者（あるいは乳幼児）が遭遇する未知の言語が特定の2音に対してどちらのタイプとなっているかを見極めることは，思っ

たほど単純な作業ではない．その際に，別々の音素であるという判定を下すのに役立つ基準がミニマルペアの存在である．

ミニマルペア（minimal pair, 最小対語）とは，英語の [kæt]–[mæt] や日本語の [ame]–[ane] のように，一つの音を除いて同一の音韻構造を持ち，かつ異なる意味を有する 2 語のことである．[kæt]–[mæt] のペアでは，語頭子音を除くと共通した構造（[_æt]）が存在し，かつ *cat*–*mat* という異なる意味を作り出している．日本語の [ame]–[ane] のペアでも，語中の 1 子音を除けば残りの部分は共通した構造（[a_e]）を有しており，かつ「飴」–「姉」という意味の違いをもたらす．一つの音を入れ替えるだけで意味が異なってくるわけであるから，このようなペアを見つけることによって，どの音とどの音が当該言語において対立しているかを知ることができるわけである．

言語学者と同様に，言語獲得期の子供もこのようなペアを手がかりに音素体系を構築していくものと思われる．音声学的によく似た特性を持つ二つの音（たとえば [l] と [r] や [e] と [ɛ]）が聞こえてきた場合には，その 2 音の交代によって意味の違いを持つようなペア（すなわちミニマルペア）が存在するかどうかということを手がかりに，その 2 音が異なる音素であるかどうかを推定するものと思われる．*lead* [li:d] と *read* [ri:d] のようなペア（あるいは [bed] と [bɛd]）がミニマルペアをなすような言語では，[l] と [r]（あるいは [e] と [ɛ]）が異なる 2 音素であることを学び，そのようなペアが存在しない言語では，同じ 2 音が同一音素ではないかと推測するに違いない．日本語は後者に属するが，日本語の環境の中で育つ乳幼児は，たとえ身近な発話に [l] と [r] の 2 音が聞こえてきても，この 2 音が意味の違いを引き起こさないこと（[lemon] と [remon] が異なる事象を指さないこと）を経験から学び，問題の 2 音が異なる音素ではないと推論するものと思われる．

ミニマルペアが容易に見つかる場合には「異なる 2 音素」という判定をすぐに下すことができるが，常にそのような状況が得られるとは限らない．言語学者が言語分析する場合にも，乳幼児が母語となる言語に接する場合にも，すべての音素について [kæt]–[mæt] や [ame]–[ane] のようなペアが身近に存在するという保証はない．数万語の辞書を検索すればミニマルペアが容易に見つかる

3.3 音素体系の構築 73

であろうが,未知の言語に遭遇した言語学者や乳幼児がそれほど大量の言語データを分析資料として得られるとは考えにくい.とりわけ音声的によく似た2音の場合には,ミニマルペアを容易に発見できないことが考えられる.そのような場合に,ミニマルペアの考え方とは逆に,問題となる2音が同一の音素であると推論することのできる基準が存在する.相補分布と呼ばれる基準である.

┌─ 練習問題 3.3 ─────────────────────
│ 英語の [m] と [n] が異なる音素であることを,ミニマルペアを示して論じな
│ さい.
└─────────────────────────────

(b) 相補分布

相補分布(complementary distribution)とは,文字通り,二つのものが相補(あいおぎな)う形で分布することである.音素の分析では,音声的に異なる特性を持った二つの音(AとB)が,「Aが起こる場面ではBは起こらず,Bが起こる場面ではAは起こらない」という関係にある場合,両者が相補分布をなすと言う.たとえば短母音と長母音が(1)のような分布を示す言語(仮想言語)の場合を考えてみよう(IPAの定める長母音記号は [ː] であるが,本書ではコロン(:)で代用する).

(1) a. 短母音 [mit], [pen], [sap], [wog], [lus]
     b. 長母音 [mi:], [pe:], [sa:], [wo:], [lu:]

この言語には少なくとも音声的には短母音と長母音が存在している.ところが,この2種類の母音が音素として対立をなしているかというと,そう断じることはできない.[mit]–[mi:t] や [pen]–[pe:n] のようなミニマルペアがないのである.このデータでは,子音で終わる音節(つまり閉音節)では短母音が生じ,母音で終わる音節(開音節)では長母音が生じている.つまり,音声的には短母音と長母音の区別はあっても,両者が同一の環境に生じるということがないのである.このような場合,短母音と長母音は異なる音素としては認められず,単一音素の二つの**異音**(allophone)と分析される.つまり話者の頭の中では同一の音として認知されていながら,音声環境によって少しだけ音声特性を変え

て(ここでは長さを変えて)出現したと解釈されるのである.このような異音の交替を**異音変異**(allophonic variation)と言う.ちなみに,開音節の母音が閉音節の母音より音声的に長く発音されるというのは非常に多くの言語に観察される現象である.(1)に類似した分布は北ゲルマン諸語(スウェーデン語やデンマーク語)などに広く観察されており,また現代英語でも語頭・語中の強勢音節において類似の分布が見られる(窪薗 1995).

　子音の中でよく相補分布を示すのが**有気**(aspirated)・**無気**(unaspirated)の2種類の音である.これは閉鎖音の閉鎖が開放されたときに,声帯の振動に先んじて空気(これを**気息** aspiration という)が出るか,出ないかという区別である.音声学では有気音を [pʰ],無気音を [p] のように表記して区別する.中国語や朝鮮語などの言語では,この2種類の子音が音素的対立をなしている.すなわち,両者が同一の音声環境に生起し,かつ,意味の違いをもたらす.(2)に中国語の例をあげてみよう(中国語には声のピッチを利用した声調という特徴があるが,ここでは省略する:5.4節参照).

(2) 　[kʰu] 苦(=にがい)– [ku] 古(=固い)
　　　[tʰuzi] 兎子(=うさぎ)– [tuzi] 肚子(=おなか)

有気音・無気音はいずれも無声音であるから,有声音まで含めると言語には3種類の閉鎖音が存在することになる.これらの違いは,閉鎖が開放されるタイミングと声帯振動が始まるタイミングの関係によって作り出される.閉鎖が開放されてから声帯振動までに時差があれば,それが気息となって有気音を作り出す.閉鎖の開放と声帯振動がほぼ同時であれば無気音が産出され,閉鎖の開放より声帯振動の開始時間が早ければ有声音が作り出されることになる.図示すると(3)のようになる(< は閉鎖の開放を,〜〜 は声帯の振動を表す).

(3)　　a. [pʰa]　　　　　　b. [pa]　　　　　c. [ba]

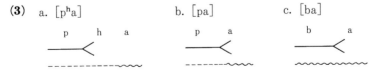

日本語や英語は(3a)と(3b)を同じグループに入れて(3c)と対立させるタイプの

3.3 音素体系の構築   75

言語であり，中国語は(3a)と(3b)の間で対立が生じ，(3b)と(3c)は対立しないタイプの言語である．ちなみにタイ語は，いずれの間でも対立を起こす言語であり，たとえば [pʰa]（布），[pa]（伯母），[ba]（ばかな）が異なる意味を持つ（3語とも同じ声調である）．

　(2)のように同一環境において有気音と無気音がともに生起する言語であれば，ミニマルペアの存在をもとに両者が異なる音素であると判断することができる．これに対し英語をはじめとする多くの言語では，両者が相補分布をなす．英語の場合，強勢音節の初めの位置では [pʰ], [tʰ], [kʰ] の有気音が生じるが，それ以外の音声環境では無気音となる．このような分布を示す場合には，有気音と無気音の対立はない（両者は異なる音素ではない）と分析される（ドット(.)は音節境界を，大文字は強勢音節を表す）．

(4)　a.　[pʰ]　　PIE, PEAK, ja.PAN, ap.PEAL
　　　b.　[p]　　SPY, SPEAK, CA.per, JAP.a.NESE, AP.ple

　(1)にあげた母音の長さであれ，(4)にあげた有気・無気の違いであれ，音声的に異なる音を上のように同一の音素であると結論づけることには納得がいかないという読者もいるかもしれない．たしかに，短母音・長母音の場合でも有気・無気の場合でも，よく似た音とはいえ音声的に異なる特性を持っている2音である．慎重に聞いてみると両者の違いをはっきり聞き取ることができる場合が多い．それゆえ，相補分布しているというだけの理由で同一の音素であると判断することには異論がでてきても不思議ではない．にもかかわらず，相補分布している2音を同一の音素であると言語学者（および言語獲得期の乳幼児）が推測するのは，この考え方が非常に常識的な考え方だからである．本章の冒頭で言及した映画やアニメの話からもわかるように，相補分布は人間の世界に数多く観察される現象であり，その分布をもとに同一性を断じることは非常に一般的な論理である．

　相補分布の原理はまた，3.1節で述べた一般化の考え方に直接結びつくものである．音素を抽出する過程は物理的に異なる特性を持った無限個の音を有限個の音群に分けていく過程であり，この無限から有限を導き出す努力こそが言語現象を一般化しようとする努力であると述べた．ここで紹介した相補分布の

考え方は，複数の音が同じ音群に属することを推論する基準であり，無限を有限に還元する一つの方法なのである．

---練習問題 3.4---

英語の*pill*と*lip*は同じ/p/でも発音が少し異なる．この事実をもとに，相補分布の内容と意味を説明しなさい．

3.4 日本語の音素と異音

(a) 2種類のローマ字表記

前節の(1)や(4)に例示したような相補分布の例が日本語にもいくつか観察される．その一つは 2.4 節(g)で論じた無声母音の分布である．日本語では無声母音と有声母音の対立は存在せず，特定の環境でのみ無声母音という特殊な母音が現れる．東京方言では/i/と/u/の2母音が，おもに無声子音の間（たとえば「鹿」/sika/,「学生」/gakusei/）と無声子音と語境界の間（「烏」/karasu/）の二つの音声環境で無声化する．それ以外の環境では有声のまま現れるのである（「滋賀」/siga/,「学問」/gakumon/）．前者の環境で母音を有声化しても意味は変わらないが，（東京方言では）少し不自然な発音となってしまう．自然な発音でいくと，無声母音と有声母音は(5)のような相補分布（異音変異）を示すのである．

(5)
/i/, /u/ ―― [i̥], [u̥]/無声子音間，あるいは無声子音と語境界の間
　　　　　　 [i], [u]/その他の環境

相補分布の現象がより端的に現れているのがローマ字表記である．日本語のローマ字表記には，訓令式（くんれいしき）とヘボン式の2種類の表記法が存在する．後者は江戸時代末期（～明治時代）に来日したアメリカ人宣教師・医師のヘボン（James C. Hepburn，日本名は平文）が考案したもので，英語話者の耳に聞こえた日本語の発音を英語流に表した表記法である．日本国籍のパスポートには氏名など

のローマ字表記にこのヘボン式を使うように指導されている．
　日本語のローマ字表記には(6)のように訓令式とヘボン式を混同した例がいくつか見られるが，両者の違いははっきりしている．(7)に代表的な違いをいくつかあげてみよう．

(6) 新橋: Simbasi, Shinbashi, Shimbashi, Sinbasi

(7)

	訓令式	ヘボン式
サ行	sa, si, su, se, so	sa, shi, su, se, so
タ行	ta, ti, tu, te, to	ta, chi, tsu, te, to
ハ行	ha, hi, hu, he, ho	ha, hi, fu, he, ho

　見てわかるように，訓令式の方はいたって簡単な表記法である．サ行であればs，タ行であればt，ハ行であればhという記号を，ただ単純にa, i, u, e, oの5母音と組み合わせただけの構造である．これは日本語母語話者の意識をうまく反映させた表記法であり，たとえば「さ」も「し」も子音は共通しているという意識をそのまま表記したものである．これに対してヘボン式の方は全体としては訓令式に似ているものの，[i]や[u]の母音の前では子音の表記法を変えている．siの代わりにshiを用いたり，tiやtuをchi, tsuで代用している．
　両者の違いが何を意味しているかというと，一つには日本語話者が同じ音として発音しているつもりの子音に複数の発音があることである．たとえば「さ」と「し」は母音が異なるだけというつもりで日本語話者は発音しているのであるが，実際には子音部分も異なっている．訓令式とヘボン式の違いが意味するもう一点は，日本語話者が意図しなかった音の違いを英語話者であったヘボンがしっかりと聞き取れたということである．後述するように日本語の「は」と「ひ」の子音は音声的にみると「さ」と「し」の子音と同じくらい異なる特性を持っているが，ヘボンはこの音の違いを表記法に盛り込んでいない．「さ」と「し」の子音の違いは明確な違いとして聞き取れたにもかかわらず，「は」と「ひ」の違いははっきりとは聞き取れていなかったと想像できる．なぜこのようになったかというと，それはヘボンが英語話者であり，英語の音素体系を通して日本語を聞いたからである．英語では「さ」と「し」の子音がそれぞれ/s/,

/ʃ/という異なる音素として機能しているが(たとえば sea [si:] と she [ʃi:] とでは意味が異なる),同じ英語では日本語の「ひ」の子音([ç])は「は」の子音([h])から独立した音素として機能してはいない.つまり,英語で音素対立をなしている2音の違いは敏感に感じ取ったが,そうでない2音の違いは(少なくとも表記上区別するほどには)聞き取ることがなかったということであろう.

いずれにしても,ヘボン式の表記法は日本語話者が同一と思っている音に複数の発音があるということを明確に表している.この複数の発音が存在する背景には,後続する母音の影響を受けて子音の発音が微妙に変わったという事情が存在する.サ行でもタ行でも,あるいはハ行でも,後続する [i] や [u] の影響を受けて,その環境だけ子音部分の発音が変わってしまっているのである.すなわち,複数の発音が相補分布をなしている.図示すると次のようになる(最下段は音声環境を表し,たとえば「_[i]」は「[i] の前で」,「_他」は「それ以外の母音の前で」を意味する).

(8)
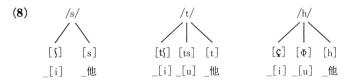

このように見てみると,子音の同一性を忠実に表した訓令式は音素のレベルを表記しており,一方,発音上の違いを比較的忠実に表したヘボン式は異音レベルの音の特性を表記しているということがわかる.

練習問題 3.5

訓令式とヘボン式の2種類のローマ字表記は,表記の対象がどのように異なっているか.

(b) 同化現象と異音

ところで,五つの母音の中で [i] と [u] の母音だけが子音の発音を変えてしまったのは偶然ではない.母音の中でも子音性の高い母音,つまり口の開き具合

がもっとも小さい母音である [i] と [u] の二つが先行する子音に影響を及ぼしたのである．同化と呼ばれるこの種の現象は，特性の似た音同士の間で起こりやすい．人間社会を例にあげると，東京近郊の高校生たちがファッションなどの面でもっとも影響を受けるのが東京の高校生たちである．距離的に近い東京から影響を受けることは当然であるが，この種の現象(同化現象)はそれだけでなく，類似の特性を持ったグループから大きな影響を受けやすい．神奈川県の高校生に影響を及ぼすのは，東京の中年サラリーマンや主婦ではなく，同年代の高校生たちである．物理的な距離は同じであっても，同年代という共通性・類似性を持つグループからの影響が，共通性の低いグループからの影響よりも大きい．音の世界の同化現象もこれと同じであり，[子音+母音]という同じ構造であっても，子音に近い性格を持った母音の方が，そうでない母音よりも先行子音に影響を及ぼしやすい．[i] と [u] の2母音は母音の中でももっとも子音性が高いために，他の母音よりも先行子音に影響を及ぼしやすいわけである．

同化現象という限りは，隣接する2音の違いを小さくする方向への変化であるはずである(1.1節，2.4節(g)，5.2節参照)．実際「し」の場合を見てみると，[s] という歯茎摩擦音が [i] という前舌母音(すなわち硬口蓋母音，2.5節(b)参照)の影響を受けて，歯茎から硬口蓋で摩擦を作る [ʃ] の音に変わっている．「ち」の場合には，[t] という歯(歯茎)閉鎖音が [tʃ] という破擦音(つまり歯茎閉鎖音+歯茎〜硬口蓋摩擦音)に変わっている．ここでは [t] と [i] の間に，[ʃ] がわたり音(調音点・調音法の両面において両者の中間的な性格を持つ音)として挿入されている．ハ行子音の場合も同様であり，[i] という硬口蓋母音の前では [ç] という硬口蓋摩擦音が現れ，また円唇母音 [u] の前では両唇摩擦音 [Φ] が現れる([u] は唇と軟口蓋の2か所で狭めが作られる)．いずれの場合も，調音点もしくは調音法(あるいはその両方)の面で，子音が後続母音の特性に近づく方向へ変化しているのである．まとめると次のようになる(矢印は必ずしも歴史的な変化の方向を意味しているわけではない)．

(9) a. [si] 歯茎摩擦音+硬口蓋母音
　　　→ [ʃi] 歯茎〜硬口蓋摩擦音+硬口蓋母音
　　b. [ti] 歯(歯茎)閉鎖音+硬口蓋母音

→ [tʃi] 歯茎～硬口蓋破擦音+硬口蓋母音
c. [tu] 歯(歯茎)閉鎖音+軟口蓋母音 → [tsu] 歯茎破擦音+軟口蓋母音
d. [hi] 声門摩擦音+硬口蓋母音 → [çi] 硬口蓋摩擦音+硬口蓋母音
e. [hu] 声門摩擦音+両唇母音 → [Φu] 両唇摩擦音+両唇母音

同化現象は本来, 発音を楽にするために起こるものであるから, (9)のような現象が日本語以外の言語に起こっても何ら不思議ではない. たとえば [ʃ] という音は [i] の前でもっとも生じやすい音なのである. 逆に [ʃa], [si], [su], [se], [so] のような異音の分布を示す言語は存在しないと予測される. [ʃa] を持つ言語であればその前提として [ʃi] を持つからである. このように, 異音の分布にも人間の言語に共通した原理が働いている.

---練習問題 3.6---
「し」の発音が [si] ではなく [ʃi] となるのはなぜか. 同化という概念を用いて説明しなさい.

(c) 音素の心理的実在性

音素という言語単位(あるいは表示)は話者が「発音しているつもり」の音であると述べたが, 日本語話者は訓令式に表される音素表示を本当に脳内に持っているのであろうか. たとえば「し」という音を [ʃi] ではなく /si/ と意識しているのであろうか. これは「音素」という言語単位の**心理的実在性**(psychological reality)をめぐる問題であり, この単位を言語学的に有意義な単位として認めるべきかどうかという基本的な問題と関係してくる.

この問題を解決する一つの手がかりが, 次のような言い間違い(無意識に起こる言葉のとちり)の分析から得られる(言い間違いの詳細については 4.3 節, 6.5 節を参照).

(10) a. リス → スリ
b. リス → シル
c. さそり → さしろ

(10a)の例は, 音節(あるいは第 6 章で述べるモーラ)を単位とした言い間違

目は耳ほどにものを聞く

「目は口ほどにものを言う」という．黙っていても目を見ればその人の気持ちがわかる，目が意思伝達の手段となりうるという意味の諺であり，口から出てくる音声がコミュニケーションの一義的な手段であるにせよ，目もそれを補完するような役割を果たしていることを意味している．つまり目はものを見るだけでなく，もの（意思）を伝える役目も果たしているのである．これによく似たことが音声知覚の研究で言われるようになった．「目は耳ほどにものを聞く」という言葉である．目は「ものを見る」，「ものを伝える」だけでなく，「もの（音）を聞く」という働きをも果たしているということを意味している．では目はどのようにしてこの第3の役目を果たしているのであろうか．

この種の研究の発端となったのがイギリスの心理学者マガーク（H. McGurk）が行った知覚実験である（McGurk, H. & McDonald, J., 1976, 'Hearing lips and seeing voices', *Nature*, **264**, pp. 746–748）．マガークは [ga] という音を連続して発している人の姿をビデオテープに録画し，その音声部分を [ba] という音の連続に置き換えて被験者に提示した．つまり，[ga] という視覚情報と [ba] という音声情報を合成して提示したのである．被験者は耳をふさいで目だけでビデオを見ると [ga] という発音が読みとれ，逆に目隠しをして耳だけで聞くと [ba] という音声が聞こえてくる．そのような視覚情報と音声情報を同時に被験者に提示した．すると多くの被験者は [ga] でも [ba] でもなく [da] という音が聞こえてくると答えたのである．[d] は [g] や [b] と同じように有声の閉鎖音であり，ただ閉鎖が作られる位置（調音点）だけが異なっている．[b] が唇，[g] が口の奥の軟口蓋で作られるのに対し，[d] はその中間に位置する歯茎で作り出される子音である．マガークの被験者たちは，視覚情報としての [g] と聴覚情報としての [b] を脳のどこかで合体させ，その二つの情報が異なっていたために中間音の [d] という結論を脳の中で下したことになる．

この実験の結果は，人間が耳だけを使って音を聞いているのではなく，目からの視覚情報をも音の判定に取り込んでいることを意味している．「目は耳ほどにものを聞く」というのはこのことである．マガークが報告したこの結果は「マガーク効果」（McGurk effect）という名で知られており，また，より一般的には**複数感覚知覚**（bimodal perception, multimodal perception）と呼ばれてい

る（日本音響学会編 1996）.

　マガーク効果はその後，英語だけでなく他の言語でも実在することが実験的に示されてきたが，残念ながら日本語母語話者を被験者にした実験では，それほど顕著な結果が報告されていないようである．日本語話者の場合には視覚情報があまり重要な役割を果たさず，上記の合成刺激を聴覚情報に従って [ba] と聞いてしまう傾向がある．日本人がなぜこのような傾向を示すのか，その理由はよくわかっていない．日本人に相手の目を見て話をする習慣があまりないからとか，あるいは日本語には視覚情報を必要とするような唇の子音が少ない（たとえば [f][v][θ][ð] などがない）ために目で音を判断する習性が身についていないからとか推測されているが，正確な理由はわからない．その理由はともかくも，「目は耳ほどにものを聞く」ということに関して言語間の差異が見られることはたいへん興味深いことである．

いであり，[ri] と [su] の二つの音節が入れ代わっている．ここでは音素や異音という概念を用いる必要はない．これに対して(10b, c)のエラーはどうであろう．これらは明らかに音節を単位としたものではない．訓令式を用いて音素表記してみるとわかるように，(10b)では二つの子音が，(10c)では二つの母音が交代したものである．ところがこの例をヘボン式を使って異音表記してみると，この規則性がつかめなくなってしまう．(11b)に示すように，単純に子音の交換，母音の交換という解釈ができなくなってしまうのである．たとえば(10b)の例では，「りす」の発音になかった [ʃ] の子音が突如として現れ，また(10c)の例でも，母音の交換に伴って [s] が [ʃ] へと変化してしまっている．(11a)のような音素表記を用いると，このようなやっかいな問題は出てこない．

(11)　a.　訓令式（音素表記）
　　　　　/risu/ → /siru/
　　　　　/sasori/ → /sasiro/
　　　b.　ヘボン式（異音表記）
　　　　　risu [risu] → shiru [ʃiru]
　　　　　sasori [sasori] → sashiro [saʃiro]

(10b, c)のような言い間違いが観察されるということは，日本語話者が異音

ではなくて音素のレベルで音の連鎖を表示していることを示唆している．つまり実際には [sa], [ʃi] と発音していても，[s] と [ʃ] の二つの子音は日本語話者の脳の中では同一の音として処理されているのである．この「同一の音」というのが「音素」に他ならない．

─ 練習問題 3.7 ─────────────
「つまさき→つまかし」という言い間違いが，異音レベルの変化としては説明できないことを示しなさい．

演習問題

3.1 音素とは何か．また，音素を発見することが「一般化」という概念とどのように結びつくのか説明しなさい．

3.2 日本語でも英語でも [s] と [z] は異なる音素である．ミニマルペアを提示して，この分析の妥当性を論じなさい．

3.3 日本語，英語ともう一つの任意の言語について，[s]–[ʃ] の無声摩擦音と [n]–[ŋ] の鼻子音がそれぞれ音素の対立をなしているか，それとも同一音素の異音であるかを調べなさい．

3.4 日本語のサ行音を訓令式とヘボン式で表記し，両者の違いを音素と異音と関係づけて説明しなさい．

3.5 日本語話者を被験者にして，マガーク効果（コラム参照）がどの程度観察されるか確かめなさい．

音の成分

　日本語を習っている外国人に「すげえ」って何ですかと聞かれた．「すげえ」は「すごい」という単語のくだけた発音だと答えると，今度はなぜ「すごい」を「すげえ」と言うのかと聞いてくる．長音で発音する方が言いやすいからだと答えると，ではなぜ「すぎい」や「すぐう」ではだめなのかと言う．「すぎい」や「すぐう」では「すごい」との共通性がつかめなくなるからだなどと答えてはみたが，自分で答えながら説得力のある応答になっていないことを自覚した．少なくとも言語学的な答えではない．

　日本語では「おもしろい」が「おもしれえ」となり，「うまい」が「うめえ」，「あつい」（熱い）が「あちい」となる．それぞれ [oi] が [e:]，[ai] が [e:]，[ui] が [i:] となるもので，一般に母音融合とか単母音化と呼ばれている音変化である．歴史的にも「てふてふ」（蝶々）→「ちょうちょう」（つまり [eu] → [jo:]），「おうじ」（王子）→「おおじ」（つまり [ou] → [o:]）などに同類の音声現象が観察される．では，このような一連の母音融合現象はどのような原理に支配されているのであろう．上述の外国人が指摘したように，どうして「すごい」は「すげえ」となるのであろうか．また「すごい」が「すげえ」となることと，「てふてふ」が「ちょうちょう」になったことの間には何か共通した原理があるのだろうか．この疑問に対する答えは「イエス」である．しかしこの問題を解くためには，前章までの分析からさらに一歩進んで，一つ一つの音を音の成分に分解してみる必要がある．

4 音の成分

前章までは日本語の音韻構造を，一つ一つの音の特徴を中心に論じてきた．/atama/（頭）という語は a-t-a-m-a という五つの音素からなるというように，語は音素という単位に分割できるわけであるが，ちょうど物理や化学の世界で分子がさらに小さな原子に分解できるように，一つ一つの音もさらに小さな成分に分析できる．この章では，上で触れた母音融合の現象をはじめとする日本語の音声現象をいくつか分析しながら，音素が音声素性という小さな成分に分解できることと，音声素性という考え方をとることによって，これまで不可解に思えてきた現象や複雑に見える現象が非常に単純な原理に還元できることを示してみたい．

4.1 音声素性と二項対立

具体的な音声分析に入る前に，**音声素性**（おんせいそせい）(phonetic feature)の基本的な考え方を日常生活にたとえて解説してみよう．たとえば我々は，新聞や雑誌で次のような求人広告をしばしば目にしてきた．

(1) アルバイト求む: 30歳まで，男性，高卒以上，自動車普通免許要．

この求人案内では，人間という個体を年齢，性別，学歴，資格という特徴に分けて記述している．この特徴が言語学で音声素性と呼ばれているものに相当する．年齢などの特徴を音声素性と同じように扱うと(2)のようになる．

(2) [+30歳以下，+男，+高卒以上，+免許]

ここで [+30歳以下] と書いてあるのは，[30歳以下] という基準（素性）を満たしているという意味である．では「32歳，女性，高校中退，普通免許なし」という条件の人であればどうであろう．ここで2通りの記述が考えられる．

(3) a. [−30歳以下，−男，−高卒以上，−免許]

b. [+31歳以上，+女，+中卒，+免許なし]

(3a)は(2)と同じ基準で記述しようとしたもの，一方(3b)は(2)によく似ているものの異なる基準を用いて記述している．どちらが合理的な記述であるかは自明のことであろう．男女の性別を例にとると，男でなければ女ということが当然の帰結として導かれるわけであるから，性別を表すのに [+男][+女] とい

う二つの基準を設けるのは不経済である．年齢の場合にも，[30歳以下]という用語は [31歳以上] と対立しており両方を満たすことは不可能であるから，一方だけを採用して両者の区別をプラス・マイナスで表せばよいのである．

このように，特定の特徴(素性)についてプラスとマイナスという二項対立を用いることにより，ものごとの性格や特徴を単純な形で記述できるようになる．AとBの対立を表すのに一つの素性を仮定するだけですむのである．これが素性分析の第一の利点であるが，この根底にあるのは物事の対立を「αという条件を備えていればAであり，βという条件を備えていればBである」というように余剰的に捉えるのではなく，「αという条件を備えていればAであり，そうでなければBである」というように，より少ない労力で捉えようとする態度である．

ではA, B, Cの三つどもえの対立(すなわち三項対立)を示す場合にはどうであろうか．このような事象は「プラスかマイナスか」という二項対立の考え方では記述できないように思えるかもしれないが，けっしてそうではない．基準(素性)を二つ想定して，それぞれにプラス・マイナスというラベルを付ければそれですむ．たとえば人間を年齢をもとに「30歳以下，31～50歳，51歳以上」と3グループに分けるのであれば，[30歳以下] と [51歳以上] の二つの基準を設ければよい．具体的には(4)のようになる．20歳の人なら [+30歳以下，−51歳以上]，35歳の人なら [−30歳以下，−51歳以上]，60歳の人であれば [−30歳まで，+51歳以上] と記述できる．

(4)

基準 人間	[30歳以下]	[51歳以上]
～30歳	+	−
31～50歳	−	−
51歳～	−	+

あるいは [30歳以下] と [50歳以下] という基準を設けてもよい．この場合には(5)のような分析結果となる．いずれにしても，複数の素性を想定することにより，三項対立を二項対立に分解することが可能となる．

(5)

人間＼基準	[30歳以下]	[50歳以下]
～30歳	+	+
31～50歳	−	+
51歳～	−	−

　このように素性分析はいろいろな現象を単純な形で記述できる長所を持つが，この長所は素性の数が増えれば増えるほど効果を発揮する．たとえばお互いに独立した素性を三つ仮定すれば，それぞれの素性にプラスかマイナスかの値を付与することにより，合計8個($2\times 2\times 2$)の対立を記述できる．素性が四つある場合には，合計16個($2\times 2\times 2\times 2$)の対立を記述できるのである．このことを(1)にあげた求人広告にあてはめてみると，四つの特徴（素性）を仮定するだけで合計16種類もの人間を記述できることになる．このように，対立の数よりずっと少ない基準でもって現象を簡潔に記述できることが素性分析の一番の長所である．

　素性分析の長所は簡潔な記述を可能にすることだけではない．この分析を用いることにより，要素間の共通性や類似性を定量的に示すことができるようになる．たとえば(1)の求人広告に対してすべての条件を満足する応募者がなく，(6)のような2人の候補者が最終選考に残ったとする．

(6)　a. 33歳，男性，高卒，自動車免許なし
　　　b. 27歳，女性，高卒，自動車免許あり

(1)に記載されている四つの条件がすべて同程度の重要性を持っているとすると，この求人条件をより満たすのは(6b)の候補者であることがわかる．四つの基準のうちいくつを満たしているか数えればこの答えは出てくるわけであるが，素性分析を用いるとこの計算を明示的に表すことができるようになる．問題の2人の候補は(7)のように分析され，素性に付与されたプラス・マイナスを(2)に示した理想的な候補者の特徴と比較することにより，両者の近似性を算出できるようになる．

(7)　a. [−30歳以下，＋男，＋高卒以上，−免許]

b. [+30歳以下, −男, +高卒以上, +免許]

(6)のような比較的単純な例は素性分析を用いなくても計算できるかもしれないが, もっと複雑な現象になってくると素性分析の便宜性がより明確になってくる. たとえば[p]と[g]のいずれが[m]という音に近いかということを明示的に表す必要性が出てきた場合, これらの音をいくつかの音声素性に分解し, それぞれの素性に対して問題の三つの音がどのような値を持っているかを分析してみれば自ずと答えが出てくる. 同じ素性値を数多く持つ方が答えとなるのである. 音声現象においては, 音声的に類似した音同士が同じ振る舞いをすることがよくある. このような場合に, それらの音の共通性を示すのに音声素性は非常に便利な道具立てとなる.

このように, 音声素性は複雑そうに見える現象を簡潔に記述したり, 要素間の類似性を明示的に捉えることを可能にしてくれる道具である. 次節以下, 連濁と言い間違い, 母音融合の三つの言語現象を例に分析しながら, 音声分析において実際にどのような素性が必要となるのか, そしてそのような素性を仮定することによって言語現象がどのように一般化できるかということを具体的に見ていくことにする.

練習問題 4.1

自分の家族を最少の素性を用いて分類・記述しなさい.
例: 父=[+男, +大人, +右きき]

4.2 連濁と音声素性

1.1節(b)で論じたように, 連濁という日本語の一般的な音韻現象の諸相が音声素性を用いた分析によって説明できるようになる. 連濁とは(8)のように複合語が作られる過程において, その後部要素の頭の子音が発音を変える現象である.

(8) a. うみ + かめ → うみがめ(海亀)
b. こばん + さめ → こばんざめ(小判鮫)

c. なま＋たこ → なまだこ（生蛸）

d. つり＋はし → つりばし（吊り橋）

(8)の四つの例を音素の変化と捉えると，(9)のように四つの規則が必要となってきてしまい，統一的に表すことができない．

(9) a. /k/ → /g/

b. /s/ → /z/

c. /t/ → /d/

d. /h/ → /b/

これに対して音素を複数の音声特徴に分解し，音声素性の束と考えると統一的な扱いができるようになる．この立場をとると，(9)の四つの規則を(10)のような単一の過程として記述できるようになるのである．[+voice], [−voice]は声帯が振動する−しないということ，すなわち有声と無声を意味する．

(10) [−voice] → [+voice]

(10)に形式化した規則は(9)の四つの規則を一般化できるだけではない．カ行音やサ行音と同じように清音に分類されるナ行やマ行の音が連濁を起こさないという事実（たとえば「うみ＋ねこ」はそのまま「うみねこ」となること）をも説明できる．ナ行，マ行，ヤ行，ラ行，ワ行の音節はカ行やサ行の音節と同じく清音に分類されているが，これらの音節の子音（[n][m][j][r][w]）は音声学的にははじめから有声音である．清音であっても無声子音ではないから連濁を起こす条件を満たしていないのである．この単純な事実を(10)の素性分析は明示的に表すことができる．

(10)の素性分析は(9)のような分析に比べ，さらに二つの点で優れている．その一つは変化の原因を明示できることである．連濁はその名前が示唆する通り，母音に囲まれた子音が母音と同じ有声の特徴を獲得する過程である．つまり，無声音が前後の有声音の影響を受けてそれらに同化する現象なのである．音声素性を用いた分析では，(11)に示すように，この因果関係が簡潔に表現できるようになる（Vは母音，Cは子音を，また[+v], [−v]は[+voice], [−voice]をそれぞれ意味する）．

4.2 連濁と音声素性　91

(11)　　V　　C　　V　　　　V　　C　　V
　　　　|　　|　　|　　→　|　　|　　|
　　　[+v]　[−v]　[+v]　　[+v]　[+v]　[+v]

連濁をこのように表すと，この音声過程の一般言語学的な側面も理解できるようになる．「朱に交われば赤くなる」の諺ではないが，一つの音が前後の音から音声特性を受け継ぐという同化の過程は，音声学的に見てきわめて自然な現象である．自然というのは，「発音が楽」という意味である．声(voice)の特徴を例にとるならば，[+v][−v][+v] のように声帯振動のスイッチを on–off–on と切り替えるよりも，スイッチをずっと on にしておく [+v][+v][+v] の構造の方が，発音が楽なのである．

連濁はこのように生理的な裏づけを持つ音声現象であるから，同類の現象が他の言語に起こっていてもおかしくない．事実，連濁に類似する現象はいろいろな言語で起こっている．たとえばアメリカ英語では，母音に挟まれた無声子音の /t/ がしばしば有声化し，日本語のラ行子音(ダ行子音の [d] を短く発音した音)のように聞こえることがある(2.5 節(b)参照)．「t の有声化」(voiced 't') とか弾音化(flapping)と呼ばれる現象である．

(12)　　water(ワラ)，shut up(シャラップ)，forty(フォーリ)

この英語の現象は /t/ という特定の閉鎖音にしか起こらないが，母音間の子音が有声化するという点では日本語の連濁と同じである．また英語の歴史の中で摩擦音の間に無声と有声の対立(/s/–/z/, /f/–/v/, /θ/–/ð/)が生じた起源をたどってみると，無声摩擦音が語中の母音間で有声化した現象に行きつく．たとえば *five* の [v] という音は [f] が母音間で有声化した結果音である(*five* はもともと 2 音節語で，語末の *e* もかつては母音として発音されていた)．語中の母音間という環境は言語一般に，有声の阻害音(閉鎖音・摩擦音)がもっとも生じやすい環境であることが知られている(2.5 節(e))．阻害音の中で無声の音が有声の音より無標(基本的)であることと考えあわせると，有標である有声阻害音が発生する(そして無声阻害音と対立するようになる)過程は，母音間で無声阻害音が有声化するというところに源を持つことが想像できる．連濁の現象を(10)のように捉えてみると，日本語に起こるこの子音有声化現象を，このよ

うに言語一般的な現象の中で理解することができるようになるのである．つまり連濁は日本語だけに起こる現象ではなく，人間の言語に起こっている声に関する非常に一般的な同化現象の現れである．音声素性はこのような一般化を可能にしてくれる．

　真の一般化と言えば，素性分析を用いると連濁を(11)からさらに一般化することができる．有声音に囲まれた無声音が有声化するのであれば，無声音に囲まれた有声音が無声化してもおかしくないはずである．(11)のような式で書くと(13)のように表される過程である．

　(13)　　[−v][+v][−v] → [−v][−v][−v]

　実際，(13)の現象もいろいろな言語で観察されている．日本語もその例外ではなく，母音の無声化と呼ばれる現象がこれにあたる(2.4節(g))．日本語における母音の無声化とは，本来有声であるはずの母音(とりわけ他の母音より物理的に短く発音される傾向のある [i] と [u])が，無声子音に囲まれた環境で声帯の振動を伴わずに発音される現象である．たとえば「菊」/k<u>i</u>ku/ や「学生」/gak<u>u</u>sei/，「スカスカ」/s<u>u</u>kas<u>u</u>ka/ という語では，下線を引いた [i] と [u] の母音が無声で発音される(されやすい)．有声か無声かは，のどに指を当てて発音してみるとよくわかる．上記の語であれば，「傷」/kizu/，「学問」/gakumon/，「ズカズカ」/zukazuka/ と発音を比べてみればよい．「傷」/kizu/ の [i] では声帯の震えが指に伝わってくるが，「菊」の [i] ではそのような振動が伝わってこない．

　連濁と母音の無声化は，独立した二つの現象である．前者は無声子音を有声化するのに対し，後者はもともと有声であるはずの母音を無声化するというように，異なる効果を持っている．しかしながら，同化という観点で考えると両者の共通性は明白である．ともに発音を楽にするために，ある音が前後の音の特徴を受け継いだ音声現象なのである．一見異なる複数の現象の共通性を理解し，それらを統一的に捉えるということが「一般化」の定義であるから，音声素性という概念は，このような高度な一般化を可能にする道具立てと言うことになる．

　このように，音声分析に音声素性という考え方を導入すると，連濁が持っている自然な音声変化という特性も，他の言語に起こっている類似の変化との共

通性も捉えることができ，ひいては連濁の現象を真に一般化できるようになる．清音・濁音という日本語にしか通用しない概念を用いたのでは，このような一般化は望めない．

　もちろん，これまで提示した音声素性分析は複数の現象の共通性を捉えることを可能にする一方で，現象間の相違点まで説明するものではない．日本語の連濁と(12)にあげた英語の 't' の有声化を比べてみても，前者はすべての無声子音に起こるのに対し，後者は/t/だけにしか起こらない．また，前者は複合語にしか起こらない（たとえば単純語の「猫」は「ねご」とはならない）のに対し，後者は単純語や句表現に起こるという特徴を持っている．このように無声子音の有声化という同じ性格を持っていながら，その変化が起こる条件は言語によって異なるのである．しかしながら，このような言語間差異は素性分析の欠点というわけではない．言語現象に素性分析では捉えることのできない部分があるということを意味しているだけである．逆の見方をすれば，素性分析によって言語間の共通性を捉えることができるようになった結果，言語間の差異も明確に捉えることができるようになるのである．

　この研究をさらに発展させていくと，無声子音を有声化するという同じ同化現象でありながら，どうしてそのような言語差異が生じるのかという疑問が出てくる．研究をこのような方向に進めていくことによって，人間の言語に共通して見られる特徴を明らかにする一方で，個別言語の真の特徴を明らかにしていくことができよう．つまり，言語の普遍性と個別性をともに解明していく出発点となるのである．一つ一つの音を音声素性に分解する分析は，このような研究への足がかりを作ってくれるものである．

---練習問題 4.2---
　連濁と母音の無声化はどのような共通性を持っているか．その共通性を捉えるために，どのような音声素性が必要となるか．

4.3 言い間違いと音声素性

音声素性が言語現象を一般化してくれる二つ目の現象として，言い間違いの現象を考察してみよう．**言い間違い**（speech error）とは言葉のとちり（slip of the tongue）とも呼ばれるもので，通常，健常な人間が意図した発話とは違う発話を作り出してしまう現象である．このような異常な発話（anomalous speech）は正常な言語構造あるいは健常な人間の言語能力の解明とは直接結びつかないと思われがちであるが，けっしてそうではない．車の故障を通して車が動くメカニズムがわかってくるように，あるいは，病気という身体の異常の研究から体の構造や機能がわかってくるように，一般に「異常」な現象というものは正常な状態のメカニズムを知る手がかりとなる．言語活動の場合でも，健常な人間が作り出す異常な発話や，脳を損傷した人間の異常な発話が，正常な発話の分析ではわからないような言語の構造，脳の構造を教えてくれる．

このことを念頭に置いて(14)の現象を分析してみよう．矢印の左側が話者の意図した発話，右側が実際に出てきた発話（言い間違い）である．

(14) a. ゴミが目に入った → 目がゴミに入った
b. あんた，人間は顔じゃないよ → あんた，顔は人間じゃないよ
c. りす（risu）→ すり（suri）
d. いんをふませる［韻を踏ませる］→ ふんをいませる
e. エレベーター（erebeetaa）→ エベレーター（ebereetaa）
f. さそり（sasori）→ さしろ（sasiro）
g. ポケット（poketto）→ コペット（kopetto）

(14)の例はいずれも**交換エラー**（metathesis，または transposition error）と呼ばれるもので，同一文脈上の前後の要素が入れ代わるタイプの言い間違いである．これらの例からもわかるように，入れ代わる要素はさまざまである．(14a, b)のように文中の単語同士が交代したものもあれば，(14c–e)のように音節ないしはモーラが入れ代わったものもある（詳しくは6.5節参照）．さらには(14f, g)のように，母音と母音，子音と子音というような音素の交換と解釈で

きるものもある.

このように入れ代わる要素の大きさはさまざまであるが，(14)のような例と並んで，(15)のように単純には説明できない例も観察されている．音節やモーラ単位の交換でもなければ，音素の交換とも解釈できない例である．

(15) スパゲティー(supagetii) → スカベティー(sukabetii)

同様の例は英語にもある．英語の交換エラーでも，語の交換(16a)，母音や子音の交換(16b, c)と日本語に似た現象が見られるが，その一方で，これらと同じようには説明できない(16d, e)のような例がときどき観察されるのである．

(16) a. She sliced the <u>sa</u>lami with a <u>k</u>nife.
   → She sliced the <u>k</u>nife with a <u>sa</u>lami.
   （ナイフでサラミをスライスした→サラミでナイフをスライスした）
  b. f<u>i</u>ll the p<u>oo</u>l → f<u>oo</u>l the p<u>i</u>ll
   （プールをいっぱいにした→薬をばかにした）
  c. New <u>Y</u>ork → <u>Y</u>ew <u>N</u>ork
  d. <u>b</u>ig and <u>f</u>at → <u>p</u>ig and <u>v</u>at
  e. Leba<u>n</u>on → lema<u>d</u>on

(15)や(16d, e)の言い間違いは一見すると不可解なエラーのように思えるが，けっしてそうではない．母音や子音などの音をいくつかの成分に分解してみると，何が交換されているか見えてくる．(15)の例では調音点(place)に関する特徴だけが，(16d)の例では声(有声・無声)の特徴だけが，そして(16e)の例では鼻音性に関する特徴だけが入れ代わっている．図式化すると(17)のようになる．

(17) a. supagetii → sukabetii

	[p]	[g]	→	[k]	[b]
調音点	唇	軟口蓋		軟口蓋	唇
調音法	閉鎖	閉鎖		閉鎖	閉鎖
声	無声	有声		無声	有声
口音/鼻音	口音	口音		口音	口音

b. big and fat → pig and vat

	[b]	[f]	→	[p]	[v]
調音点	唇	唇歯		唇	唇歯
調音法	閉鎖	摩擦		閉鎖	摩擦
声	**有声**	**無声**		**無声**	**有声**
口音/鼻音	口音	口音		口音	口音

c. Lebanon → lemadon

	[b]	[n]	→	[m]	[d]
調音点	唇	歯茎		唇	歯茎
調音法	閉鎖	閉鎖		閉鎖	閉鎖
声	有声	有声		有声	有声
口音/鼻音	**口音**	**鼻音**		**鼻音**	**口音**

このように一つ一つの音をいくつかの成分(音声素性)に分解して考えることにより,(17)のように不規則に思える現象を(14)や(16a–c)の例と同じように説明できるようになる.すなわち,両者はどのような大きさの要素が交換されたかという点で異なるだけであり,同一文脈上に前後して現れる二つの要素が交換されている点では同じである.音声素性という概念を用いることにより,不規則に見える現象の規則性を捉えることができるようになり,他の現象とあわせて統一的な説明が可能となる.

練習問題 4.3

「スパゲティー → スバケティー」「*thumb* [θʌm] → *fumb* [fʌm]」という言い間違いを,それぞれ音声素性を用いて分析しなさい.

4.4 母音融合と音声素性

前節までは,音声素性を用いた分析によって子音の変化がうまく説明できるようになることをみたが,音声素性の考え方は母音の分析にも有効である.こ

4.4 母音融合と音声素性

こでは現在の日本語に起こっている母音融合の現象と，日本語に歴史的な変化として起こった同種の融合過程を見てみることにする.

母音融合(vowel coalescence)とは連続する二つの母音が単一の音色にまとまる現象であり，同一音節に起こる場合は特に**単母音化**(monophthongization)と呼ばれる. 現代日本語で起こっている現象を例にとると，(18)のような東京方言の母音変化をあげることができる. いずれも丁寧な発音(careful speech)とぞんざいな発音(casual speech)の間に見られる交替である.

(18) a. うまいなあ [umaina:] → うめえなあ [ume:na:]
b. つらい [tsurai] → つれえ [tsure:]
c. だいこん [daikon] → でえこん [de:kon]

これらの例では [ai] という母音連続が [e:] という単一の音色に融合している. なぜ [a] と [i] が融合して [e] という音色になるか，その答えは簡単である. 2.4節で紹介した母音空間の図(図2.2(a))を見ると，[a] と [i] の中間に [e] が位置している. 舌の高さ(あるいは口の開き具合)という点で，[e] は [a] と [i] の中間の音なのである. [a] と [i] の連続をいいかげんに発音すると [e] におさまってしまうと言ってもよい.

(18)の交替はこのように音声学的に自然な現象であるから，日本語以外の言語にもごく普通に起こる. たとえば英語では中期英語(Middle English)から近代英語(Modern English)へ移る過程で次のような音変化が起こった.

(19) a. maid [maid] → [me:d] (→ [meɪd])
b. say [sai] → [se:] (→ [seɪ])
c. lay [lai] → [le:] (→ [leɪ])

このように説明してくると，では [a] と [u] の母音連続はどのような融合現象を示すのかという疑問が沸いてくるかもしれない. 図2.2(a)の母音空間図を見ると，[a] と [u] の間に [o] があることから，[au] は [o] の音色に融合するのではないかと想像される. 事実，日本語の歴史でも [au] は [o:] となり，英語の歴史でも [au] は [ɔ:] という長母音に変化している([ɔ] は [o] より少し口を開いた母音). (20)と(21)に典型的な例をあげておこう. (20a, b)はウ音便から生じた [au] の結末を示している(6.3節(a)参照).

(20) a. (早く [hajaku] →) 早う [haj<u>au</u>] → [haj<u>o:</u>]
b. (ありがたく [arigataku] →) ありがたう [arig<u>atau</u>] → [arig<u>ato:</u>]
c. 神戸 [k<u>au</u>be] → [k<u>o:</u>be]
d. りんどう [rind<u>au</u>] → [rind<u>o:</u>] (竜胆)
e. 淡海 [awaumi] → [<u>au</u>mi] → [<u>o:</u>mi] (近江)

(21) a. caught [kɔuxt] → [kɔ:t]
b. crawl [krɑul] → [krɔ:l]

(18)〜(21)の母音融合を理解した上で，本題である音声素性の話に入ろう．上で見た母音融合の事実は，音声素性という考えを用いなくても音声学の基礎知識があれば十分理解できるものである．それでは(22)に示した母音融合はどうであろう((　)内は音素表記)．日本語の歴史の中で起こった音変化か，あるいは現在の日本語(おもに東京方言)に観察される母音融合現象である(金田一1976，金田一他1988)．ちなみに，形容詞には「すご」「あつ」「うま」のように単純に語幹を残す短縮形や，そこから語尾母音を伸ばした「すごー」「あつー」「うまー」のような語形も可能であるが，これらは母音融合の例ではないのでここでは問題としない．

(22) a. [oi] → [e:]
  すごい(sugoi) → すげえ(sugee)
  おもしろい(omosiroi) → おもしれえ(omosiree)
 b. [eu] → [(j)o:]
  てふてふ(tehutehu) → てうてう(teuteu) → 蝶々(tyootyoo)
  ねう(neu) → 尿(nyoo)
  へう(heu) → 豹(hyoo)
 c. [ei] → [e:]
  せんせい(sensei) → 先生(sensee)
  えいが(eiga) → 映画(eega)
  出入り(deiri) → でえり(deeri)
 d. [ou] → [o:]
  おうじ(ouzi) → 王子(oozi)

そう(sou) → 僧(soo)
よう(you) → 用(yoo)

e. [ui] → [i:]
   熱い(atui) → あちい(atii)
   寒い(samui) → さみい(samii)

f. [ae] → [e:]
   帰る(kaeru) → けえる(keeru)
   蛙(kaeru) → けえる(keeru)

g. [oe] → [e:]
   処へ → とけえ(tokee)

h. [iu] → [(j)u:]
   言う(iu) → ゆう(yuu)
   りう(riu) → 竜(ryuu)

i. [eo] → [o]
   書いておこう(kaiteokoo) → 書いとこう(kaitokoo)

j. [ea] → [a(:)]
   俺は(orewa) → おらあ(oraa)
   書いてあげる(kaiteageru) → 書いたげる(kaitageru)

(22a)では[oi]が[e:]に, (22b)では[eu]が[o:]に変化している. 図2.2(a)の母音空間図を見ると, [o]と[i], [e]と[u]の間に中間の音はない. [o]と[i]を結ぶ線上に[e]があるという見方もできるが, その意味では[u]もこれとは対称的な線上に位置していると言えなくもない. また[e]と[u]を結ぶ線上に[o]があるという見方もできるが, これとは対称的な線上にある[i]も同程度に[e]と[u]の中間的な音と言える. いずれにしても簡単には説明できない融合形式をとっているのである. 不可解という点では, (22)にあげた残りの現象も同じであろう. それぞれ母音空間上で隣接する母音同士が融合しているのであるが, (22c, d)ではそれらのうち最初の母音が残り, (22e-j)では二つ目の母音が残っている. どのような基準でこの選択がなされているのであろうか. あるいは(22c-j)は(22a, b)とはまったく関係のない現象なのであろうか. (18)や(20)の

現象とも関連づけられないのであろうか．

練習問題 4.4

(22)の現象を説明する原理を考えてみなさい．

この問に答えることができるのが音声素性を用いた分析である．子音が声や調音点，調音法などの音声特徴に分解できるように，母音も舌の高さ（開口度），舌の前後位置（前舌–後舌），唇の形状（円唇–平唇）という特徴に分解することができる．このうち舌の前後位置と唇の形状は相関関係を示す特徴であるから（2.4節(e)参照），大ざっぱに言うと，舌の高さと前後位置の二つの特徴（音声素性）に分解できることになる．ここで「舌の高さ」を高–中–低の3段階に分け，それらを [high], [low] という二つの素性で表すと(23a)のようになる．一方「舌の前後位置」を前舌–後舌の2段階に分けると，[back] という一つの音声素性を用いて(23b)のように表すことができる．

(23)　　a. 舌の高さ　　　　b. 舌の前後位置
　　　　高 [+high, −low]　　前 [−back]
　　　　中 [−high, −low]　　後 [+back]
　　　　低 [−high, +low]

(23)の音声素性を用いて(18)と(20)(22)に出てくる日本語の5母音を記述すると(24)のようになる．このうち [a] の母音を [−back]（すなわち前舌母音）と分析しているが，これは [+back] と考えても，あるいはプラス・マイナスの素性値を与えずにただ [back] と記しても問題ない．後述するように，どのような素性値を与えても母音融合の記述には影響してこない．また [u] を [+back]（後舌母音）と分析していることは，現代日本語の「ウ」が後舌からやや前の方へ移動した特徴を持っているという事実（2.4節(f)）と少しずれるように思えるかもしれないが，両者はけっして矛盾するものではない．[−back] ではないという意味で，音韻的には [+back] と解釈して問題はないものと思われる．

(24)　　[i]: [+high, −low, −back]
　　　　[u]: [+high, −low, +back]

4.4 母音融合と音声素性

[e]: [−high, −low, −back]
[o]: [−high, −low, +back]
[a]: [−high, +low, −back]

(24)の素性分析を用いて(18)(20)(22)の現象を考察してみると次のような結果となる(音色の変化を見るために長母音の長さと半母音 [j] は素性分析から省く).

(25) [ai] → [e:]: [−high, +low, −back][+high, −low, −back]
　　　　　　　→ [−high, −low, −back]
　　　[au] → [o:]: [−high, +low, −back][+high, −low, +back]
　　　　　　　→ [−high, −low, +back]
　　　[oi] → [e:]: [−high, −low, +back][+high, −low, −back]
　　　　　　　→ [−high, −low, −back]
　　　[eu] → [jo:]: [−high, −low, −back][+high, −low, +back]
　　　　　　　→ [−high, −low, +back]
　　　[ei] → [e:]: [−high, −low, −back][+high, −low, −back]
　　　　　　　→ [−high, −low, −back]
　　　[ou] → [o:]: [−high, −low, +back][+high, −low, +back]
　　　　　　　→ [−high, −low, +back]
　　　[ui] → [i:]: [+high, −low, +back][+high, −low, −back]
　　　　　　　→ [+high, −low, −back]
　　　[ae] → [e:]: [−high, +low, −back][−high, −low, −back]
　　　　　　　→ [−high, −low, −back]
　　　[oe] → [e:]: [−high, −low, +back][−high, −low, −back]
　　　　　　　→ [−high, −low, −back]
　　　[iu] → [(j)u:]: [+high, −low, −back][+high, −low, +back]
　　　　　　　→ [+high, −low, +back]
　　　[eo] → [o]: [−high, −low, −back][−high, −low, +back]
　　　　　　　→ [−high, −low, +back]
　　　[ea] → [a(:)]: [−high, −low, −back][−high, +low, −back]

→ [−high, +low, −back]

練習問題 4.5

(25)の分析結果からどのようなことが言えるか，考えてみなさい．

---

(25)の分析結果から何か見えてくるだろうか．科学の目を持って凝視すると次のような規則性が読みとれる．

(26) 二つの母音($V_i V_j$)が融合する場合には，V_i の [high] の特徴と，V_j の [low] および [back] の特徴が組み合わさった音となる．

(25)の記述の中で関係部分を強調(下線)すると次のようになる．

(27) [ai] → [e:]: [<u>−high</u>, +low, −back][+high, <u>−low, −back</u>]
  → [−high, −low, −back]
[au] → [o:]: [<u>−high</u>, +low, −back][+high, <u>−low, +back</u>]
  → [−high, −low, +back]
[oi] → [e:]: [<u>−high</u>, −low, +back][+high, <u>−low, −back</u>]
  → [−high, −low, −back]
[eu] → [jo:]: [<u>−high</u>, −low, −back][+high, <u>−low, +back</u>]
  → [−high, −low, +back]
[ei] → [e:]: [<u>−high</u>, −low, −back][+high, <u>−low, −back</u>]
  → [−high, −low, −back]
[ou] → [o:]: [<u>−high</u>, −low, +back][+high, <u>−low, +back</u>]
  → [−high, −low, +back]
[ui] → [i:]: [<u>+high</u>, −low, +back][+high, <u>−low, −back</u>]
  → [+high, −low, −back]
[ae] → [e:]: [<u>−high</u>, +low, −back][−high, <u>−low, −back</u>]
  → [−high, −low, −back]
[oe] → [e:]: [<u>−high</u>, −low, +back][−high, <u>−low, −back</u>]
  → [−high, −low, −back]
[iu] → [(j)u:]: [<u>+high</u>, −low, −back][+high, <u>−low, +back</u>]
  → [+high, −low, +back]

4.4 母音融合と音声素性　103

[eo] → [o]: [−high, −low, −back][−high, −low, +back]
　　　　　 → [−high, −low, +back]

[ea] → [a(:)]: [−high, −low, −back][−high, +low, −back]
　　　　　　 → [−high, +low, −back]

先に述べたように，(26)の規則は [a] の母音を [+back] と分析しても成立する．[back] という素性は第2母音から継承されるものであるから，(27)の中で唯一影響を受けるのが最後にあげた [ea] → [a] の場合である．[a] を [+back] と解釈してこの例を分析してみると(28)のようになり，(26)の一般化があてはまることがわかる．

(28)　[ea] → [a]: [−high, −low, −back][−high, +low, +back]
　　　　　　　→ [−high, +low, +back]

ここで(26)の規則を音声素性を用いて定式化すると(29)のようになる（$\alpha, \beta, \gamma, \delta, \varepsilon, \zeta$ の変数の値はプラスあるいはマイナスとなる）．(25)にまとめた12のケースがすべてこの一つの式に還元できるのである．

(29)　[α high, δ low, ε back] [ζ high, β low, γ back]
　　　→ [α high, β low, γ back]

日本語の母音融合がどうしてこのような規則性を示すのか，その理由は定かではない．母音融合は二つの母音を融合させる現象であるから，それぞれの母音から何らかの要素を受け継ぐことは当然のことであろうが，なぜ日本語の場合に [high] に関する特徴を第1母音から，[low] と [back] の特徴を第2母音から継承するのであろうか．論理的にみると(29)以外に可能な組み合わせが(30)のように5通りある．合計6通りの組み合わせの中からなぜ日本語は(29)の組み合わせを選択しているのか，その理由を問うてみる必要がある．

(30)　a.　[α high, δ low, ε back][ζ high, β low, γ back]
　　　　　→ [ζ high, δ low, γ back]

　　　b.　[α high, δ low, ε back][ζ high, β low, γ back]
　　　　　→ [ζ high, β low, ε back]

　　　c.　[α high, δ low, ε back][ζ high, β low, γ back]
　　　　　→ [ζ high, δ low, ε back]

d. [α high, δ low, ε back][ζ high, β low, γ back]
　→ [α high, β low, ε back]
e. [α high, δ low, ε back][ζ high, β low, γ back]
　→ [α high, δ low, γ back]

この「なぜ」に関する問題は日本語の分析だけでは解決できない性格のものであり，他の言語に関する同様の分析と比較してはじめて何らかの答えが出てくる．もしどの言語でも(29)と同じ規則性が観察されるということになれば，その普遍的な規則性を作り出す要因を調音のメカニズムやその他の観点から探る必要性が出てくる．言語によって(29)や(30)からどれを選択するかが異なるという結果が出れば，そのような言語差異がどのような要因によって生じるものであるかを検討してみなければならない．今後の研究課題である．

このように，なぜ日本語の母音融合が(30a–e)ではなく(29)のような規則性を示すのかその理由は明らかではない．しかしながら，一見雑多で無秩序に思える(18)(20)(22)の合計12個の母音融合の現象が一つの共通した原理によって支配されているということは非常に重要な知見であり，その原理が音声素性を用いた分析によってはじめて明示的に表されるということも強調すべき事実である．ここにも，音声素性が言語現象を一般化するための重要な概念であるという根拠が見いだされる．

―― 練習問題 4.6 ――――――――――――――――――――
　[a], [i], [u], [e], [o], [ɛ], [ɔ] の 7 母音を音声素性を用いて記述してみなさい．

演習問題

4.1 ある留学生クラスが次のような構成員からなるとする．素性と二項対立の考え方を用いて，各構成員を簡潔に記述しなさい(言語は母語を意味する)．
　(a) 25 歳，男性，英語
　(b) 18 歳，女性，スワヒリ語
　(c) 30 歳，男性，日本語
　(d) 16 歳，男性，英語

(e) 35歳,女性,英語
(f) 19歳,女性,朝鮮語
(g) 23歳,女性,オランダ語
(h) 18歳,男性,英語

4.2 日本語の連濁とアメリカ英語の 't' の有声化がどのように異なっているかを,生起条件(環境)などをもとに分析しなさい.また,同じ「声」の同化現象でありながら,なぜそのような言語間の違いが生じるのか考察しなさい.

4.3 日常生活から交換タイプの言い間違いを20例以上収集し,それらのエラーを「何が交換されているか」ということに着目して分類・分析しなさい.複数の解釈が可能な場合には,すべての可能性を指摘しなさい.

4.4 日本語の諸方言や日本語以外の言語において母音融合がどのような音を作り出すか,音声素性を用いて分析しなさい.本章で述べた日本語の分析と異なるパターンを示す場合には,そのような言語(方言)差異が生じる理由を考察しなさい.

連濁と音の交替

次の漢字に読みがなを付けなさい(小学校1年生).
　a. 青空　b. 竹林　c. 草花

小学生を悩ます国語の問題の一つに,上のような読みがなテストがある.大人にとっては何ということはない問題であるが,漢字を習い始めたばかりの子供たちにとってはけっこう骨の折れる問題である.(1)のような答えが珍しくないのである.

(1)　a. あおそら　b. たけはやし　c. くさはな

(1)のように答える子供の論理はいたって単純で,「青」は「あお」,「空」は「そら」であるから,「青空」は「あおそら」であるはずだというものである.もっともな論理であろう.この論理で考える子供にとっては,「蜂蜜」や「川野」がそのまま「はちみつ」「かわの」となるのに,語順を逆にした「蜜蜂」「野川」が「みつばち」「のがわ」となったり,あるいは「島」と「田」を結合した場合に「島田」が「しまだ」となる一方で「田島」が「たじま」となることなどは,きわめて不可解な事実と思えるに違いない.

子供の論理はたしかに単純でもっともなように思えるが,言葉の世界はもう少し複雑である.AとBの二つの要素を結合してABという語を作った場合に,その発音はしばしばA+Bのままではない.英語でも *Spain* [speɪn] という名詞に -ish という形容詞の接尾辞が付いた *Spanish* という語が [speɪnɪʃ] ではなく [spænɪʃ] と発音されるように,単語同士が結合したときに発音がし

ばしば変わってしまうことは，どの言語でもよくあることである．冒頭にあげた国語の問題は，そのような例の一つということであろうが，より本質的な問題は，どのような場合にどのように発音が変わるのか，そして，そのように発音が変わる理由は何なのかということである．この章では日本語の連濁現象を中心に，このような発音の変化が起こる原理と条件を一般言語学の観点から考えてみることにする．

5.1 形態音素交替

(a) 日本語の形態音素交替

「空」は「そら」でも「青空」は「あおぞら」となるように，一つの意味要素(正確には，意味の最小単位である**形態素** morpheme)が異なる語の中で発音を変えることを**形態音素交替**(morphophonemic alternation)という．また，交替のもととなる音形を**形態音素**(morphophoneme)と言う．「青空」を例にとると，「空」という形態素が //sora// という音形を基本としながら，あるときは「そら /sora/」，あるときは「ぞら /zora/」と発音され，/sora/ と /zora/ の間で交替を起こしている．両者の違いを作る [s] と [z] が，日本語の体系の中で音素として対立を起こしている(たとえば [saru](猿)と [zaru](ざる)は異なる語を意味する)ことから，/s/ と /z/ の交替を形態音素交替と呼ぶのである．図示すると(2)のようになる．

(2) 形態音素交替

連濁以外でもこのような音素の交替を示す現象は少なくない．小学生や日本語学習者(外国人)を悩ますのが「金持ち」と「金物」に見られるような母音の交替，つまり「かね (kane)」と「かな (kana)」の交替である．これは和語の名詞に見られるもので，特に2音節の名詞に多い．/e/ と /a/ の間の交替が

5.1 形態音素交替

一般的であるが，/o/ と /a/ の交替(3h)や /i/ と /o/ の交替(3i, j)も一部見られる．中には「目蓋=瞼」や「酒坏=杯」のように，異なる漢字を使い始めたために関連性が意識されなくなったものもある．漢字のテストのつもりで，読み方を確認してもらいたい．ちなみに「上」に見られる /ue/ と /uwa/ の交替は，もともと /uwe/ と /uwa/ の間で交替していたものである．

(3) a. 雨，雨降り，大雨―雨宿り，雨漏り，雨戸
b. 上，上下，上様―上向き，上着，上靴，上の空
c. 爪，爪痕，爪切り―爪先，爪弾き，爪楊枝
d. 酒，甘酒，酒好き―酒場，酒屋，酒盛り，酒坏(杯)
e. お金，金持ち，金儲け―金具，金物，金槌
f. 胸，胸焼け，胸痛―胸毛，胸元，胸騒ぎ，胸板
g. 目つき，目尻，目薬―目蓋(瞼)，目の子(眼)，目差し
h. 白，白黒，白酒―白鳥，白浜，白髪
i. 木，木こり，枯れ木―木陰，木漏れ日，木枯らし
j. 火，火祭り，火遊び―火照る，火垂る(蛍)

ここで(3)の母音交替を「名(めい～みょう)」や「行(ぎょう～こう)」のような漢語の発音と混同してはいけない．これは漢字の音読みに見られる複数の発音であり，日本語に漢字が伝来した当時の中国語の発音を反映している(たとえば奈良時代から平安時代初期にかけて伝えられた字音に基づく音を漢音，それ以前に伝来した字音に基づく発音を呉音と言う)．それゆえ，日本語に残っている「名(めい～みょう)」や「行(ぎょう～こう)」のような複数の発音は，日本語内部での発音の交替というより，中国語の発音の変化なのである．(3)に示した母音の交替はこの種の発音の変化とは異なり，日本語固有の語彙である和語に起こったもので，また，母音だけが異なる発音の交替である．

ところで，(3)のような母音の交替は複合名詞だけではなく，動詞の派生にも見られる．(4)に示すように，自動詞と他動詞の交替でも /e/ と /a/ の交替が一般的である．ここでも一つの形態素(動詞の語幹)が二つの異なる音素間で交替を起こしている．

(4)　　　　他動詞　　　　　　自動詞
　　a. 上げる (ag<u>e</u>ru)　　上がる (ag<u>a</u>ru)
　　b. 下げる (sag<u>e</u>ru)　　下がる (sag<u>a</u>ru)
　　c. 据える (su<u>e</u>ru)　　座る (suw<u>a</u>ru)
　　d. 捨てる (sut<u>e</u>ru)　　廃る (sut<u>a</u>ru)
　　e. 伝える (tuta<u>e</u>ru)　　伝わる (tutaw<u>a</u>ru)
　　f. 終える (o<u>e</u>ru)　　終わる (ow<u>a</u>ru)
　　g. 広げる (hirog<u>e</u>ru)　　広がる (hirog<u>a</u>ru)

(3)(4)に例示した母音の交替を形態音素交替として捉えると，たとえば /e/ と /a/ の交替は //e// という形態音素を仮定して次のように表すことができる．

(5)　　//e//

　　　/a/　　/e/

母音の交替が和語に見られるのに対し，次にあげる /h/ と /p/ の間の交替はおもに漢語に現れる．母音の交替か子音の交替かという違いはあるものの，一つの形態素 (たとえば「髪」) が語によって異なる音素 (/h/ と /p/) に具現するという点では同じである．

(6)　a. はく<u>は</u>つ (白髪) ─ きん<u>ぱ</u>つ (金髪)
　　b. <u>ほ</u>うほう (方法) ─ ぶっ<u>ぽ</u>う (仏法)
　　c. じき<u>ひ</u>つ (直筆) ─ えん<u>ぴ</u>つ (鉛筆)
　　d. しゅく<u>は</u>く (宿泊) ─ れん<u>ぱ</u>く (連泊)
　　e. に<u>ほ</u>ん (二本) ─ いっ<u>ぽ</u>ん (一本)
　　f. ず<u>ひ</u>ょう (図表) ─ はっ<u>ぴ</u>ょう (発表)

形態音素交替は日本語以外の言語でもごく普通に観察される．英語からいくつかわかりやすい例をあげておこう．

(7)　a. 母音の交替
　　　　h<u>o</u>ly [oʊ] ─ h<u>o</u>liday [ɔ], g<u>o</u> [oʊ] ─ g<u>o</u>ne [ɔ], h<u>ea</u>l [i:] ─ h<u>ea</u>lth [e],

Spain [eɪ] — Spanish [æ], wise [aɪ] — wisdom [ɪ],
wide [aɪ] — width [ɪ], child [aɪ] — children [ɪ], lose [uː] — lost [ɔ]
  b. 子音の交替
  describe [b] – description [p], advise [z] — advice [s],
  lose [z] — lost [s], five [v] — fifth [f]

holy–holiday のペアを形態音素交替として分析すると次のようになる.

(8)　　　//oʊ//
　　　　／＼
　　　/ɔ/　/oʊ/

練習問題 5.1

「風」「稲」「船」などの和語も母音交替を示す. 複合語の例をあげて, その交替を具体的に示しなさい. また, 自分や友人の姓名に連濁や母音交替などの形態音素交替が見られるか分析しなさい.

(b) 形態音素交替と異音変異

　以上見てきたように, 日本語の連濁という音韻過程は形態音素交替の一つの現象であり, 「金持ち」-「金具」に見られる母音交替や, 「白髪」-「金髪」に見られる子音交替, そして英語をはじめとする多くの言語に見られる母音や子音の交替と同じ性格を持つ現象である.

　ところで, (5)や(8)に示した形態音素交替の構図は第3章(3.4節)で紹介した異音変異(たとえば日本語のサ行子音に見られる [s] と [ʃ] の関係)といくつかの点において共通している. 一つは, 基本的に同じものが複数の現れ方をするということである. 複数の異音に実現するか(異音変異), 複数の音素に実現するか(形態音素交替)という違いはあっても, 基本的には「同一のものが複数の現れ方をする」という共通性を持っている. 両者の違いは, その「同一のもの」が音素であるか(異音変異), あるいは形態音素であるか(形態音素交替)という点である.

　また, 異音変異とここで問題にしている形態音素交替は, 話者にほとんど意

識されていないという点においてもよく似ている．日本語のサ行子音の交替からもわかるように，同一音素が複数の異音に実現する現象は話者がほとんど意識していない現象である．自分の発音によほど内省のきく話者か，あるいは音声学の知識のある人でない限り，日本語のサ行子音に2種類の発音があることを自覚していない．形態音素交替の場合はそれほどまでではないにせよ，話者が日常の会話において意識しているものではない．この現象が形態素という意味の最小単位について起こる現象であるために，話者は意味を優先させ，発音の交替に気がつかない場合が多い．たとえば，同じ「かな」(仮名)という形態素に「がな」(ひらがな)と「かな」(カタカナ)の2種類の発音があることを自覚している人は少ない．いや自分は自覚しているという人は，次の質問に答えてみるとよい．

　［問］　大阪に橋(はし)で終わる駅名はいくつあるか．

この問題に「三つ」「五つ」などと複数の数字をあげる人は，形態音素の交替を自覚していない人である．答えは「(鶴橋(つるはし)駅の)1駅だけ」となる．「日本橋(にっぽん)」や「心斎橋」，「淀屋橋」などの駅名に出てくる「橋」は「はし」ではなく「ばし」と発音されているから，これらの駅名は答えにならないのである．頭の中では「橋(はし)で終わる」と聞いた瞬間に「はし」＝「橋」という意味変換がなされてしまい，「橋」という形態素に「はし」と「ばし」の2種類の発音があることがほとんど自覚されずに終わってしまう．

　このように，(5)や(8)に図示した形態音素交替は音素-異音の関係によく似た側面を持っているのであるが，その一方で，両者の間に根本的な違いが存在することも忘れてはならない．形態音素交替の場合には，複数の実現形は複数の音素となって現れ，また，特定の形態素に関して起こる．(5)を例にとると，[e]と[a]という二つの母音は日本語の体系の中で意味の違いを伴う対立，つまり音素対立である(たとえば/ke/(毛)と/ka/(蚊)では意味が異なる)．また，この/e/と/a/の間の交替はこの2音を含むすべての語に起こるものではなく，「金」のような特定の語(形態素)にしか起こらない．同じ母音を含んでいても，「いけ」(池)が「いか」と交替したり，「たね」(種)が「たな」と交替したりはしない．大多数の形態素には起こらないという意味で，形態音素交替は形態素に

依存した現象なのである．

練習問題 5.2

隅田川には橋(はし)はいくつかかっているか．(ヒント：両国橋(はし)は橋ではない)

5.2 連濁と同化

連濁とは，AとBの二つの語が連結される場合に，Bの頭の音節が清音から濁音へと変わる現象と一般に定義されてきた．この現象は(1)にあげたような一般名詞だけでなく，固有名詞にも頻繁に起こるものであり，日本人の姓の2割くらいはこの音韻過程の適用を受けている．(9)にいくつか例をあげよう．

(9)　徳川家康，山口百恵，野口英世，尾崎秀雄，島崎藤村，
　　　吉田茂，島田陽子，工藤新一，川端康成，田淵幸一

1.1節(b)で述べたように，連濁は文字レベルの現象ではなく，発音の変化である．また発音の変化と言っても，ある音素が別の音素に変わるというだけの現象でもない．このような問題を解決するために，音声素性という考え方が導入されることになる(4.2節)．

(10)　[−voice] → [+voice]

連濁を(10)のように「音を構成する一つの音声素性の変化」として捉えると，この音韻現象が起こる理由も明示的に捉えられるようになる．連濁は基本的に母音に挟まれた無声子音が有声化する現象であり，母音が持っている有声[+voice]という音声特徴を受けつぐ過程である．より一般的に言うと，ある音が前後の音の影響を受け，それらの音が持っている音声特徴を受けつぐ同化の現象である．同化とは基本的に発音を楽にするために起こる現象であるから，連濁と同類の現象が他の言語に観察されるという事実も特に驚くべきことではない(4.2節)．

連濁を一つの同化現象と捉えると，なぜ母音に挟まれた無声子音がすべて有声化しないのかという疑問が生じる．「とくかわ」が「とくがわ」になるのであれば，同じく母音に挟まれた「く」も連濁を起こして「ぐ」となってもよさそ

うなはずである．「よしだ」が「よじだ」，「かわばた」が「かわばだ」となった方が(10)の規則には合致する．そのようにならない理由は，日本語の連濁が複合語の後部要素の頭の子音だけに適用される規則であるからに他ならない．つまり，(10)の同化規則が適用される環境が語の中の特定の位置に限定されているのである．

「複合語の頭の子音」という条件は連濁という日本語の規則に特徴的なものであるが，そのような条件が付くということ自体は，けっして日本語に特有のことではない．同化規則の適用が限定される背後には，**入力**(規則がかかる前の形)がもともと持っていた発音をできるだけ保ちたいという原理が働いている．複合語の場合には，その語を構成する2要素の本来の発音(「徳川」の場合には「とく」と「かわ」)を限りなくもとの状態に保ちたいという力が働いているのである．この力が，発音を楽にしたいという力とぶつかり合った結果，両者の妥協点として「とくがわ」という形(**出力**)が作り出されていると考えられる．発音を楽にするためだけであれば，「とぐがわ」の方が「とくがわ」よりも(声帯の振動スイッチを切り替える必要がない分だけ)より優れた出力形ということができるが，それでは入力の「とく＋かわ」という音形から離れすぎてしまうために，「とくがわ」で妥協したという分析である．入力をそのままの形で残したいという原理を**忠実性**(faithfulness)**の原理**と呼ぶならば，連濁の出力形を作り出している背後に発音を楽にしようとする同化の原理と，忠実性の原理が働いているというわけである．同化の原理に比べ忠実性の原理は，その効果がはっきりと目に見えやすいものではない．「とく＋かわ」という入力から「とくやま」という出力が出てこないのも忠実性の原理によるものであるが，それは当たり前のことだと思えるかもしれない．忠実性の原理は実際に当たり前の事実を説明してくれる原理なのであり，その分だけ効果が見えにくくなってしまう性格を持っている一方，実際にこの原理なしでは説明できない現象も数多く存在する．このことについては後ほど詳しく考察することにする(7.6節)．

この節では，連濁が同化現象であることと，その現象が「複合語後部要素の頭」という特定の音声環境においてしか起こらないことを指摘したが，この条件を満たしていても連濁が起こらない例は数多い．その中には「てんが」-「て

んか」(天下),「おおざか」(大坂)-「おおさか」(大阪)のように時代によって連濁の有無が変わってしまう語や,「ひらがな」に対する「かたかな」のように恣意的としか思えないようなペアも存在するが,その一方で,連濁の有無にある程度の規則性が存在するのも確かなことである.次節以下,連濁の適用を阻止するいくつかの条件を述べ,それらの条件が連濁だけ,あるいは日本語だけにあてはまるものではないことを解説してみることにする.

練習問題 5.3

「忠実性の原理」とは何か.この原理が連濁とどのように関わっているか.

5.3 連濁と語種

連濁の生起を決める一つの要素は語種である.日本語には大和言葉と呼ばれる和語,中国語から入ってきた漢語,そして漢語以外のおもに欧米の言語から入ってきた外来語の3種類の語彙が混在している(これ以外に擬声語・擬態語が4種類目の語彙とみなされることもある).このうち,これまで連濁の例としてあげてきたのは和語である.外来語は,(11)に示すように連濁を起こさない.中には「カルタ」(いろはガルタ)や「カッパ」(雨ガッパ)のように例外的に連濁を起こす例もあるが,これは日本語に入ってからの時期が長く,外来語という意識が薄れるくらいに定着している語である(「カルタ」と「カッパ」はともにポルトガル語からの借用語).

(11) デジタル + カメラ → デジタルカメラ, *デジタルガメラ
　　　大 + サーカス → 大サーカス, *大ザーカス
　　　紅白 + テープ → 紅白テープ, *紅白デープ
　　　市民 + ホール → 市民ホール, *市民ボール

漢語は外来語に比べると日本語に入ってからの歴史が長いが,それでも連濁を起こさないのが普通である.(12)にいくつか例を示す.

(12) 茶話 + かい → 茶話かい, *茶話がい(茶話会)
　　　総合 + しかい → 総合しかい, *総合じかい(総合司会)

団 + たい → だんたい，*だんだい（団体）

国際 + ほう → 国際ほう，*国際ぼう（国際法）

和語に比べ漢語が連濁を起こしにくいことは，(13)(14)のような和語と漢語のペアを発音してみると実感できる．(13)は後部要素が同一あるいは類似の音を持つもの，(14)は後部要素が同一あるいは類似の意味を持つペアである．いずれの場合にも，和語になると連濁を起こしやすくなる．また(9)にあげた人名の中で，「(工)藤」だけが漢語で残りはすべて和語であるという事実も，この傾向を表している．

(13) 桜貝―茶話会，みなし子―琵琶湖，ゼンマイ仕掛け―総合司会，
　　　金目鯛―団体

(14) 渡り鳥―不死鳥，野垂れ死に―病死，ペンペン草―月見草，
　　　人手―運転手，網戸―住戸

もっとも，漢語がまったく連濁を起こさないかというとそういうわけでもない．和語に比べると起こしにくいとは言うものの，外来語よりは連濁を起こしやすい．(15)にいくつか例をあげてみる．

(15) 食用 + きく → 食用ぎく（食用菊）

　　　文庫 + ほん → 文庫ぼん（文庫本）

　　　比叡 + さん → 比叡ざん（比叡山）

　　　白 + さとう → 白ざとう（白砂糖）

　　　千成 + ひょうたん → 千成びょうたん（千成瓢箪）

　　　株式 + かいしゃ → 株式がいしゃ（株式会社）

　　　さるかに + かっせん → さるかにがっせん（猿蟹合戦）

　　　砂糖 + かし → 砂糖がし（砂糖菓子）

このように，連濁は和語で一番起こりやすく，漢語では部分的に起こり，外来語ではほとんど起こらないということがわかる．ではなぜ語種間にこのような差が見られるのであろうか．そこには清濁の弁別性と忠実性の原理という二つの要因が潜んでいるように思われる．ここではまず清濁の弁別性の問題から見てみよう．

日本語ではもともと語頭に清濁の対立がなかったことが知られている．これ

5.3 連濁と語種

は日本語だけの特徴ではなく，アイヌ語や現代の朝鮮語，中国語（北京語）といった日本近辺の諸言語にも観察される特徴である（安本 1978）．このような特徴を持った言語において，語と語が合成されて大きな語（複合語）を作る場合，何の音韻変化も起こらなければどうなるか．「うみかめ」（海亀）のように，複合語の後部要素が清音（ここではカ行やサ行などの無声の阻害音）で始まるケースが出てくる．これでは「海と亀」を意味しているのか，「海亀」を意味しているのかわからない．つまり何の音変化も起こらなければ，2 語として発音しているのか，1 語（複合語）にまとめているのかわからないのである．これに対して，「うみがめ」と連濁を起こしてしまえばどうなるか．語頭には濁音は現れないという制約を持った言語であるから，「がめ」が独立した語ではあり得ない．「海と亀」という解釈は不可能となってしまうのである．このように後部要素の頭の子音を有声化することにより，2 語を 1 語としてまとめることができるようになる．

　これが和語に起こった連濁という音韻過程であるが，ではなぜ漢語や外来語には起こりにくかったのかというと，漢語や外来語には「語頭に濁音（有声の阻害音）が生じない」という制限がなかったからである．「かん」（間，館，巻，…）と「がん」（願，癌，眼，…）や，「さ」（差，砂，…）と「ざ」（座，坐，…），あるいは「しかい」（司会，視界）と「じかい」（次回，自壊）の例からもわかるように，漢語では語頭に無声の阻害音（[h][t][k][s]）も有声の阻害音（[b][d][g][z]）も両方生じることができる．語頭という位置において，有声と無声が意味の違いをもたらすことがある，つまり弁別的な機能を持っているのである．同様に外来語でも，「パイ」(*pie*) と「バイ」(*buy, bye*) や「ポール」(*Paul, pole*) と「ボール」(*ball, bowl*) のように，語頭で子音の声が弁別性を持っている．

　これはもちろん，漢語や外来語のもととなった（昔の）中国語，英語といった言語において，語頭の位置で無声子音と有声子音が音韻的な対立を持っていたということを反映したものである．この対立が日本語の語彙の中にも持ち込まれることにより，漢語や外来語が複合語の後部要素となる場合に，自由に連濁が起こりにくくなることが考えられる．「ホール」という外来語に連濁を適用してしまえば「ボール」となり，たとえば「市民ボール」が「市民＋ホール」，

「市民+ボール」のいずれから派生してきたのかわからなくなってしまう．有声・無声が語頭において弁別的であったために，連濁が起こってしまえば意味をめぐって混乱が生じるおそれが十分にあった(ある)のである．漢語や外来語で連濁が起こりにくいという背景には，このような清濁(声)の弁別性という問題が考えられる．和語にはこのような制限がなかったために，比較的自由に連濁が起こったということになる．

ちなみに和語の語頭に清濁の対立がなかったというのは，けっして日本語やその周辺言語に特有のことではない．語頭という位置は言語一般に濁音(正確には有声阻害音)の立ちにくい位置である．もっと一般的な言い方をすると，語頭および語末は，有声と無声の対立が一般に生じにくい環境と言われている(2.4節(g))．これらの位置に清音(無声阻害音)か濁音(有声阻害音)のいずれかしか起こらないという場合には，後者ではなく前者が生じることになる．これは清音(無声阻害音)の方が濁音(有声阻害音)よりも有標性が低い，つまり無標(自然，基本的)であるという一般的な原理を反映したものである(2.5節(e))．

これとは逆に，清音と濁音の対立が一番生じやすい環境が語中である．語中の母音と母音に挟まれた環境において声の同化現象が起こり，無声阻害音が有声阻害音に変わるというのが，有声阻害音の一般的な起源となる．はじめは無声音の異音として生じていた音が，最終的に無声音と音韻的な対立をなすようになる，つまりミニマルペアを作るようになる．日本語の濁音も英語などの有声阻害音も，歴史的にはこのような共通した発生過程を示している．

次に，連濁に見られる語種間の差異を忠実性の原理という観点から見てみよう．連濁をこの観点から捉えると，外来語 > 漢語 > 和語 の順番で，入力構造を忠実に保存しようとする力が弱くなり，逆に連濁(すなわち同化)の力が強くなっていくことがわかる(A > B は A の方が B より程度が大きいことを意味する)．外来語 > 漢語 > 和語 の順番は，歴史的に見ると日本語への定着(nativization)の過程を反映しているから，特定の語彙が日本語の中に定着するにつれ入力への忠実性が薄れ，同化の力が強くなると解釈することができる．

(16) 　　　　外来語　　　漢語　　　　和語
　　忠実性　〈強〉◀──────────
　　同化　　　──────────▶〈強〉

ここで, (16)に示した傾向がけっして連濁という現象に限って観察されるものではないことを強調しておきたい. 一つ一つの音の発音を見ても, 外来語は他の語彙にはない音を許容する. たとえば和語や漢語には「ティ」[ti] の音を含む語彙はないが, 外来語には「ティーム」(*team*)や「ティッシュ」(*tissue*)などの語にこの音が観察される. 一昔前であれば「チーム」「テッシュ」のように [tʃi] または [te] という音形で借用されていたものが(今でも年輩の人ではこの古い発音が普通である), 今では原音に近い [ti] という音形で定着してきている. 日本語の体系にはなかった [ti] の音が外来語を通して入り込もうとしているわけで, その背後には原語の発音をできる限り忠実に守ろうとするメカニズムが働いている.

歴史的に見ると, 漢語にもこの原音を忠実に守ろうとする力は働いていた.「きゃ, きゅ, きょ」や「しゃ, しゅ, しょ」といった拗音は漢語を通して日本語に入ってきた音と言われているが, 日本語の体系になかったこれらの音が日本語に定着する過程は, 現代日本語で「ティ」の音が定着しようとしている過程と同じであり, その背後には, 原音(ここでは中国語の発音)をできるだけ忠実に残そうとするメカニズムが働いているのである.

漢語や外来語のように日本語に新しく入ってきた語彙が入力に忠実であろうとし, その一方で同化の力に抵抗しようとする傾向は, 連濁以外の同化現象にも現れている. たとえば言語一般に, 鼻子音は後続する子音を有声化する傾向を示すことが知られている. 'post-nasal voicing' と呼ばれる現象である. 規則化すると(17)のようになる. 日本語も例外ではなく, 「藤」などの形態素は母音に後続する場合(「工藤」や「須藤」)だけでなく, 撥音の「ん」に後続する位置(たとえば「安藤」や「近藤」など)でも連濁を起こす. 無声子音が先行する鼻子音に同化し, 鼻子音から [+voice] という音声特徴を受けつぐのである.

(17)　鼻子音+<u>無声子音</u> → 鼻子音+<u>有声子音</u>

　この鼻子音が後続する子音を有声化するという同化現象は, 和語に非常に強

く作用しており，ほとんどの和語において鼻子音(つまり撥音の「ん」)に続く子音ははじめから有声子音として現れる．たとえば「とんぼ」という語はあっても，「とんぽ」や「とんほ」という語は存在しない．また形態素が連結する場合でも，「ん」に後続する位置では有声子音しか現れない(複合語のように二つの独立した語が結合してできる「道産子(どさんこ)」のような場合は別である)．これは歴史的に見ると(18)のような同化現象が起こったことによる．(18a, b)は平安時代に起こった撥音便の例，(18c)は「りんどう」(花の名前)の起源となった音変化である(撥音はしばしば/N/(または[N])と表記されるが，本書では/n/, [n]という表記法を用いる)．

(18)　a. 死にて(sinite) → 死んで(sinte → sinde)
　　　b. 読みて(yomite) → 読んで(yomte → yomde → yonde)
　　　c. 竜胆(riutan) → りんたう(rintau) → りんだう(rindau → rindoo)

これに対して，漢語や外来語では同じ位置に有声子音だけでなく無声子音も生起できる．漢語の場合には二つの形態素が結合した形となるが，「産婆(sanba)」「寝具(singu)」と並んで「散歩(sanpo)」「辛苦(sinku)」という音連続が許容される．和語には許されない[鼻子音+無声子音]という連続が許容されるのである．もっとも先にあげた「安藤」や「近藤」(あるいは「軍配(ぐんばい)」)のような例も観察されることから，漢語が部分的にであれ(17)の同化現象の適用を受けることは否めないが，漢語全体として見た場合に(17)の適用を受けない例が多いのは事実である．この傾向は外来語になるとさらに顕著になり，同一形態素内に[鼻子音+無声子音]という連続が自由に現れる．たとえば「サンバ(sanba)」や「ハンド(hando)」に対して「サンタ(santa)」「ハント(hanto)」という語形が存在する．

ここで，漢語や外来語に[鼻子音+無声子音]の連続が現れるのは当然のことという声があがるかもしれない．「辛苦」はもともと「しん+く」であり，また「サンタ」はもともとの語(Santa という英語)が[鼻子音+無声子音]という音連続を含んでいるから，日本語でもそのような音連続が現れるのは当然であるという意見である．もっともな考えである．しかしながら，鼻子音が直後の子音を有声化しやすいという(17)の同化現象が人間の言語に広範囲に観察される

ことを考えると，和語と漢語・外来語の間に見られる違いを当たり前のことと片づけるわけにはいかない．発音のしやすさだけを考えるならば，漢語や外来語でも(17)の規則が適用された方が楽に発音できるはずなのである．にもかかわらず[鼻子音+無声子音]という音形が現れてくるのであるが，この背後には，入力となる音形(「しん+く」や「サンタ」)をできるだけ保持したいという力が強く作用している．つまり，発音のしやすさを目指す同化の力と入力構造を保持しようとする忠実性の力がぶつかり合い，漢語や外来語では後者に軍配が上がっているのである．

　漢語において忠実性の原理が発音のしやすさを目指した原理に打ち勝つという傾向は，複合名詞のアクセント構造にも現れてくる．複合名詞ではそれぞれの要素が持っているアクセント型が壊され，一つのアクセント単位が作り出される．具体的には，語頭でピッチが上昇し，語の途中でピッチが下降する(19)のようなピッチの山が作り出されるのである．

(19)　サ|ッカー　+　ク|ラブ　→　サ|ッカーク|ラブ

複合名詞の各要素をもともとのアクセント型で発音してしまうと(たとえばサ|ッカーク|ラブ と発音すると)，ピッチの山が複数出現し，全体としてまとまりを示さなくなる．喉頭の制御という生理面から見ても，声帯の振動数を繰り返し上げたり下げたりする努力が必要になる．これに対して(19)の出力のように全体を一つのピッチの山に実現すると，ピッチの上げ下げが単純になり，生理的に楽な発音になるのである．(19)に示した複合語アクセント規則は，このように1語としての発音を楽にする効果を持っている．

　このことを念頭においていろいろなタイプの複合名詞を分析してみると，和語より漢語の方が一つのアクセント単位にまとまりにくいという傾向が観察される．たとえば(20)にあげた各ペアは，それぞれほとんど同じ意味を持ちながら，和語を含む方が(19)のアクセント規則の適用を受けて一つのアクセント単位にまとまる一方で，漢語をより多く含む場合にはそのようなまとまりを示そうとしない(漢語を下線で示す)．後者の場合には，それぞれの要素が持っているアクセント型(つまり入力のアクセント構造)をそのまま保持しようとするのである．

(20) a. 首位争い(しゅ|いあ|らそい)
       首位攻防(しゅ|い|こ|うぼう)
    b. 行方不明(ゆ|くえふ|めい)
       消息不明(しょ|うそく|ふ|めい)
    c. 武兄さん(た|けしに|いさん)
       武青年(た|けし|せ|いねん)

(20)に現れた漢語と和語の振る舞いの違いは，漢語の方が入力の構造を保持しやすく，逆に和語の方は複合語アクセント規則の適用を受けて，発音のしやすい音韻構造を作り出しているという点にある．入力の構造を忠実に守ろうとするか，それとも発音のしやすさを求めるか，この二つの力がぶつかり合ったときに，どちらを優先するか．この微妙な力比べにおいてどちらに軍配をあげるかという点に，漢語と和語の違いが現れてくるのである．

話を本題の連濁に戻そう．発音のしやすさを多少犠牲にしても入力の発音を守ろうとする傾向は，和語よりも漢語・外来語に強く現れる．和語は日本語に完全に定着した語彙であり，一般に使用頻度も高いこともあって同化現象のような「発音のしやすさ」を最優先する．この節で問題にしている連濁という同化現象が和語を中心に起こり，漢語や外来語には起こりにくいというのは，このような一般的な傾向に沿ったものなのである．

---練習問題 5.4---------
連濁が和語を中心に生じ，漢語や外来語に起こりにくいのはなぜか．

5.4 ライマンの法則と OCP

語種と並んで連濁の適用・不適用を決める要因が，後部要素の音韻構造である．まず(21)のペアを比べてみよう．
(21) a. うわぶた(上蓋)―あかふだ(赤札)
    b. しぶがき(渋柿)―あいかぎ(合い鍵)
    c. なまがし(生菓子)―やまかじ(山火事)

5.4 ライマンの法則と OCP

(21)の各ペアでは，左側の複合語に連濁が起こっているのに対し，右側の複合語では起こっていない．「ふた」は「ふだ」となるのに，「ふだ」は「ぶだ」とはなっていないのである．「ふた」と「ふだ」の違いは「た」と「だ」の違い，一般的な言い方をすると，後部要素の中にはじめから濁音があるかどうかという違いである．(21)にあげた三つのペアがすべてこのような違いを含んでいるのは偶然のことではない．一般に，後部要素がすでに濁音を含んでいれば連濁は起こらず，濁音を含んでいなければ連濁が起こりうることが確認されている．**ライマンの法則**(Lyman's Law)という名で知られている連濁の条件である．

(**22**)　ライマンの法則: 後部要素がすでに濁音を含んでいる複合語では連濁は起こらない．

ここでライマンの法則が言及しているのは複合語後部要素の濁音であって，有声子音ではないことに注意していただきたい．「かめ」(kame)の「め」は有声子音 [m] を含んでいるが濁音ではない(2.5 節(e))．「海亀」が「うみがめ」と連濁を起こすことからもわかるように，連濁を阻止するのは有声子音ではなく濁音である．もう少し正確に言うと，無声子音と対立する有声子音を後部要素が含んでいる場合に連濁の適用が阻止されるのである．無声音と有声音が対立するのは閉鎖音や摩擦音のような阻害音(素性分析でいうと [+obstruent] という特徴を持った音)であるから，有声の阻害音([+obstruent, +voice] という特徴を持つ音)が連濁を阻止するということになる．

ちなみに，ライマンの法則は連濁にかかる非常に強力な制約であるが，一部例外があることも知られている．その数少ない例外の一つが「はしご」という語である．この語が複合名詞の後部要素となる場合には(たとえば「縄ばしご」「避難ばしご」)，多くの話者にとって連濁が許容される(もっとも，一部の話者には許容されない)．濁音を含んでいながら連濁が生じる数少ない例と言える．

本題に戻ると，(22)にまとめたライマンの法則は音声学で**異化**(dissimilation)と呼ばれてきた現象，最近の音韻論で **OCP**(obligatory contour principle, 必異原理)と呼ばれている現象の一つである．異化もしくは OCP とは，同一もしくは類似の言語特徴が並んで出現することを避けようとする現象であり，その

ような状況が生じた場合に，一方が異なる特徴に変化する現象を指す．連濁などの同化現象が，隣り合った音に同じ音声特徴を与えようとするのに対し，異化現象はこれとは逆に，同じ特徴の音が近接することを嫌う現象である．同化に比べ異化は広い適用範囲を持つことが多い．

同化現象と同じく，異化現象も数多くの言語に，また広範囲な音韻過程に観察されている．たとえばラテン語では [l] の子音が同一語内に複数出現する場合に，後の方の [l] が [r] に変化する現象(23a)が見られる．[l] が1個しかない場合(23b)や，[l] と [l] の間に同じ流音の [r] が介在する場合(23c)にはこのような変化は起こらないことから，[l] という側音の連続を避けようとしていることがわかる(-*alis* は形容詞を作る語尾)．

(23) a. sol-a<u>l</u>is → sol-a<u>r</u>is（太陽の）
　　　 lun-a<u>l</u>is → lun-a<u>r</u>is（月の）
　　b. nav-a<u>l</u>is → nav-a<u>l</u>is（海軍の）
　　　 episcop-a<u>l</u>is → episcop-a<u>l</u>is（司祭の）
　　c. flor-a<u>l</u>is → flor-a<u>l</u>is（花の）
　　　 sepulkr-a<u>l</u>is → sepulkr-a<u>l</u>is（陰気な）

英語史でも若干ながら類似の変化が起こっており，同一語内で [n] が音節末に続けて出てくる場合に，後の方の [n] が [m] に変わった．ここでは [n] の連続を避けようとして変化が起こっている．

(24) ra<u>n</u>do<u>n</u> → ra<u>n</u>dom,　　ra<u>n</u>so<u>n</u> → ra<u>n</u>som

異化現象が起こるのは音のレベルだけではない．中国語では**声調**(tone)と呼ばれる声の高さの特徴に，同じような異化現象が見られる．声調とは音節ごとに与えられた高さの特徴であり，現代の中国語(北京語)では一声から四声まで四つのタイプが弁別的に働いている(つまり語を区別する)．

(25) a. 一声: 高平調(￣)　　mā(お母さん)
　　b. 二声: 上昇調(／)　　má(麻)
　　c. 三声: 下降上昇調(∨)　mǎ(馬)
　　d. 四声: 下降調(＼)　　mà(罵る)

このうち三声と三声が連続する場合に，その連続を嫌って「二声＋三声」の

連続に変えてしまう傾向が観察される．たとえば挨拶語のニーハオ「你好」(你=あなた，好=元気)という語は，本来「三声+三声」(つまり∨∨)と発音されるはずのものであるが，実際には「二声+三声」(／∨)で発音され，本来の「二声+三声」の連続と違いがなくなってしまう(つまり中和される)．他の声調の組み合わせではこのような中和が起こらず，たとえば「二声+二声」が「一声+二声」に変化することはないことから，問題の現象は明らかに声の高さの複雑な変化を避けようとする力(経済性の原理)に基づいていることがわかる．しかし特定の環境に限定されていても，同じ種類の声調が連続することを避けようとしていることには変わりなく，広い意味での異化現象であると解釈できる．

　日本語の連濁に話を戻すと，(22)にあげたライマンの法則は，濁音が同一要素内に生じることを未然に防ごうとするものであり，[濁音-濁音]の構造を[清音-濁音]もしくは[濁音-清音]の構造に変化させようとするものではない．つまり上で見たラテン語や英語，中国語の例とは違い，積極的に音を変化させる効果を持つわけではなく，[濁音-濁音]という構造が生じることを未然に阻止する効果しか持っていない．しかしながら「同一ないしは類似の言語特徴が連続することを嫌う」という両者の共通性は明白であり，同一の原理に還元できる．この共通原理をくだけた言葉で表すと(26)のようになる．

　(26)　言語特徴には一定の縄張り(domain)があって，その縄張りを守ろうとする．

ラテン語や英語，中国語の例ではこの努力が音変化として現れ，ライマンの法則では音変化(連濁)を阻止する条件となって現れている．後者について言えば，濁音という言語特徴が一定の縄張りを持っていて，すでに複合語の後部要素という縄張りにこの言語特徴が存在する場合には，あらたに同じ特徴は生じることができないというわけである．「両雄並び立たず」というところであろうか．一方，「かき」や「かめ」のように濁音を含まない要素では，この要素を縄張りとして新たな濁音が生じる余地が残されているために，連濁が起こりうることになる．図示すると(27)のようになる．

5 連濁と音の交替

(27) a. …かき → …がき
　　　　　　　　　｜
　　　　　　　　　濁音

b. …かぎ → *…がぎ
　　　｜　　　　｜｜
　　　濁音　　　濁音 濁音

(22)にまとめたライマンの法則は，複合語を構成する要素がそれぞれ濁音の縄張りとなるということを含意しているが，日本語のデータをさらによく吟味してみると，濁音の縄張り（ライマンの法則の適用範囲）がもう少し広いことがわかる．このことを理解するために(28)のペアを見てみよう．

(28) a. 中嶋—長嶋
　　　b. 中田—永田
　　　c. 節田—藤田

(28)の各ペアでは，左側の語が連濁を起こす可能性があるのに対し，右側の語は連濁を起こさない．たとえば「中嶋」には「なかじま」「なかしま」の両方の可能性があるが，「長嶋」は「ながしま」であって，「ながじま」の可能性は低い．少なくとも「ながじま」という発音はおかしいと感じるのが多くの日本語話者に共通した言語直観であろう．「X田」という漢字2字の名字で前部要素Xが2モーラ（かなで2文字）の長さを持つ語の発音を分析した研究（杉藤1965）でも，Xの要素が「が」や「じ」のような濁音で終わっている場合（たとえば「杉田」「柴田」）には連濁は起こらないことが報告されている．このことは，ライマンの法則の適用範囲がこれまで考えられていたよりも広く，前部要素の末尾に濁音がある場合にも連濁の適用が阻止される可能性があることを示唆している．図示すると(29)のようになる．(26)で述べた縄張りの考え方を援用するならば，濁音の縄張りが前部要素，後部要素の一方だけに限定されず，両者にまたがる可能性があるというわけである．

(29) なが しま → *なが じま
　　　　｜　　　　　｜　｜
　　　　濁音　　　　濁音 濁音

もっとも(29)に図示した制約には少なからぬ数の例外があることも知られている．人名だけ考えてみても「長渕，溝口，窪薗，柳葉(やなぎば)」のように，前部要

素が濁音で終わっていながら後部要素に連濁が生じている例は少なくない．上で問題にした「X田」という名字でもXが3モーラ（かなで3文字）になると「柳田（やな<u>ぎだ</u>）」のような例外が生じてくる．このことは，ライマンの法則が主張する通り，濁音の縄張りは原則として複合語の各要素であることを意味しているものと言えよう．

　ライマンの法則は言語特徴が持つ一種の縄張りの論理を表したものと述べた．この縄張りの論理こそが，ライマンの法則をはじめとする異化現象の原理を表しているものであるが，縄張りという発想で言語現象を見直してみると，この考え方で説明できる現象が意外と多いことに気がつく．たとえば前節で述べた複合語アクセント規則はその好例であろう．

　語と語が合体して複合語という大きな語を作ることは多くの言語で行われていることであるが，そこで起こる発音の変化はアクセントの縄張りを決める変化である．複合語の構成要素はそれぞれ独自のアクセントを持っている．そのアクセント同士がぶつかり合って，一方が複合語全体のアクセントとして生き延び，他方は補助的なアクセントとして弱化の道をたどるか，あるいは完全に消えることとなる．英語が系統的に属するゲルマン語派では，前部要素のアクセントが後部要素のアクセントに打ち勝ち，後者が弱化する．後部要素が前部要素に自分の縄張りを渡し，その結果，前部要素によって語全体の統一が行われるのである．具体的な英語の例を(30)にあげよう（大文字は語アクセント，すなわち語強勢を表す）．ゲルマン諸語だけでなく，古代インドのサンスクリット語(Sanskrit)やインド南西部で話されるマラヤーラム語(Malayalam)のような言語も同じ統一方式をとっている．

(30)　a. BASE + BALL → BASEball（ベースボール，野球）
　　　b. AIR + PORT → AIRport（空の港＝空港）
　　　c. MINi + SKIRT → MINiskirt（ミニスカート）

　これに対して，スペイン語やイタリア語などのラテン語系（ロマンス語派）の言語は後部要素が複合語全体を統一する形式をとる．つまり，前部要素のアクセントが弱化ないしは消失して，後部要素のアクセントが語全体のアクセントとして残るのである．(31)にスペイン語の例をあげておこう．

(31) スペイン語の複合語アクセント
　　a. PIEdra + preCIOsa → piedra preCIOsa（石+貴重な → 宝石）
　　b. MEsa + reDONda → mesa reDONda（テーブル + 丸い → 円卓会議）

ロマンス語派以外では，ペルシャ語やスワヒリ語などがこの統一方式をとる言語である．なぜゲルマン諸語とロマンス諸語との間にこのような違いが出てくるのか，別の言い方をすると，(30)と(31)の二つの統一方式の選択がどのような要因によって決まるのか，興味深い問題であろう（窪薗 1996a）．

日本語の複合語アクセントは基本的にロマンス語派の言語と同じ方式に従っている．すなわち，前部要素のアクセント（ピッチの下降）が消えて，後部要素のアクセントが複合語アクセントとして残る．(32a)に例をあげる．日本語の場合には平板式という特殊なアクセントタイプの語が存在することもあって，後部要素が独自のアクセントを持たない(32b)のような場合もありうる．この場合でも(32a)の場合と同じような位置に新たな複合語アクセントが生じることになる．いずれにしても，前部要素が持っていたアクセントは完全に無視され，消去される運命をたどるのである（日本語のアクセントについては6.8節，7.4節を参照）．

(32) a. ミ￢ニ＋スカ￢ート → ミニスカ￢ート
　　 b. ベ￢ース＋ボール → ベースボ￢ール

ここまで見てくると，(30)～(32)で見た複合語アクセントの現象と，連濁にかかるライマンの法則との共通性は明らかであろう．ともに，ある言語特徴の縄張りに関わる異化現象であり，その言語特徴が一定の範囲内に複数現れることを避けようとするものである．両者の違いは，その言語特徴が何であるかということと，縄張りの範囲がどこまで広がるかという2点である．連濁の場合には，濁音（有声阻害音）という言語特徴が複合語の構成要素を範囲として縄張り争いをし，複合語アクセントの場合には，アクセントという言語特徴が語（複合語）全体を範囲として縄張り争いをしている．

最後に，異化あるいはOCPの例としてしばしばあげられる英語の不規則動詞の活用に触れておこう．過去形・過去分詞形が不規則に活用するいわゆる不規則

動詞は，英語学習者の頭を悩ませるところである．*have-had-had, cut-cut-cut, go-went-gone* をはじめとして，語尾に [d] や [t] を付けるだけの規則的な活用（たとえば *play-played-played, miss-missed-missed*）とは異なる，特殊な活用パターンをとる動詞が少なからず存在する．これらの不規則活用が「なぜ」，また「どのような動詞に」現れるものであるかということについて，中学や高校で教わることは少ない．不規則なものは覚えるしかないというわけで，ひたすら覚えることを強要されるのが普通である．ところが不規則動詞のリストを詳細に調べてみると，上の疑問に対する答えが部分的ながら見えてくる．

まず「どのような動詞に」多いかという疑問に対しては，基本的な動詞に多いという傾向がうかがえるであろう．*have* や *cut, go* など，日常的によく使う動詞に不規則動詞が多い．中には *overset, underwrite, withstand* のようにあまり使用頻度の高くない語も含まれているが，これらは *set, write, stand* と関連づけられる語であるから反例とは言えない．使用頻度の高い語が不規則な振る舞いを示すという傾向は普遍性の高いものであり，特に驚くべきことではない．逆の見方をすれば，使用頻度の低い語に特別な構造を与えるということは起こりにくいことである．めったに使わない語に不規則な発音や活用を与えることは言語獲得という点からも起こりにくいことであり，不合理なことである．

不規則動詞のリストを見てみると，使用頻度が高い語という傾向に加えて，もう一つ「-t や -d で終わる語に多い」という傾向に気がつく．少し例をあげただけでも(33)のような動詞が思い浮かぶ．

(33) a. AAA 型

cut-cut-cut, hit-hit-hit, let-let-let, set-set-set, shut-shut-shut; spread-spread-spread

b. ABB 型

meet-met-met, sit-sat-sat; build-built-built, hold-held-held, read-read-read, stand-stood-stood

c. ABC 型

get-got-got(ten), ride-rode-ridden, write-wrote-written

「-t や -d で終わる語」の中には，*want-wanted-wanted* や *mend-mended-mended* のように，規則動詞に見えながら語幹と活用語尾の間に [I] という母音を挿入するものも存在する．これらは不規則動詞の中には入れられていないものの，単純に [d] や [t] を付けるという規則から少し逸脱した振る舞いを示している．規則から逸脱している点においては(33)の三つの型と同類であろう．ちなみに同様の不規則性が名詞の複数形にも生じ，複数形語尾(-s, -z)と同じ摩擦音というタイプの子音(ただし [f][v] を除く)で終わる語は，語幹と語尾との間に [I] という特別な母音を挟むようになる．たとえば *bee, book* や *bag* はただ [s], [z] という規則的な語尾を付けるだけですむが(*bees* [biːz], *books* [bʊks], *bags* [bægz])，*bus* や *bush, bridge* は [Iz] という変則的な音形となる([bʌsIz], [bʊʃIz], [brIdʒIz])．[ss], [zz] というような子音連続を避けようとする力が働いているのである．

話を動詞に戻して，ではなぜ [t] や [d] の音で終わる動詞がこのように不規則な振る舞いを示しやすいのか．伝統的な答えは「[t] や [d] の後に規則的な活用語尾が付けば，[tt] や [dd] という英語では許容されない子音連続が生じるから」というものであった．[tt] や [dd] という構造が英語の規則(音素配列規則)に違反しているから不規則な活用にならざるをえない，という説明である．たしかにその通りであろう．しかしより本質的な問題は，なぜ [tt] や [dd] が英語の構造に合わないのかということである．つまり，この規則が英語という個別言語に特有の現象なのか，それとも何か人間の言語に共通した一般的な原理を反映したものであるのかということである．上で紹介した連濁や複合語アクセントの分析と考え合わせると，[tt] や [dd] を嫌う英語の音素配列規則は異化という一般的な原理に基づくものであるという解釈が十分に信憑性を持ってくる．[t] や [d] だけに限らず，同じ音が連続する構造は，異化という観点から見ると適格性の低い構造なのである．もし英語の規則的活用語尾が [t], [d] ではなく [k], [g] であったとしたら，*ask* や *beg* のように [k] や [g] の子音で終わる動詞が不規則活用となりやすいと類推される．

もちろん，このように英語の不規則動詞活用(の一部)を異化という一般的な原理で説明したからといって，すべての疑問が解消するわけではない．*want* と

いう動詞が [I] の挿入を伴うパターンをとり，*cut* が AAA というパターンをとり，あるいは *meet* や *write* がそれぞれ ABB, ABC というパターンをとる事実，つまり不規則なパターンの中でどれを選択するかという問題は，依然として謎である．もっと精緻に分析すればこの問題も解決できるのか，それともパターンの選択は完全に恣意的で予測できないものなのか，今後の研究を待たなくてはならない．

しかしこのような問題が残るにしても，異化ないしはOCPという概念を導入することによって，一見無関係にも思える複数の言語現象の共通性を捉えることができるようになることは重要なことである．一般化という考え方を用いるならば，異化やOCPという理論的な概念が，一見関係なさそうに思える複数の現象（日本語の連濁にかかる制約と言語一般に見られる複合語アクセントの現象，そして英語の不規則動詞など）を統一的に捉える（つまり一般化する）ための基盤を与えているわけである．

練習問題 5.5

ライマンの法則とは何か．この法則と英語の不規則動詞はどのような関連性があるか．

5.5 連濁と意味構造

(a) 並列構造と連濁

連濁が起こるかどうかを決める三つ目の一般的な原理は，複合語の意味構造に関するものである．まず(34a)と(34b)の複合語を比べてみよう．

(34) a. 読み書き，好き嫌い，飲み食い，行き帰り
　　 b. 宛名書き，食べず嫌い，やけ食い，日帰り

音読してわかるように，(34b)で起こっている連濁が(34a)では起こっていない．この違いは両者の意味構造の違いに起因するものと想像できる．(34a)の方は前部要素と後部要素が意味的に対等な関係（**並列構造**）にあり，一方，(34b)の

方は，前部要素が後部要素を意味的に修飾（あるいは限定）する構造を有しているのである．

一つの要素が他方を修飾するというのは複合語の一般的な意味構造であり，そのような依存関係あるいは「被支配-支配」の関係が成り立つことによって一語としての意味的なまとまりが作られている．日本語の語順では，前部要素が後部要素を修飾・限定することによって両者の間に主従（語順からいうと[従-主]）の関係が成り立ち，語としてのまとまりができあがっているのである．これに対して，(34a)の複合語にはそのような依存関係が成立していない．「読み書き」が「読み & 書き」という意味であることからもわかるように，(34a)では複合語を構成する二つの要素がお互いに対等の意味関係で並んでおり，一方が他方に依存するという関係が作られていないのである．この点において(34a)の複合語は特殊な意味構造を有していると言える．その意味的な特殊性を発音の上でも表すために，連濁という複合語に特有の音韻特徴を持たずに終わっていると考えられるのである．

並列構造の複合名詞が連濁を起こさないという原則は，日本語の複合語では比較的忠実に守られている．佐藤大和によると，(35)と(36)の複合名詞はいずれも意味があいまいで，(35b)(36b)のような普通の意味構造では連濁が起こり，(35a)(36a)のような並列構造では連濁が起こらないと言う（佐藤1989）．すでに述べたように，連濁を伴った音形の方が発音の容易さという点では優れた構造である．にもかかわらず並列構造が連濁を阻止しているということは，並列という特殊な意味構造を伝えようとする力の方が，発音を楽にしようとする力よりも勝っているからに他ならない．この力比べの結果，入力の音韻構造を忠実に残そうとする力（つまり忠実性の原理）となって現れているのである．規則と制約という考え方を用いるならば，連濁という規則（同化規則）に対して一定の意味構造が制約として働き，その適用を制限していることになる．このような制約をここでは**意味制約**と呼ぶことにする．

(35) a. やまかわ（山と川）
b. やまがわ（山の川）
(36) a. おひれ（尾と鰭）

b. お<u>び</u>れ（尾の鰭）

(37)にあげた二つの複合語の発音の違いも同じように説明できる．「草木」と「草花」はともに「草 & 木」，「草 & 花」という並列構造を有しているように感じられるかもしれないが，辞書の意味はそうではない．国語辞典を引いてみると，「草木」は「草と木」とあり，一方「草花」は「草に咲く花（もしくは花の咲く草）」と定義されている．前者だけが並列構造を有しているのである．一方の要素が他方を修飾するという一般的な構造を持っている「草花」では普通に連濁がかかるのに対し，並列構造という特殊な意味構造を有している「草木」の方は連濁の適用を免れている．このペアもまた，意味構造の違いが連濁の有無という音韻構造上の違いを生み出している例である．

(37) a. くさ<u>き</u>（草木）

b. くさ<u>ば</u>な（草花）

並列構造が連濁に対して意味制約として働く現象は「さるかに話」や「さるかに合戦」のような長い表現にも現れている．同じ「蟹」でも「ざりがに」や「たらばがに」の場合とは違い，「さるかに話」の「かに」は「さる」と並列の関係にある．つまり「(さる & かに)話」という意味構造を持っている．この特殊な意味構造のために，「さるがに話」という連濁を伴う音形が出てこないのである．

以上，並列構造が連濁の適用を阻止する例を見てきたが，並列構造かどうかという意味構造の判断が微妙な場合には微妙な結果を生み出す．たとえば「切り貼り」という語（たとえば「新聞の記事の切り貼りでレポートを作成する」というときの「切り貼り」）は，話者によって発音が異なっている．「きりばり」と発音する話者にその意味を問うと，「切ったものを貼る作業」という答えが返ってくる．一方「きりはり」と発音する人に同じ質問を出すと「切って貼る作業」という答えが返ってくる．後者の意味解釈が並列構造の解釈であり，「切り貼り」をその意味に解釈している人は連濁を起こしていないということである．意味解釈の違いが発音の違いに直接結びついている好例であろう．ちなみに筆者が調べた範囲では，関東の人に「きりばり」の意味解釈と発音をとる人が多く，逆に関西では「きりはり」の解釈・発音をとる人が多いようであった．

類似した例では,「雛祭り」の歌に出てくる「(五人囃子の)笛太鼓」という表現も興味深い．この表現をどのように発音するか(歌うか)大学生に問うと,「ふえだいこ」という答えと「ふえたいこ」という答えがほぼ半数ずつ返ってくる．連濁を起こす発音と起こさない発音が五分五分の割合で見られるということである．この場合に,話者の側に意味解釈の違いがあるかというと,そういうわけでもない．「きりばり」の場合とは違い,「ふえだいこ」と発音する人でもその意味を尋ねられると「笛 & 太鼓」と答える．けっして「ふえだいこ」という特殊な太鼓を意味しているわけではないのである．ではなぜ同じ意味解釈をとりながら2種類の発音が存在しているかというと,「ふえだいこ」と発音しているグループの話者は「笛太鼓」が「笛 & 太鼓」という並列構造であることをほとんど意識していないからである．「笛太鼓」を決まり文句として捉え,その内部の意味関係をあまり考えないまま歌を歌っている．ここでは,複合語が持つ特殊な意味構造(並列構造)を伝えようとする力が,発音を楽にしようとする力に負けてしまっていることになる．

「ふえだいこ」以外では,(38)にあげる反復表現が上で述べた意味制約に違反するかのように思える表現である．

(38) 人々,国々,島々,木々,神々,下々,好き好き,時々,高々(と),寒々(と),白々しい,くれぐれ(も)

(38)にあげた反復語はいずれも連濁を起こしている．ではこれらが「並列構造は連濁の適用を阻止する」という意味制約の例外かというと,そういうわけでもなさそうである．たとえば「人々」は「多くの人,めいめいの人」という複数を表すものであり,人と人を並列する「人 & 人」の意味ではない．一般に,反復語は単に複数を表すか,あるいは「高々」などのように語の意味を強調する働きを持っているものであり,「読み書き」や「草木」のように二つの異なるものを並列するものではない．それゆえ(38)のような反復語が連濁を起こしても何の不思議はなく,並列構造が連濁を阻止するという制約には抵触することはないのである．

もっとも反復表現の中でも,(39)のような擬声語・擬態語(いわゆる「オノマトペ」)は連濁を起こさないことが多い．「さらさら」や「しくしく」が「さ

らざら」「しくじく」とはならないのである．同じ反復表現の中でなぜこのような違いが出てくるのか興味深い問題である．

(39)　さらさら，しくしく，かさかさ，とろとろ，はらはら

---練習問題 5.6-----------
「ずわいがに」は連濁を起こしているのに，「さるかに話」の「かに」が連濁の適用を受けないのはなぜか．また，類似のペアをいくつかあげなさい．

(b)　意味制約の一般性

　前節では並列構造という特定の意味構造が連濁という音韻過程を阻止することを見た．特定の意味構造が音韻規則の適用に制約として働いているわけである．ではこのような意味制約は，日本語の連濁に特徴的に現れるものであろうか，それとも人間の言語に広範囲に現れるものであろうか．

　すでに述べたように，並列構造が連濁を引き起こさないのはある意味では当然のことと考えられる．「読み書き」や「草木」では二つの要素（「読み」と「書き」，「草」と「木」）が形の上では複合語という一つの語を作っているが，意味的には融合していない．対等の立場で自己主張をしているだけで，意味的に一つにまとまろうとしていないのである．通常の複合語では，一方の要素が他方を意味的に修飾あるいは限定するという関係をなしており，両者の間に依存関係もしくは支配関係が成立している．並列構造の複合語にはこのような関係が成り立っていないのであるから，2要素を音韻的に融合しようとする音韻過程が起こらなくても何ら不思議ではないことになる．この解釈が正しいとすれば，並列という意味構造が音韻規則の適用を阻止するというのはきわめて一般的なことと考えられる．つまり，二つの要素を融合させようとする効果を持った音韻規則であれば，連濁に限らず他の規則であっても，並列という特殊な意味構造を有するものを例外扱いしておかしくないのである．またこのことは日本語だけに通用するものではなく，日本語とは系統や体系の異なる他の言語でも広範囲に起こっておかしくない．

5 連濁と音の交替

　このような問題意識を持って他の音韻現象を見てみると，並列構造が特別な振る舞いを見せる音韻現象は少なくないことに気がつく．その代表的なものが，連濁と同じように二つの要素を複合語という一つの単位にまとめる働きを持っている複合語アクセント規則であろう．並列構造の複合名詞はアクセント的にも融合しないのが普通である（窪薗 1995）．たとえば「チェコ」と「スロバキア」が対等に結合（合併）した「チェコ・スロバキア」という複合語表現では，両要素のアクセント型（チェ⌐コとスロバ⌐キア）がそのまま並んで実現するだけで，融合したアクセント型（チェコスロバ⌐キア）にはなりにくい．「自由民主党」のようにもう少し長い表現でも同じことが起こっており，並列構造をなす2要素間（「自由」と「民主」）の間では複合語アクセント規則がかからなくなってしまうのである．(40)にいくつか例を示す．アクセント核のマーク /⌐/ がついていないものは，いわゆる平板式アクセントの語彙である（7.4 節）．

(40) a. チェ⌐コ スロバ⌐キア
　　　b. じゆ⌐う みんしゅとう（自由民主党）
　　　c. グ⌐リコ もりながじ⌐けん（グリコ森永事件）

　もっとも，ここでも例外が観察される．(41)にあげた「技術家庭」や「大助・花子」という複合語表現は本来「技術 & 家庭」，「大助 & 花子」という並列構造をなしているものの，複合語アクセント規則の適用を受けて一つのアクセント単位に融合してしまう．

(41) a. ぎ⌐じゅつ＋かてい → ぎじゅつか⌐てい（技術家庭）
　　　b. だ⌐いすけ＋は⌐なこ（大助・花子）
　　　　 → だいすけは⌐なこ～だ⌐いすけ は⌐なこ

これらの例は並列構造が作り出す意味制約への例外と言えるものである．ちょうど連濁の場合に「ふえだいこ」（笛太鼓）が意味制約の例外となっているのと同じように，複合語内部の意味構造があまり意識されなくなった結果，通常の複合語と同じように音韻規則の適用を受けるようになったものと思われる．「技術家庭」は一つの教科名として，「大助・花子」は漫才のコンビ名として定着し，話者の側に「A & B」という本来の意味構造が意識されなくなったということであろう．

(40)にあげた複合名詞だけでなく，日本語の複合語アクセント規則は並列構造の複合語を特別扱いする．「朝晩」や「甲乙」のように短い要素が結合した場合でも，前部要素のアクセントを生かす型(あ⌐さばん，こ⌐うおつ)をとる．日本語(東京方言)の複合語アクセント規則は後部要素のアクセントを生かすのが原則であることを考えると(5.4節)，「朝晩」や「甲乙」のアクセント型が複合語アクセント規則の原則から外れていることは確かなことである．

　並列という特定の意味構造が音韻規則の適用を阻止するという現象は，日本語以外の言語でもしばしば観察されている．複合語では 'dvandva compound' (並列複合語)という特別な名前で呼ばれており，1要素が他方を修飾するという通常の複合語とは音韻的にも異なる振る舞いをすることが知られている．複合語アクセント規則が2要素の融合を図ろうとするのに対し，並列複合語はその規則の適用を受けないのである．報告されているだけでも英語や，インドのマラヤーラム語，古代インドのサンスクリット語と，そのような現象を示す言語の数は多い．ここでは英語の例をあげておこう．

(42) 　a.　COca + COla → COca COla, *COca cola (コカコーラ)

　　　　b.　CZEcho + sloVAkia (チェコ・スロバキア)

　　　　　　→ CZEcho-sloVAkia, *CZEcho-slovakia

英語の複合語アクセント規則は日本語やスペイン語とは逆に，前部要素のアクセント(強勢)を語全体のアクセントとして保存する(5.4節)．ところが並列複合語である *Coca-Cola* や *Czecho-Slovakia* はこの規則の適用を受けず，2要素のアクセントがほぼ対等に並立することとなる(ちなみに *coca* と *cola* はともに覚醒作用のある2種類の植物であり，*Coca-Cola* はそれらの葉と実の抽出物から作られた飲み物という意味である)．

練習問題 5.7

「チェコスロバキア」という複合語が二つのアクセント単位に実現する現象と，「草木」が連濁を起こさない現象の共通性は何か．

5.6 連濁と枝分かれ構造

連濁の適用を決定する最後の大きな要因として，複合語内部の構造をあげることができる．これまで見てきた複合語の大半は二つの要素からなるものであったが，三つ以上の要素からなる複合語の場合には，その内部構造によって連濁が起こったり起こらなかったりする．

3要素からなる複合語は，(43a)のように左側が枝分かれを起こしている「左枝分かれ構造」と，(43b)のように右側が枝分かれを起こしている「右枝分かれ構造」の2種類に大別できる．佐藤大和が提示している「尾白鷲」と「紋白蝶」というペアを例にとるならば(佐藤 1989)，前者が「尾が白い鷲」という意味で左枝分かれ構造の複合語であり，後者の「紋白蝶」は「紋が付いた白い蝶」という意味の右枝分かれ複合語である(「紋が白い蝶」という意味ではないことに注意されたい)．第2要素(ここでは「白」という語)が第1要素と意味的に結びついているのが左枝分かれ構造，逆に第3要素と直接結びついているのが右枝分かれ構造というわけである．

(43) a.　　　　　b.

「尾白鷲」と「紋白蝶」はともに「白」という第2要素を共有していながら，その部分の発音は異なっている．「尾白鷲」では「白」が連濁を起こして「じろ」となるが，「紋白蝶」の「白」は連濁を受けずに「しろ」のままである．では，この違いがどこから生じてくるのか．(43)に示した枝分かれ構造の違いを反映したものであろうか，それとも偶然生じた違いなのであろうか．このペアだけ見たのでは後者の可能性も否定できない．「ひらがな」と「かたかな」の例からもわかるように，連濁が起こる-起こらないという選択にはかなり恣意的な(つまり規則的でない)ところもあるから，「尾白鷲」と「紋白蝶」の違いが偶然に生じても何ら不思議ではない．しかしながら，枝分かれ構造と関連づ

5.6 連濁と枝分かれ構造

ける証拠が他にもあれば話は別である.

　日本語の複合語には(43a)の左枝分かれ構造が主流であり, (43b)の右枝分かれ構造はそれほど多くない. 第2要素が連濁生起の諸条件(無声の阻害音であるとか, ライマンの法則に違反しないなどの条件)を満たさなければならないということまで考慮に入れると,「尾白鷲-紋白蝶」のような例は見つけにくいのが現状である. しかしながら類似の例がないわけではない. (44)に大津由紀雄の例をあげる(Otsu 1980).

(44)　塗り箸入れ
　　a. [[ぬり はし]入れ] → ぬりばし入れ
　　b. [ぬり[はし 入れ]] → ぬりはし入れ

「塗り箸入れ」という語は意味があいまいで,「「漆塗りの箸」を入れる入れ物」の意味と「漆を塗った箸入れ」の意味の両方が可能である. これは, 第2要素の「箸」が第1要素, 第3要素のいずれと意味的に直接結びつくかという違いであり, 前者が左枝分かれ構造, 後者が右枝分かれ構造ということになる. 大津は, 両者には発音の違いがあり, 左枝分かれの方は「箸」が連濁を起こすが, 右枝分かれの方は連濁を起こさないと指摘している. 大津はこのような違いが,「にせだぬきじる」([[にせ たぬき]汁])と「にせたぬきじる」([にせ[たぬき 汁]])の間にも観察されると述べている. 一般的な言い方をすると, 右枝分かれという特定の構造が連濁という音韻規則の適用を阻止しているというのである. 前節で論じた制約に意味制約という用語を用いるなら, これは**枝分かれ制約**と呼ぶことのできる条件である.

　「塗り箸入れ」や「偽たぬき汁」は使用頻度の低い複合語であり, 連濁を起こすかどうか判断しにくいと思う読者も多いかもしれない. 日本語母語話者としての言語直観に合致すれば問題ないが, そうでなければ上記の分析に納得できないところを感じるであろう. そのような読者は連濁を離れて, 次に述べる複合語アクセントの現象を見ていただきたい.

(45)　a. 秋田沖地震　　b. 阪神大震災
　　　　香港型ウイルス　　A 香港型
　　　　日米安保問題　　日米安保条約

東京方言の丁寧な発音では(45a)の複合語は一つのアクセント単位にまとまり，(45b)の複合語は二つのアクセント単位に分離する．つまり，(45a)では複合語アクセント規則が複合語全体に問題なくかかっているのに対し，(45b)では第1要素と第2要素の間にその規則がかからず，第1要素が第2要素以降と孤立したアクセント単位を構成している．アクセント単位を（　）で表すと(46)のようになる(「香港型」は平板式アクセントである)．

(46)
 a.（あきたおきじ⌐しん） b.（は⌐んしん）（だいし⌐んさい）
  （ほんこんがたうい⌐るす） （え⌐い）（ほんこんがた）
  （にちべいあんぽも⌐んだい） （に⌐ちべい）（あんぽじょ⌐うやく）

日本語に(46)のようなペアは数多く観察されている．つまり複合語アクセントの現象を見ると，左枝分かれ複合語と右枝分かれ複合語の間に顕著な違いが見られ，後者が第1要素と第2要素の間でアクセント融合規則の適用を免れている．複合語アクセント規則にはっきりとした枝分かれ制約の効果が観察されるのである．

右枝分かれ構造が音韻規則の適用を阻止するという現象は，日本語以外の言語でも観察されている(窪薗 1995)．たとえば英語の複合語アクセント規則でも，中国語やアフリカのエウェ語(Ewe)の声調規則でも，あるいはイタリア語の語頭子音長音化規則でも，右枝分かれ構造が音韻規則の適用を阻止する．系統的にも体系的にも大きく異なる諸言語に共通した制約が働いているということは，この枝分かれ制約が人間の言語のかなり一般的な原理を反映したものであることを示唆している．

枝分かれ制約がこのように人間の言語に一般的なものであることを踏まえるならば，(43)や(44)で論じた「尾白鷲-紋白蝶」や2種類の「塗り箸入れ」の違いもまた，同じ制約から生じていると考えることができよう．「尾白鷲」と「紋白蝶」に見られる連濁の有無の違いがまったく偶然に生じたものであると考えにくいのである．逆の見方をすると，枝分かれ制約という一般的な制約を仮定することにより，「尾白鷲-紋白蝶」に現れる連濁の現象と(46)に示した

5.6 連濁と枝分かれ構造　*141*

大金持ちと大ぼら吹き

「大金持ち」と「大ぼら吹き」という語はともに第2要素（「金」と「ほら」）が連濁を起こしている．これらは5.6節で論じた枝分かれ制約の例外のように思えるかもしれないが，じつはそうではない．「大金持ち」は「大金＋持ち」（大金(おおがね)を持っている人）であり，一方，「大ぼら吹き」は「大ぼら＋吹き」（大ぼらを吹く人）である．ともに左枝分かれ構造の複合語であり，連濁を起こしても何ら不思議ではないのである．「大金」や「大ぼら」という表現があまりなじみ深いものではなくなってきたために，上記の複合語表現の内部構造が少々あいまいになってきているようである．

これに対して，「大風呂敷（おおぶろしき）」や「大盤振る舞い（おおばんぶるまい）」は明らかな右枝分かれ構造であり，枝分かれ制約の例外と言える．前者は「大＋風呂敷」，後者は「大盤＋振る舞い」という内部構造であり，それぞれの後部要素（風呂敷，振る舞い）が語源的に二つの要素（形態素）からなっている．全体として右枝分かれ構造を有していることから，複合語アクセント規則の適用が阻止されて二つのアクセント単位に分かれてしまってもおかしくはない．これらの例では「風呂敷」や「振る舞い」が二つの要素からできているという意識が薄らいだせいであろうか，枝分かれ制約が働かず，結果的に，一つのアクセント単位にまとまっている．

日本語の複合語アクセントの現象，さらには英語や中国語などの現象をすべて統一的に捉えることができるようになる．枝分かれ制約によって，一見無関係に思える複数の現象を一般化できるようになるのである．

連濁に話を戻すと，右枝分かれ構造という特定の構造を発音上示すために，連濁という音韻規則を阻止していることになる．この構造上の要請によって入力構造を忠実に守ろうとする力が強く働き，連濁という，発音を楽にしようとする同化の力に打ち勝っていると解釈できる．枝分かれ制約の働きを別の観点から見ると，連濁の有無が複合語の内部構造（枝分かれ構造）の違いを表すのに役立っていると言うこともできる．

142　5　連濁と音の交替

練習問題 5.8

同じ「白」という名詞が,「尾白鷲」では連濁を起こし,「紋白蝶」では起こさない．これはなぜか．また,同類のペアを見つけなさい．

演習問題

5.1　次にあげる人名について,形態音素交替の有無を指摘しなさい．交替がある場合には,どのような種類の交替であるかを述べなさい．
　(a) 千葉　(b) 小沢　(c) 金本　(d) 和田　(e) 雨宮　(f) 立花　(g) 永田
　(h) 小倉　(i) 長谷川　(j) 川桐　(k) 加藤　(l) 権藤　(m) 荻窪　(n) 高畠

5.2　次の複合語には連濁が生じるか．生じない場合には,どのような理由から生じないのか．特別な理由がないと思われる場合には,「恣意的」と答えなさい．
　(a) 行き帰り　(b) 日帰り　(c) 草木　(d) 枯れ木　(e) たらたら(流れる)
　(f) 目白　(g) 紋白蝶　(h) 衣装ケース　(i) 女言葉　(j) 長嶋　(k) 無縁坂
　(l) 大阪　(m) マラソン大会　(n) 雨コート　(o) 肌寒い

5.3　次にあげる複合語は,特別な理由から一つのアクセント単位にまとまらない(まとまりにくい)．その理由を言語構造という観点から考察しなさい．
　(a) マルクス・レーニン主義　(b) チェコスロバキア　(c) 一夫多妻
　(d) 京都外国語大学　(e) 阪神大震災　(f) ボストンレッドソックス
　(g) ホテル青森　(h) ジュビロ磐田　(i) オウム真理教

5.4　日本語以外の言語について,形態音素交替の例を観察しなさい．また,それらの交替がどのような条件によって引き起こされているかを分析しなさい．

5.5　日本語と英語以外から3言語以上を選び,複合語(複合名詞)のアクセント(強勢)規則がどのような内容を持つか調べなさい．また,その内容がどのような言語構造(たとえば語順)と相関しているか考察しなさい．

日本語の特質とモーラ

　宙返り 何度もできる 無重力

　上記の五七五は，宇宙飛行士の向井千秋さんが 1998 年秋のスペースシャトル宇宙旅行中に日本に向けて発信した短歌の上(かみ)の句である．この句に下(しも)の句を付けて五七五七七の短歌を完成してほしいというのが向井さんのリクエストであった．このリクエストに対して日本から 14 万句を超える答えが送られ，その中には幼稚園児や小学生からの投句も多数含まれていたということである．文部大臣賞を受賞したのは小学校 4 年生の「宙返り 何度もできる 無重力 水のまりつき できたらいいな」という歌であった．

　向井さんのリクエストに応えることは，日本語の世界で育った人にとってそれほどむずかしいことではない．交通標語などを作るときと同じように，五七五七七と指折り数えていけば，秀作とはいかないまでも，少なくとも定型の詩を作ることができよう．ところが日本語を母語としない人にとっては，この五七五七七と指折り数えることがそれほど容易なことではない．そもそも「宙返り」や「無重力」という単語が五の長さを持っているということが理解できない．英語をはじめとする西洋の言語を母語とする人であれば「ちゅう・が・え・り」，「む・じゅう・りょ・く」のように四つの部分に分けて発音するであろう．「宙返り」や「無重力」がこのような調子であるから，向井さんの句に七七の下の句を付けることは至難の業となる．片言の日本語を話せる人ですらそうであるから，日本語を学んだことのない人なら完全にお

手上げ状態である.

なぜそうなるかというと,日本語と英語などの言語とでは単語を分節する単位が違うのである.日本語はモーラ言語,英語は音節言語と言われてきたように,日本語は「宙返り」「無重力」を「ちゅ・う・が・え・り」「む・じゅ・う・りょ・く」とモーラ単位に分けるのに対し,英語などでは母音を中心としたまとまりである音節を単位として分節するのが一般的である.後者の分節法でいけば,「宙返り」は「ちゅう・が・え・り」,「無重力」は「む・じゅう・りょ・く」となる.モーラと音節の違いを図示すると(1)のようになる(S: 音節,M: モーラ).

(1)

それではこのような分節方法の違いは,どのくらい広範囲な言語現象に現れるのであろうか.また,日本語はそもそも,なぜモーラを単位とした分節方法をとるのであろう.この章ではこのような疑問を念頭に置いて,日本語の特質とされるモーラの現象を考察してみることにする.

6.1 モーラと川柳

モーラの話を始める前に,小学生たちが作った川柳を見てみよう.(2)の川柳はすべてNHK総合テレビ「週刊子供ニュース」(1997年8月10日放送)で紹介されたもので,いずれも1997年の世相を詠み込んだものである.基本的に五七五の定型詩となっていることをヒントに,( )の中に隠されているキーワードを予想していただきたい.

(2) a. 日本中 あっちこっちで (　　　　)
　　 b. 重油より 粘り強いぞ (　　　　)
　　 c. (　　　) も 泣くに泣けない 油漏れ

d. (　　　)から　バトンタッチで　(　　　　)へ
e. (　　　)の　ウソの報告　どうなってんねん
f. 放射能と　(　　　)を一緒に　まき散らす
g. (　　　)　だまして脅して　金儲け
h. (　　　)の　歯が一本で　大騒ぎ
i. (　　　)に　ジェット機戦車　似合わない
j. 箸よりも　(　　　　)が似合う　野茂選手
k. 日米の　ともに(　　　)　野茂英雄

いずれの作品も子供の感性あふれるもので，特に(2a, d, j)の川柳は大人の感覚では出てきにくいものである．大学生に(2)の問題を出してみたところ，たとえば香港の中国返還を詠った(2d)に対して「(イギリス)からバトンタッチで(中国)へ」，「(英語)からバトンタッチで(中国語)へ」のような答えが多く返ってきた．これでは面白味に欠けているし，それに何より字余りの句となっている．

小学生たちが実際に作った句は(3)のようなものである．単純ながら鋭くユーモアに満ちた詩ばかりである．(3a)の句などは英詩と同じような脚韻(「…っち」の繰り返し)まで踏んでいて，非常にリズム感がある．子供ならではの秀作であろう．

(3) a. 日本中　あっちこっちで　たまごっち
b. 重油より　粘り強いぞ　ボランティア
c. 泣き砂も　泣くに泣けない　油漏れ
d. ハローから　バトンタッチで　ニーハオへ
e. 動燃の　ウソの報告　どうなってんねん
f. 放射能と　ウソを一緒に　まき散らす
g. 総会屋　だまして脅して　金儲け
h. 恐竜の　歯が一本で　大騒ぎ
i. 沖縄に　ジェット機戦車　似合わない
j. 箸よりも　フォークが似合う　野茂選手
k. 日米の　ともに英雄(えいゆう)　野茂英雄

(3)の川柳を出したのは，子供の感性をただ賞賛したいからではない．五七五という日本語の詩歌(川柳)のリズム(韻律)を，小学生がすでに体得していることを示したかったからである．(3)の作品の中では(3e, f, g)の3句だけがこの定型からはみ出る句(いわゆる字余り)を含んでいる．(3e)の字余りは「動燃」と「どうなってんねん」の間で脚韻を踏ませるために生じたものであり，五七五というリズムから外れたものではない．そもそも「字余り」という概念自体が，五七五を基本的なリズム構造と認める前提から出てきたものである．また(3f)の字余りも，放射能漏れという意味的制約から致し方ないところであろう．

　ではこの五七五という構造が何を基本単位にしているかというと，それは**モーラ**(mora)である(モーラはしばしば「拍」と訳されるが，この用語は音楽の「拍」と紛らわしいので，本書ではモーラという用語を用いる)．(3a)の川柳を例にとると，「に・ほ・ん・じゅ・う　あ・っ・ち・こ・っ・ち・で　た・ま・ご・っ・ち」とモーラで数えて五七五の定型を作り出している．すでに述べたように，英語話者であれば母音を中心としたまとまりに区切る．同じ句を「に・ほん・じゅう　あっ・ち・こっ・ち・で　た・ま・ごっ・ち」と音節単位に区切るであろう．このようにモーラ以外にも音素や音節など言語の基本単位となっているものはあるが，日本語の五七五は[5モーラ+7モーラ+5モーラ]という構造を意味しているのであって，[5音素+7音素+5音素]や[5音節+7音節+5音節]を意味しているのではない．詩や言葉の「リズム」が「何か特定の単位の繰り返し」，あるいは「その繰り返しから生じる快適な感じ」を意味することを踏まえると，日本語の川柳や俳句，短歌のリズムはモーラを基本単位として，その繰り返しによって作り出されていることになる．

---練習問題 6.1---

　次の句をモーラに区分しなさい．
　(a) 税金も　水も消えてく　干拓地
　(b) お母さん　2パー(％)あげてよ　お小遣い

6.2 モーラ言語と音節言語

　モーラは川柳や俳句，短歌などの詩歌だけではなく，話し言葉においてもリズムの基本単位となっている．このリズム単位はかなり日本語に特徴的なものらしく，それを体得させることが外国人に対する日本語教育においてことのほか重要な課題とされている．たとえば，「とうきょう（東京）」，「かんさい（関西）」という語は「とくしま（徳島）」，「かなざわ（金沢）」と同じ長さを持っていると日本語話者は感じているが，この感覚が日本語学習者にはなかなか体得できない．伝統的な日本語教育ではしばしば手をたたきながら「と・お・きょ・お」と四つに切って発音する練習を行ってきたようである．「東京」という語のリズムを教えるのにどうしてそのような訓練をしなくてはならなかったかというと，何も指導しないと「東京」や「関西」が「とう・きょう」「かん・さい」と発音されてしまうからである．つまり，長母音や撥音などが極端に短く発音され，語全体が「こう・べ」や「な・ら」と同じ長さに聞こえてしまうのである．これでは「ビール」-「ビル」や「サード」-「茶道」-「佐渡」などの区別がむずかしくなり，コミュニケーションに不都合が生じるおそれが出てくる．

　多くの日本語学習者がこのような問題を抱えている根本には，彼らの母語にモーラを基本単位とするリズム感覚がないという事情が存在する．英語をはじめとする多くの言語では「東京」「関西」はともに二つの母音を含む語 (too.kyoo, kan.sai)，すなわち 2 音節の語と分析され，4 音節語である「徳島」(to.ku.si.ma) や「金沢」(ka.na.za.wa) とは異なる長さを有するとされる．つまり，「東京」や「関西」が「神戸」(koo.be) や「京都」(kyoo.to)，あるいは「奈良」(na.ra) と同じ長さ（ここでは 2 音節）を有するものと感じられる．これらの言語では，音節を基本単位として単語を分節し，また単語の長さを測る習慣ができあがっている．このような習慣を持った言語から日本語を学習しようとすると，上記のような問題が生じてくるのである．

　ここで問題となるのがモーラと音節の違いであろう．本書で「音節」と呼んでいるのは英語のシラブル (syllable) の訳語として用いている言語単位である．

この英単語が「束ねる」という意味のギリシャ語に由来することに暗示されているように，「音節」は基本的に母音を中心とする音のまとまりであり，母音のまわりに子音が群がってできた単位である．これはちょうど，母親が子供の手を引いている状態にたとえられる．特定の単語がいくつの音節からできているかは，基本的にその語の中にいくつ母音があるかということでわかる．母音の数だけ音節があるのである．ちょうど母音の公園で遊ぶ母子の集まりを見て，母親の数を数えて家族数がわかる（逆の言い方をすれば，子供の数を数えても家族数はわからない）ということと同じである．さまざまなタイプの音節を図示すると(4)のようになる．子音（子供）の数の違いはあっても，すべて単一の音節とみなされる．

この定義をあてはめると，たとえば「奈良(nara)」という語は [a] という母音を二つ持つ 2 音節語である．また「東京(tookyoo)」という語には [o] という母音が四つあるのではなく，[o:] という音声的に切れ目のない長母音が二つある．つまり音節で数えたときには，「東京」は「奈良」と同じ 2 単位の長さを持っている．

音節がこのように「母音を中心とする音の単位」というように音連続上の形として定義されるのに対し，「モーラ」は「詩や発話における長さの単位」という機能的な側面で定義される．モーラは音節より小さな単位であり，詩や発話において等時的（等間隔）に繰り返される単位を意味する．音節より小さいと言ったのは，単独では音節を作りえない要素も一人前のモーラとして存在しうるからである．モーラは機能的に定義されることから，どのような要素が一人前のモーラとして独立できるかは言語（あるいは方言）によって異なってくる．「な(na)」や「ら(ra)」はどの言語・方言でもモーラとして独立する資格を持っているが，長母音・二重母音の後半部分や鼻子音などは，独自にモーラを形成するかどうかが言語・方言によって異なるのである．日本語（東京方言）では撥音（ん），促音（っ），長母音の後半部分（ー），そして二重母音の第2要素が独立し

たモーラとして振る舞う．ここで二重母音と呼んでいるのは漢語や外来語に特徴的に現れる [ai] や [au] などの母音連続である．一般言語学的には，開口度の大きな母音から小さな母音へと転移する母音連続が**二重母音**，すなわち同一音節を構成する母音連続であると考えられており，一方，[ia] や [uo], [io] などのように開口度の小さな母音から大きな母音へと転移する母音連続は，二重母音ではなく，異なる二つの音節間にまたがる単なる母音連続と考えられている．

　撥音や促音などの要素は単独では語を作れない，または語頭に現れることができないということからもわかるように，自立性が低く，伝統的に「特殊モーラ（特殊拍）」ないしは「モーラ音素」と呼ばれている．撥音や促音は基本的に子音であるから単独では音節を構成しえないし，また長母音・二重母音の第2要素のような母音性の音も，先行する母音に付属する形で音節の中に組み込まれている．いずれも単独では音節を構成しえない単位である．この単独では音節を構成しえないということと関連して，アクセントを担うことができないという機能的な制限も起こってくる（7.4 節参照）．これらの特殊な性格にもかかわらず，単語や発話における長さという点では「な」や「ら」などのように単独で音節を構成できるモーラ（いわゆる「自立拍」「自立モーラ」）と対等の立場にある．「拍」（すなわちモーラ）をなしながらも特殊であるという意味で，「特殊拍」「特殊モーラ」という名前がついているのである．

　今世紀の前半から中頃に活躍したロシアの言語学者 N. Trubetzkoy (Trubetskoi) は，人間の言語を音節言語とモーラ言語に分類することを試みた（Trubetzkoy 1958/69）．**音節言語**とは音節を単位として語の長さを数える言語であり，**モーラ言語**とは音節より小さなモーラを単位として語の長さを数える言語である．Trubetzkoy の分析によると，英語は音節言語，日本語（東京方言）はモーラ言語と分類されている．

　このように日本語を「音節言語」-「モーラ言語」という対立の中で理解し，(3)に例示した川柳のリズムをモーラ言語の現象として捉えてみると，次のような疑問が生じる．

　　(5)　a.　モーラで数えたり，モーラを単位として語を区切ったりするモーラ現象が日本語の言語現象にどのくらい広範囲に見られるのか．

　　　　b. モーラ現象はどのくらい日本語に個別的なものか．日本語以外の言語にどの程度観察されるものか．
　　　　c. もしモーラ現象が日本語をはじめとする一部の言語に特徴的なものだとすると，なぜモーラという単位がそれらの言語だけに出てくるのか．

(5a)の疑問は日本語のモーラ性を問うものであり，(5b)はモーラの普遍性・個別性の問題である．また(5c)はモーラの起源・獲得に関する問題であり，撥音や促音などが日本語においてどのようにして独立した長さの単位として確立されたかという歴史的な問題と，日本語を母語とする子供たちがこの単位をどのようにして獲得するかという言語獲得に関する問題の二つに分解できる．この章ではまず(5c)の問題を簡単に考察した上で，(5a, b)の二つの問題を中心に日本語のモーラ現象を考察してみることにする．

練習問題 6.2

次の句を音節に区分しなさい．
(a) 税金も　水も消えてく　干拓地
(b) お母さん　2パーあげてよ　お小遣い

6.3　モーラの獲得

(a)　モーラ言語の起源

　日本語の基本的な音節構造は［子音＋母音］であると言われる．現代日本語にはこれ以外の構造も許容されるようになってきているが，日本語の歴史をさかのぼって奈良時代まで行くと，実質的にすべての音節がこの構造となる．つまり，どの単語も子音と母音の単純な繰り返しによって構成されていた．このような画一的な音節構造を持つ言語では，音節とモーラが形の上で完全に一致するために，この二つの音韻単位を区別して考える必要はない．音節という概念だけを想定すれば十分であり，音節言語とみなすことができる．

6.3 モーラの獲得

　これに対して，現代日本語では音節とモーラの二つの単位を区別して考える必要がある．その理由は音節構造が奈良時代のものより複雑になっており，[子音+母音]という構造に加えて[子音+母音+子音]という構造も許容するようになっていることと，母音に長さの対立が生じ，さらには[ai]や[au]のような二重母音が発生していることによる．後者について言えば，同じ[子音+母音]に[子音+短母音]，[子音+長母音]，[子音+二重母音]の三つの構造が存在しているのである．このような多様な音節構造を抱える言語では，[子音+母音]だけでなく，母音の後ろの子音や，長い母音(長母音や二重母音)の後半部分も独立したモーラ(つまり長さの単位)を構成する可能性が出てくる．ここで子音をC，短母音をV，長い母音をVVと表すと，CVという音節が1モーラの長さを持つのに対し，CVCやCVVという音節が[CV+C]，[CV+V]という形の2モーラの長さを持つことが可能となるのである(ちなみに，母音の前の子音は音節の長さには関与しない)．先に述べたように，CVの後ろのCやVが独立したモーラとなるかどうか(つまりCVと同じ長さを持つかどうか)ということは基本的に個別言語の問題であり，この選択によって(6)のような3種類の言語グループが生まれる．このうち(6c)のグループはモーラが音節から独立しないタイプであり，音節言語と呼んでよいものである．

(6)　　a. Aグループ　　　b. Bグループ　　　c. Cグループ
　　　　CV=1モーラ　　　　CV=1モーラ　　　　CV=1モーラ
　　　　CVC=2モーラ　　　 CVC=1モーラ　　　 CVC=1モーラ
　　　　CVV=2モーラ　　　 CVV=2モーラ　　　 CVV=1モーラ

　現代日本語(東京方言)は(6a)のタイプに属している．つまり，CVからはみ出る要素(撥音や促音のような子音性の要素と，長母音・二重母音の後半部分のような母音性の要素)がすべてCVと対等の立場をなし，独立したリズム単位として振る舞っているのである．

　このように見てみると，日本語(東京方言)が音節から独立した単位としてモーラを必要とするようになった歴史的な契機は，CVCやCVVという音節構造を持つようになったことであることがわかる．ではどのようにしてこれらの音節構造を許容するようになったかというと，その背景には中国語からの借用

という外的な要因と，日本語独自の音変化という内的な要因の二つが考えられる．このうち外的な要因は比較的単純なもので，中国語を借用する過程において中国語が持っていた CVC や CVV という音節構造をそのまま許容するようになったということである．漢語にこのタイプの音節構造が多いことは，(7)に示すような訓読み(和語)と音読み(漢語)の違いを比較してみるとよくわかる(ドット(.)は音節境界を表す)．

(7) 音: おと(o.to)-おん(on)
川: かわ(ka.wa)-せん(sen)
声: こえ(ko.e)-せい(sei)
名: な(na)-めい(mei), みょう(myoo)
松: まつ(ma.tu)-しょう(syoo)

中国語からの借用という外的要因と並行して，日本語の内部でも独自の変化が起こる．音節構造に大きな影響を及ぼしたのが，**音便**と呼ばれる音変化である．音便には，子音を削除して [i], [u] という母音を残す**イ音便**, **ウ音便**と，逆に母音を削除して撥音や促音を残す**撥音便**, **促音便**の合計4種類がある．これらのすべてが CV 以外の音節構造を作り出すことになる．(8)にこれらの変化の具体例をあげる．

(8) a. イ音便　泣きて(nakite) → 泣いて(naite)
月立(tukitati) → 一日(tuitati)
b. ウ音便　早く(hayaku) → 早う(hayau) (→ hayoo)
有りがたく(arigataku) → ありがたう(arigatau)
(→ arigatoo)
c. 撥音便　読みて(yomite) → 読んで(yonde)
をみな(womina) → 女(omna → onna)
d. 促音便　持ちて(motite) → 持って(motte)
男人(ohito) → 夫(otto)

(8)の変化を一つ一つの音の変化と捉えると，イ音便・ウ音便と撥音便・促音便は異なる性格を持っているように見える．つまり，前二者は子音を削除する変化であるのに対し，後二者は母音を削除する変化である．しかしながら音

節構造という点から眺めると，両者の共通性が見えてくる．イ音便とウ音便はCV音節の連鎖(CVCV)から子音を削除することによってCVVという音節を作り出し，撥音便と促音便は同じ連鎖から母音を削除することによってCVCという構造を作り出している．ともに2モーラの長さを持つ可能性のある音節構造を作り出しているのである．

もちろん，中国語の影響や音便という音変化によって，それまでなかったCVC，CVVという音節構造がCVと並んで許容されるようになったと言っても，それがそのままモーラの発生につながるわけではない．言語の中にはこのような音節構造を許容しても，音節とモーラを対立させていない言語が存在している．日本語だけ見ても，7.3節で述べる鹿児島方言は音節と対立したモーラという単位を持たない(あるいはモーラが何ら積極的な働きを持たない)．この方言ではCVと並んでCVCやCVVという音節が存在しているが，CVが後二者と音韻的な対立を示さず，すべての音節構造が同じ長さを持っているように振る舞うのである．言い換えるならば，音節構造は東京方言と同じように多様でも，CVからはみ出した部分をCVから独立した音韻単位として確立していないのである．東京方言や近畿方言でCVとCVC，CVVが異なる扱いを受けるようになったということは，これらの方言がもともとモーラ性を持っていた，つまりCVという音節構造だけの時代からモーラと音節が対立する素地を体系内に持っていたということを示唆している．

――練習問題6.3――――――――――――――――――――――
音便が日本語の音節構造にどのような影響を及ぼしたか説明しなさい．

(b) モーラの言語獲得

日本語がモーラと音節を区別するようになった歴史的ないきさつを理解した上で，次に現代の日本語話者がモーラという音韻単位を獲得する過程を考えてみよう．モーラの獲得とは，日本語話者がどのようにして「とうきょう」や「かんさい」という語を「とくしま」や「かなざわ」と同じ長さと認識するようになるかという問題である．母音を中心とするまとまり(すなわち音節)で見

ると「とうきょう」や「かんさい」は2単位であるにもかかわらず,「と・う・きょ・う」,「か・ん・さ・い」と四つの単位に区切り,「なら」のほぼ2倍の時間で発話するようになるのはなぜなのか．この問題はモーラ言語の起源をめぐる問題と同じく，撥音の「ん」や促音の「っ」などの要素が単独では音節を構成しえないにもかかわらず，どのようにして長さの単位として自立できるようになるのかという問題である．

　この言語獲得の問題は残念ながらあまり研究が進んでいない．研究の対象が幼児となることもあり，統計的な分析に耐えるだけの十分なデータが集まりにくいというのが，その一つの理由である．ここでは，これまでに提示された文字起源説とリズム説の二つの仮説を紹介しながら，それぞれの問題点を考えてみたい．文字起源説は，かな文字という文字の獲得によってモーラという音韻単位の獲得が引き起こされるという仮説である．これは，日本語のひらがなとカタカナが基本的にモーラと1対1の対応を示しているから，かな文字を学習することによって撥音や促音を1モーラの長さに認識し，また長母音や二重母音を2モーラの長さとして捉えることができるようになるという解釈である．

　たしかに日本語のかな文字はモーラという音韻単位と基本的な対応を示す．「ビル」-「ビール」のペアを見ると，前者はかな文字で2文字，後者は3文字で書き記される．「町」-「マッチ」のペアも同じである．「佐渡(さど)」-「サード」-「茶道(さどう)」であっても，最初の語は2文字，後の2語は3文字で表記され，2モーラ，3モーラという音韻的な長さと一致する．文字が3文字であるから発音上も三つの単位に分割し，また2文字の語の1.5倍の長さで発音するということは十分ありうることであろう．有名な音声学者のKenneth Pikeが"Phonemics"(音素論，音韻論)という著書の副題 'A Technique for Reducing Languages to Writing'(言語を文字体系に還元する技術)において「言語の音の体系はその言語の文字体系によく現れる」ということを示唆しているが，この音体系と文字の一般的な関係が日本語に成立していても何ら不思議ではない．

　しかしながら，この文字起源説にはいくつか反証が存在する．その一つは，かな文字とモーラが完全には一致しないという事実である．「とうきょう」の例からもわかるように，「きょ」という音は1モーラの長さしか持たないにもかか

わらず，かな文字二つと対応している．「ょ」が小さい文字ではないかという指摘もあるかもしれないが，そうであれば促音の「っ」が自立したモーラを構成するということが逆に説明できなくなってしまう．「きょ」に限らず，中国語から入ってきた拗音はすべて 1 モーラの長さで発音されるにもかかわらず，表記上は 2 文字である．文字の知識をもとにモーラという音韻単位を形成していくのであれば，言語獲得期の少なくとも一時期において拗音を 2 モーラの長さで発音するというデータがあってもよさそうなものであるが，そのような観察は報告されていない．これまでの報告を見る限りでは，拗音ははじめから「き」や「よ」と同じく 1 モーラの長さで発音されているようなのである．

　文字起源説に疑問を投げかける証拠は，かな文字をまだ知らない幼児の発音を直接観察するところからも出てくる．かな文字を習っていない 2〜4 歳の子供の発音を聞いてみると，「ボール」や「マット」などの語が成人の音形に近い状態で発音されている．少なくとも，これらの語が「ボル」や「マト」と聞こえることはほとんどない．子音の発音に少々問題はあっても，長音や促音はかなりしっかりと発音されている印象を受ける．音声産出の側面だけではない．音声知覚という側面を見ても，3 歳児に「サード」(あるいは「茶道(さどう)」)という語の成人発音を聞かせて，「佐渡」と聞こえたか「サード」と聞こえたかを指を使って尋ねてみると，ちゃんと「サード」を意味する指の方をつかんでくる．このくらいの年齢で，少なくとも母音の長短の区別はかなりしっかり獲得しているのである．

　この種の簡単な実験をもう少し複雑にした実験を伊藤友彦と辰巳格が行っている(伊藤・辰巳 1997)．彼らは文字をまだ習っていない子供たちを対象に，「りんご」や「ぼうし」，「いちご」といった基本的な単語を分節させる実験を実施した．この実験報告によると，かな文字を知らなくても「りんご」や「ぼうし」を「いちご」と同じように三つの単位に分節できるという．つまり「い・ち・ご」と同じように「りんご」を「り・ん・ご」，「ぼうし」を「ぼ・お・し」と分節できるというのである．このことは，かな文字の知識がなくても「りんご」を三つの単位(すなわちモーラ)に分節し，三つ分の長さの語として認識できていることを示唆している．このような実験結果を考えると，かな

文字の獲得がモーラの獲得を促進するという可能性は否定できないものの，前者が後者を引き起こす直接的な要因となっているとは考えにくい．

このように文字起源説は複数の根拠から支持しがたいものである．この説と並んで考えられるのが「リズム説」である(Cutler et al. 1983 参照)．この説は，子供が成人の発話を聞き，そこに聞こえてくるリズムをもとにして音の流れを分節し，また単語の長さを測ることができるようになると解釈する．日本語の成人発話の中で撥音や促音が自立モーラと同じくらい長く発音されており，そのような音声を聞いているうちに(成人の音体系で)特殊モーラとなっているものを自立モーラと同じ長さで発音できるようになり，ひいてはモーラを単位とする日本語の発話リズムを獲得するというものである．この説は文字起源説が抱える問題を解消できるという点において優れており，内容的にも説得力のある説であるが，その妥当性はまだ十分に検証されていない．まず何よりも，どのようなことをどのようにして立証すればこの仮説の妥当性が検証できるのか，研究はそこから始まらなくてはならないのである．

練習問題 6.4

モーラの獲得に文字が影響を及ぼしているのではないかという仮説が出てくるのはなぜか．また，モーラとかな文字の間にずれが生じるのはどのような場合か．

6.4 歌謡とモーラ

日本語のモーラ特性がよく現れるのが伝統的な歌謡である．以前からしばしば指摘されてきたように，日本語の歌謡では一つのモーラに対して一つの音符が付与されているのが原則となっている．たとえば「とんでった」という語に対しては，「と」や「た」のような自立モーラだけでなく「ん」や「っ」のような特殊モーラにも独立した音符があてがわれている(図6.1 参照)．特殊モーラが独立していない場合があっても，自立モーラだけからなる音節より長い音符が付与される傾向が強い．つまり，自立モーラと特殊モーラのまとまりに対

して一つの音符があてがわれている場合でも，たとえば八分音符ではなく四分音符が付与されるというように，全体として2モーラ分の長さが与えられる傾向がある．このことは，作曲家が歌詞にメロディーを付ける作業において，歌詞（単語）をモーラの連続に分け，各モーラに一つずつ音符をあてがいながらメロディーを付けていることを示唆している．

図 6.1 「鞠と殿様」の楽譜（『NHK 日本の歌・ふるさとの歌 100 曲』講談社，1991 年より）

これは英語などの言語の歌謡に見られる語の分節法とは基本的に異なるものである．英語では図 6.2 の楽譜に見られるように，一つ一つの音節に対して音符が付与されるのが大原則であり，母音が短いか長いかというような違いや音節構造の違い（母音に子音が後続しているかどうかということなど）は問題とな

図 6.2 "Mary Had a Little Lamb"(メリーさんの羊)の楽譜
(『英語の歌』岩波ジュニア新書, 1991 年より)

らない. 作曲家が歌詞を音節に区切って作曲していることがうかがえるのである.

このように日本語と英語の歌謡はモーラを単位とするか, 音節を単位とするかという点において際だった違いを見せるのであるが, 日本語の場合にモーラを基調とする原則に例外がないわけではない. 一つの音符に二つのモーラが付与されている例が少なからず見られる. これがどのような場合に生じるかについて, 論理的には(9)に示した二つの可能性が考えられる(M と S はモーラと音節をそれぞれ表し, ♪は不定の長さの音符を意味する). (9a)は 1 音符にまとめられた二つのモーラが一つの音節にまとまる場合, 言い換えれば, 音符と音節が 1:1 の対応を示す構造である. これに対して(9b)は問題の 2 モーラが独立した音節を構成し, 音符と音節との間にも 1:1 の対応関係が見られない場合である.

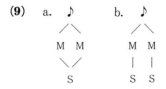

『NHK 日本の歌・ふるさとの歌 100 曲』(講談社刊, 1991 年)に収められた 100

曲について1番の歌詞と楽譜を照合したところ，表6.1のような結果が得られた(窪薗1999)．つまり，2モーラに1音符が付与された204例のうち，(9b)のパターンを示すものはわずかに2例(1%)であり，残りはすべて音符が音節と対応する(9a)のパターンを示すものである．

表 **6.1** 音符とモーラ・音節の対応(204 例)

パターン	頻度
(9a)	202 例
(9b)	2 例

この統計結果は，「1モーラ=1音符」という大原則に違反するものにも条件があり，ほとんどすべてが「1音節=1音符」という補助的な原則に従うものであることを意味している．上で述べたように後者は英語の歌謡に見られる原則である．では，この「1音節=1音符」という補助的な原則はどれほど強い原則であろうか．言い換えるならば，この補助的と見られる原則と「1モーラ=1音符」の大原則はどのように補完しあっているのであろうか．

この疑問を解くために，「かん」や「ちょう」のように2モーラからなる音節が音符とどのように対応しているかを上記の100曲について調べてみた．具体的には，「かん」や「ちょう」のような2モーラ音節が(10a)のように二つの音符と対応しているか，それとも(10b)(=9a)のように一つの音符を付与されているかを見たわけである．「1モーラ=1音符」の原則が強固なものであれば(10a)の方が(10b)よりもはるかに多くなることが予想され，逆に日本語の単語がモーラではなく音節をもとに分節されている場合には(10b)が(10a)よりも多くなることが予想される．

(10) a. ♪ ♪   b. ♪
   │ │   ／＼
   M M M M
   ＼／   ＼／
    S   S

この分析から得られた結果は表6.2のようなものである．全体の588例(つ

まり588音節，1176モーラ)のうち，(10a)が66%を占めている．つまり特殊モーラの2/3が独立した音符を付与されているわけである．これは従来から言われてきた「日本語=モーラ言語」という仮説を裏づける数字と言えよう．しかしその一方で，(10b)のパターンが34%を占めるという事実は予想を超えるもののように思える．これは，2モーラが1音節を構成する場合に，そのほぼ1/3がモーラではなく音節をもとに分節されているということである．分節単位としての自立性という意味では，特殊モーラと呼ばれているものの1/3が語の分節単位として独立していないということである．あるいはモーラ言語-音節言語という観点から見ると，日本語が完全な意味でのモーラ言語ではなく，音節も語の分節単位として補助的な役割を果たしていることを意味している．日本語に音節性も否定できないというわけである．

表6.2 2モーラ音節と音符の対応(588例)

分節パターン	頻度(%)
(10a)	386(65.6)
(10b)	202(34.4)

では，表6.2に示した(10a)と(10b)の選択はどのような要因によって決定されるのであろうか．言い換えるならば，「かん」や「ちょう」という音節を1音符にまとめるか，それとも2モーラに分節して2音符を付与するかという選択はまったく恣意的なものであろうか，それとも言語学的な要因によってある程度予測できるものであろうか．表6.2の結果をさらに詳細に分析した結果では，答えは後者である．(10)に示した二つの分節パターンの分布を支配している言語学的要因の中でもっとも重要なものは，特殊モーラの中身である．すでに述べたように，日本語の特殊モーラは撥音(N)，促音(Q)，長母音の後半(R)，二重母音の後半(J)の4種類に分類される．これらの四つの要素が楽譜上において自立しているかどうか(つまり独立した音符を付与されているかどうか)を見たところ，表6.3のような結果が得られた．ちなみに二重母音については，[ai]という母音連続を分析の対象としている([au]や[oi]などの二重母音はほとんど出現していない)．

表 6.3 特殊モーラ間の自立性の差異

特殊モーラ	分節パターン		計
	(10a)	(10b)	
/J/	158(94%)	10(6%)	168
/R/	96(70%)	41(30%)	137
/N/	104(51%)	101(49%)	205
/Q/	28(36%)	50(64%)	78
計	386(66%)	202(34%)	588

表 6.3 の結果から，特殊モーラ間の差異がかなり大きいことがうかがえる．つまり，同じ特殊モーラと呼ばれるものでも，二重母音の後半と長母音の後半は自立性が非常に高く，逆に撥音や促音は自立性が低くなることがわかる．母音性の要素が子音性の要素よりモーラとしての自立性が高いということは当然の結果であろう．また促音より撥音の方が自立性が高いという結果もこの延長線上にあり，子音の中でも母音に近い撥音(ん)の方が子音性の強い促音(っ)よりも分節単位として自立しやすいということを意味している．これに対して，二重母音の後半要素の方が長母音の後半より長さの単位として自立しやすいという結果は何を意味するのであろうか．一つの可能性として，二重母音性の連母音の方が長母音より大きな音色の違いを含んでいるという事実と関連づけることができる．これは，前者の方が音色の違いを含む分だけ二つのモーラ連続として認識されやすいという解釈である．

ところで，特殊モーラ間にこのような自立性の差異があることは，歌謡だけに見られる現象でもなければ，また日本語だけに観察される現象でもない．日本語の方言研究(上野 1984)によると，日本語の方言でモーラとして自立する傾向がもっとも高いのが二重母音の後半要素であり，その後に長母音の後半，撥音，促音がこの順番で続くという．二重母音や長母音の後半要素が自立化する一方で撥音や促音がモーラ化していない方言はあっても，その逆の関係，つまり撥音や促音がモーラ化していながら母音性の特殊モーラがモーラ化していない方言はないというのである．表 6.3 の結果は，この法則と見事に一致するものである．

モーラ性が音の母音性・子音性と相関するということは，じつは日本語だけに観察される現象ではない．発音時にどのくらい声道が狭められるかという母音性・子音性の尺度とモーラとしての自立性の関係を一般言語学的観点から考察した D. Zec の研究によると，モーラとしてもっとも自立しやすいのは母音性の音であり，それに続くのが鼻音([m], [n])や流音([r], [l])である(Zec 1995)．逆にもっとも自立しにくいのが母音性の低い阻害音(閉鎖音や摩擦音，破擦音)であるという．日本語との比較でいうと，二重母音や長母音の後半要素がモーラとして自立しやすく，その後に撥音と促音がこの順番で続くことになる．Zec の分析を CVX (X は任意の要素)という音節構造に即して説明するならば，CVV という構造が CVN より 2 モーラとなりやすく，さらに CVN が CVO よりも 2 モーラとなりやすいというのである(尾子音の N は鼻音および流音を，O は阻害音を表す)．この分析は，CVV が 2 モーラとして機能しながら CVN や CVO が 2 モーラとして機能しない言語はあっても，逆に CVO が 2 モーラでありながら CVV や CVN が 2 モーラとならないような言語は存在しないという観察に基づいている．もう少し具体的に言うと，核母音に後続する要素(CVX の X)の中でどの要素がモーラ性を帯びるかによって，言語を表 6.4 の四つのタイプに分類できると言うのである．この分類に従うと，現代日本語(東京方言，近畿方言)は(A)のタイプに属することになる．一方，音節を基本的な音韻単位とする鹿児島方言は(D)のタイプに属することになる(7.3 節)．

表 6.4 モーラに基づく言語の分類

音節タイプ＼言語タイプ	A	B	C	D
CV	1 モーラ	1 モーラ	1 モーラ	1 モーラ
CVO	2 モーラ	1 モーラ	1 モーラ	1 モーラ
CVN	2 モーラ	2 モーラ	1 モーラ	1 モーラ
CVV	2 モーラ	2 モーラ	2 モーラ	1 モーラ

Zec の研究では二重母音と長母音の区別がなされていないために，日本語でいう二重母音と長母音の後半要素(表 6.3 の /J/ と /R/)の違いは明確ではない．また表 6.4 の分類は音韻規則の中における音の(モーラとしての)自立性を問題

にしており，語の分節単位としての自立性を問題にしているわけではない．にもかかわらず両者の間に完全と言えるほどの一致が見られるということは，音韻単位としての自立性を決める尺度と分節単位としての自立性を特徴づける尺度が共通のものであり，その尺度が音の母音性と強く相関していることを意味している．また，多くの言語の分析を通して導き出された表 6.4 の類型が日本語の事実と完全に一致していることから，日本語の歌謡に見られる特殊モーラ間の自立性の違いが日本語独自の原理に従っているのではなく，言語一般に共通する原理によって支配されていることがわかる．日本語に特有の現象ではないことを意味している点において，非常に興味深いものと言える．

練習問題 6.5

日本語の歌謡を 1 曲選び，モーラが分節単位としてどのように関わっているかを考察しなさい．

6.5 言い間違いとモーラ

前節では，現代の日本語（東京方言）が基本的にモーラ性の高い言語であることを歌謡の分析を通して論証した．モーラ言語としての日本語の特徴は，言い間違いという無意識の音声産出現象にも明確に現れてくる．ここで「モーラ性」と呼んでいるのは，特殊モーラが自立モーラと比べどのくらい自立性を示すかという尺度であり，自立モーラと区別できないほどの自立性を示せばモーラ性が高く，逆にそのような自立性が低ければモーラ性が低いということになる．特殊モーラに自立性がまったく見られない場合には，CVV や CVC が CV とまったく同じ振る舞いをするということであるから，その言語は音節言語ということになる．

(a) 交換エラー

このような観点から日本語の言い間違い現象を眺めてみると，特殊モーラと呼ばれている 4 種類の音が分節単位としてほぼ自立しているという結果が得ら

れる．まずは(11)にあげた交換エラーの例を見てみよう((11f–h)は幼児の言い間違いである)．

(11) a. ゴミが目に入った → 目がゴミに入った
b. あなた，人間は顔じゃないよ
→ あなた，顔は人間じゃないよ
c. てっきんコンクリート(tekkin kon…)
→ こっきんテンクリート(kokkin ten…)
d. いんをふませる(in o humaseru)
→ ふんをいませる(hun o imaseru)
e. アラブじん(arabuzin) → アラジブン(arazibun)
f. ケチャップ(ketyappu) → チャケップ(tyakeppu)
g. ポケット(poketto) → コペット(kopetto)
h. さそり(sasori) → さしろ(sasiro)

4.2節で見たように，交換エラーとは同一文脈上にある二つの要素が入れ代わる間違いである．たとえば(11a, b)の例では同一文に前後して現れる二つの名詞が交代している．(11g, h)では交換される単位がずっと小さくなり，それぞれ子音–子音，母音–母音の交代と見ることができる．それでは(11c–f)では何が入れ代わっているのかを考えてみると，これがモーラである．(11c)の例では「てっきん(鉄筋)」という語の最初のモーラが，「コンクリート」という語の最初のモーラと入れ代わっており，(11d)では「いん(韻)」と「ふませる」の最初のモーラ同士が交代している．さらに(11e)では「アラブ人」という語の3モーラ目と4モーラ目が，(11f)では「ケチャップ」の最初の2モーラが入れ代わっている．これらの例では，2モーラからなる音節(てっ，コン，いん，じん，チャッ)がモーラ境界で二つに分割され，その一方のモーラが同一文脈上の別のモーラと交代を起こしているのである．このような例は，日本語話者の頭の中で語がモーラを単位として分節されていることを示唆している．

(11)の言い間違いは自然発話に偶発的に起こったものであるが，中には日本語の中で確立されてしまったものもある．(12)に代表的な例を二つあげておこう．(12a)では2モーラ目と3モーラ目が交代し，(12b)では2モーラ目と4モ

ーラ目が交代している．いずれも音節より小さく，音素より大きな単位が入れ代わっている．

(12) a. さ<u>ん</u>ざ<u>か</u>(sa<u>n</u>za<u>ka</u>) → さ<u>ざん</u>か(sa<u>zan</u>ka) [山茶花]
　　 b. り<u>う</u>た<u>ん</u>(ri<u>u</u>ta<u>n</u>) → り<u>ん</u>た<u>う</u>(ri<u>n</u>ta<u>u</u>) (→ りんどう(rindoo)) [竜胆]

ところで，日本語の言い間違いでは入れ代わっている単位があいまいな例も多数観察される．たとえば(13)の例は隣接する2モーラが入れ代わっているとも解釈できるし，子音同士が交換しているとも見ることができる．

(13) エレベーター(erebeetaa) → エベレーター(ebereetaa)
　　 a. エ<u>レ</u>ベ<u>ー</u>ター(e<u>re</u>b<u>ee</u>taa) → エ<u>ベ</u>レ<u>ー</u>ター(e<u>be</u>r<u>ee</u>taa)
　　 b. エ<u>レ</u>ベ<u>ー</u>ター(e<u>re</u>b<u>ee</u>taa) → エ<u>ベ</u>レ<u>ー</u>ター(e<u>be</u>r<u>ee</u>taa)

(13)のようなあいまいな例はあるものの，日本語のデータを見たときにモーラを分節単位とするエラーが多いのは否定できない．とりわけ重要なのが英語をはじめとする他の言語と比較するという視点である．英語における言い間違いの研究は多く，収集されたデータも多数に及んでいる(Fromkin 1973)．そのデータを同じように分析してみると，(14)のように母音の前の子音同士(つまり頭子音と頭子音)を交換するエラーが多数に及び，モーラを単位とするものは皆無に近い．

(14) <u>N</u>ew <u>Y</u>ork → <u>Y</u>ew <u>N</u>ork
　　 you <u>b</u>etter stop for <u>g</u>as → you <u>g</u>etter stop for <u>b</u>ass
　　 <u>H</u>ockett or <u>L</u>amb → <u>l</u>ocket or <u>h</u>am (Hockett, Lamb はともに言語学者の名前)
　　 <u>Ch</u>omsky and <u>H</u>alle → <u>H</u>omsky and <u>Ch</u>alle (Chomsky, Halle はともに言語学者の名前)

英語のエラーでは，日本語のようにCVVやCVCという構造の音節がCVとV，またはCVとCに分かれてしまう例は少ない．つまり二重母音や長母音が二つの部分に分割したり，一つの音節が母音とその後ろの子音(尾子音)とに分かれてしまうということは(かりにあったとしても)ほとんどないのである．このように対照言語学的観点から日本語の交換エラーを分析してみると，モー

ラ境界で語を分節するタイプのエラーが日本語の際だった特徴として浮かび上がってくる．

練習問題 6.6

「くつした → つくした」という言い間違いは，何と何が交換したエラーと分析できるか．

(b) 代入エラー

交換エラーと同じ特徴が代入エラーにも現れる．代入エラーとは同一文脈上でAという要素がBという要素に取って代わる現象である．まずは例を見てみよう．

(15) 代入エラー
  a. げんばくドーム（genbaku doomu）
   → げんどくドーム（gendoku doomu）
  b. モーターバイク（mootaa baiku）
   → モイターバイク（moitaa baiku）
  c. コーチャン副会長（kootyan huku…）
   → コーチャー副会長（kootyaa huku…）
  d. 15パーセント（paasento）→ 15パンセント（pansento）
  e. くうぼミッドウェー（kuubo middowee）
   → くっぼミッドウェー（kubbo middowee）

(15)の例ではいずれもCVVやCVCという2モーラ音節がCVとVあるいはCVとCという二つのモーラに分割され，その一方が他のモーラの位置に侵入している．(15a)では/doo/の最初のモーラ/do/が先行する/ba/というモーラにとって代わり，(15b-e)ではCVVないしはCVCの二つ目のモーラが他の音節の二つ目のモーラの位置に入り込んでいる．後者は特殊モーラが別の特殊モーラに取って代わった例である．

交換エラーの場合と同じように，解釈があいまいとなる例も少なからず観察されている．たとえば(16)の例は音節全体（kanとkai）の代入とも，［母音＋尾

子音]の部分(an と ai)の代入とも，あるいはモーラ間(n と i)の代入とも解釈できる．

(16) かんけいかいぜん → かいけんかいぜん［関係改善］
　　a. 音節の代入: ka̱nkei ka̱izen → kaiken kaizen
　　b. VC の代入: ka̱nkei ka̱izen → kaiken kaizen
　　c. モーラの代入: ka̱nkei ka̱izen → kaiken kaizen

しかしながら，日本語のデータを英語のデータと比較した場合，日本語に(15)のようなモーラ単位の代入エラーが際だって多いのは事実である．英語の場合には(17)の例のように音節初頭の子音同士で影響しあうことが多く，日本語のように［子音+母音］が単位となって動いたり，あるいは二重母音や長母音が分割されるということはほとんどない(Fromkin 1973)．

(17) a. r̲eading l̲ist → l̲eading l̲ist
　　b. a r̲eal m̲ystery → a m̲eal m̲ystery
　　c. Fillmore's c̲ase grammar → Fillmore's f̲ace grammar
　　d. s̲he can s̲ee it → s̲he can s̲he it

英語では(15c-e)のように母音が子音に取って代わったり，子音が母音の場所に侵入したりすることは皆無である．(15)のような言い間違いは英語の視点から見るときわめて奇妙に思えるのであるが，モーラという単位を仮定するとすべて一貫した説明が可能となる．

---練習問題 6.7---
「ステーション → ステンション」はどのような性格の代入エラーか．

6.6 混成語とモーラ

(a) 混成語エラー

混成とは意味がよく似た二つの要素が人間の頭の中で混同され，一つの語や句として現れる現象である．無意識のうちに起こるものを**混成エラー**(blend error)と言い,意識的に作り出されるものを**混成語**や**混成句**,あるいは**混成文**と言う.混成文は文同士が混同されるもの,混成句と混成語はそれぞれ句表現同士,語同士が混同されたものである.それぞれ言い間違いとして生じたもの(混成文エラー,混成句エラー,混成語エラー)として次のような例がある.( )に入れていない部分が結果的に話者によって結合された部分である.

(18) 混成文エラー
  a. 頭痛が(する)／(頭が)痛い → 頭痛が痛い
  b. 次の駅は(大阪です)／(次は)大阪に止まります
   → 次の駅は大阪に止まります
  c. 3位でゴールイン(しました)／(3位でゴール)に入りました
   → 3位でゴールインに入りました
  d. 的を(射た)／(当を)得た → 的を得た

(19) 混成句エラー
  a. やめ(て)／(し)ないで → やめないで
  b. した／(して)ない → したない

(20) 混成語エラー
  a. タク(ト)／(しき)ぼう[指揮棒]→ たくぼう
  b. ム(ード)／(ふ)んいき → むんいき
  c. ひと(つ)／(いっ)さい → ひとさい[一歳]
  d. パン(フレット)／(プロ)グラム → パングラム
  e. 止ま(れ)／(スト)ップ → とまっぷ
  f. ど(うして)／(な)んで → どんで
  g. ね(こ)／(にゃ)んこ → ねんこ

3種類の混成のうち,ここでは(20)の混成語エラーを問題にしたい.混成語は品詞を同じくする類義語(あるいは反義語)が混同されて一つの新しい語として産出される現象であり,1語の前半部分ともう一つの語の後半部分が結合されることが多い.混成語エラーはこのようなプロセスが話者の頭の中で起こり,無意識の言い間違いとして産出されるものである.たとえば(20a)の例では,「タクト」と「指揮棒」という同義語が混同され,「タクト」の「タク」と

「指揮棒」の「ぼう」が結合して「たくぼう」という無意味語を作り出している．ここで問題となるのが，入力となる 2 語がそれぞれどの位置で分節され，結合しているかということである．(20a)の場合には「タクート」「しきーぼう」という切れ方をするが，これが何の切れ目であるかが問題となる．

この結合点をめぐる問題はそれほど単純ではない．(20a)を例にとると，「タクート」という分節は音節で切れているともモーラで切れているとも解釈できる．「ク」と「ト」の境界はモーラの境界であると同時に音節の境界でもあるからである．同様のあいまい性が「しきーぼう」の解釈にも生じる．この場合には「き」と「ぼ」の間に形態素(意味単位)の境界もあるから，音節，モーラ，形態素の三つの境界と解釈できるのである．(20b)の場合も同様である．この例を(20b)のように示すと，音節内部のモーラ境界で切れているように見える．すなわち「ムー」「ふん」という長い音節が途中のモーラ境界で切れているように見える．しかし(21)のように音素表記してみるとわかるように，音節(あるいはモーラ)内部の子音と母音の間で切れているという解釈も成り立つ(ドット(.)は音節境界を表す)．

(21)　m(uu.do) / (h)un.i.ki → mun.i.ki

このように複数の解釈が成り立つ背景には，日本語が五つの母音しか持たず，音節構造も比較的単純であること，そして上記の「タクト」の例のように，音節境界とモーラ境界が大部分共通するという要因が存在している．このような要因により，混成語エラーの大半が結合点のあいまいなエラーということになってしまうのである(筆者が分析した 75 例の日本語混成語エラーのうち，結合点にあいまい性のない例は 9 例にすぎない(Kubozono 1989))．しかしながら，解釈があいまいな例のほとんどがモーラ境界で結合したと解釈できるものである．さらには一つの解釈しか許さない例を分析してみると，そのほとんどが(20e–g)のように厳密にモーラ境界で分節・結合している例である．これらがあいまいでないことを発音(音素)表記で示してみよう．

(22)　a.　to.ma.(re) / (su.to)p.pu → to.map.pu
　　　b.　do(o.si.te) / (na)n.de → don.de
　　　c.　ne.(ko) / (nya)n.ko → nen.ko

(22a)では「ストップ」が「トッ」という長い音節の間で切れている．(22b)と(22c)でも「どう」「なん」「にゃん」という2モーラ音節の中のモーラ境界で分節が生じている．これらは音節境界での分節，あるいは子音と母音の間の分節とは解釈することのできない例である．

このような分節方法は英語の混成語エラーではほとんど観察されない．二重母音や長母音が真ん中で分断されることはまずなく，またCVCという音節がCVとCの間で切れることも多くない．問題の音節がCVであってもCVCやCVVであっても，切れ目が生じるのは最初のCとVの間がほとんどである．(23)に典型的な例をあげる．

(23) a. T(om) / (J)er.ry → Ter.ry
b. Ch(om.sky) / (H)al.le → Chal.le
c. sm(art) / (cl)ev.er → smev.er

このように日本語と英語の混成語エラーを比較してみると，結合点に関する両者の違いは明白である．日本語では結合点のあいまいな例が多いとはいうものの，モーラ境界で結合していると解釈できる(あるいは解釈すべき)例が多い．これに対して，英語の場合には，前節で見た交換エラーや代入エラーの場合と同じように，語頭の子音(あるいは子音群)と母音の間に結合点がある場合がほとんどである．ここでも日本語のデータを理解するためには，モーラという単位を語の基本的な分節単位と考える必要性があるのである．

ところで(22)の解釈の中で，「とまれ」や「ねこ」の分節はあいまい性が残るのではないかという疑問が出てくる．「(スト)ップ」や「(にゃ)んこ」の場合にはモーラ境界であることが明白であるが，それらと混成される「とま(れ)」「ね(こ)」の場合には，分断されている場所がモーラ境界なのか音節境界なのかわからないのではないかという疑問である．たしかに「とま(れ)」「ね(こ)」という分節は，上記の「タクト」の場合と同じように音節境界の分節ともモーラ境界の分節とも解釈できる．しかしながら，このあいまい性は次に述べる「長さの法則」によって解消される．

混成語における**長さの法則**とは，混成語形成の入力となる2語のうち，後半部分を残す語の長さが混成語の長さとなって残るというものである．混成語形

成を(24)のように表すと,この法則は「混成語(AY)の長さ=後部要素(XY)の長さ」ということを意味している(ABとXYは入力となる2語を,AYは出力となる混成語を表す).

(24)　AB／XY → AY

日本語の混成語の場合には,この長さを測る単位がモーラであり,モーラで数えると混成語エラーの大半(9割近く)がこの法則に合致する.たとえば(20)の例を音節とモーラでそれぞれ数えてみると(25)のような結果となり,モーラで数えた方が音節で数えるよりも規則性が高い,つまり長さの法則により合致するということがわかる.

(25)

		音節	モーラ
a.	タク(ト)／(しき)ぼう → たくぼう	3/3→3	3/4→4
b.	ム(ード)／(ふ)んいき → むんいき	2/3→3	3/4→4
c.	ひと(つ)／(いっ)さい → ひとさい	3/2→3	3/4→4
d.	パン(フレット)／(プロ)グラム → パングラム	4/5→4	6/5→5
e.	止ま(れ)／(スト)ップ → とまっぷ	3/3→3	3/4→4
f.	ど(うして)／(な)んで → どんで	3/2→2	4/3→3
g.	ね(こ)／(にゃ)んこ → ねんこ	2/2→2	2/3→3

ここでなぜこのような「長さの法則」が観察されるのか,その背後の構造を考えてみると,最初の入力の前半部分(つまり混成語に残す部分)ともう一つの入力の前半部分(混成語に残らない部分)の長さが一致するという構造が見えてくる.つまり,AY=XYという長さの法則から,A=Xという基底原理が見えてくるのである.この原理をわかりやすく言うと,入力となる2語を結合する場合には,最初の語から採用する語頭の長さだけをもう一つの語の語頭から切り捨てて結合するというものである.たとえば最初の語の語頭1モーラを採用する場合には,もう一つの語の初頭モーラを切り捨てて2モーラ目と結合する.同様に,最初の語の語頭2モーラを採用する場合には,他方の語の3モーラ目と結合するというような結合方法である.

興味深いことに,混成語形成における「長さの法則」は,じつは日本語だけ

でなく英語にも観察されている．ただし英語では，長さを測る単位がモーラではなく音節である．語頭の1音節を採用する場合には，その部分を他方の語の2音節目と結合し，語頭2音節を残す場合には他方の語の3音節目と結合するといった具合である．(26)に具体的な例を示す（音節内の分節位置については(23)を参照）．

(26) a. com.pli.(cate) / (sim.pli).fy → com.pli.fy
  b. ev.ery.b(od.y) / (ev.ery.)one → ev.ery.bun

日本語と英語は長さを測る尺度（単位）が違っているものの，共通して「長さの法則」に従っている．逆の言い方をすると，両言語に共通した法則が日本語ではモーラを単位として規定され，英語では音節を単位として成り立っているということである．これはちょうど，日本でメートルやセンチメートルで長さを測るのに対し，英語圏ではヤードやフィートで長さを測るという違いに相当する．共通した法則を規定する際にどの尺度を使うかという違いに他ならない．

　本論に戻って，(20)に示した日本語の混成語エラーの例をこの長さの法則とその基底にある原理を中心に再分析してみると，結合点があいまいに思えたものもあいまい性を残さずに解釈できるようになる．たとえば(20e)では「止まれ」の語頭2音節と「ストップ」の3モーラ目以降が結合したのではなく，前者の語頭2モーラと後者の3モーラ目が結合したのである．(20g)の例でも，「にゃんこ」の2モーラ目が結合しているのは「ねこ」の1音節目ではなく1モーラ目なのである．このように日本語において混成語の長さを測り，それを分節する単位をモーラであると考えると，ほとんどすべてのデータが一貫して説明できるようになる．

---練習問題 6.8---
　日本語と英語の混成語エラーはどのような共通点と相違点を示すか．簡潔に述べなさい．

(b)　意識的な混成語

　上で述べた混成語エラーの特徴は，意識的に作り出される混成語の場合にも

ほとんどそのままあてはまる．まず日本語の例から見てみよう．

(27) a. リン(ス)／(シャン)プー → リンプー
リ(ンス)／(シャ)ンプー → リンプー
b. ゴ(リラ)／(ク)ジラ → ゴジラ
c. ダス(ト)／(ぞう)きん → ダスキン
d. バイ(バイ)／(さよ)なら → バイナラ
e. バト(ミントン)／(ピン)ポン → バトポン
f. ビニ(ール)／(ナイ)ロン → ビニロン
g. 尾／(し)っぽ → おっぽ
h. まず(い)／(しま)った → まずった

混成語エラーと同じように，2語の結合点についてあいまいな例が少なくない．たとえば(27a)の場合には上に示したように二つの結合点が考えられるし，(27b-e)の例では結合点は明確でも，それを音節境界と見るかモーラ境界と見るか，解釈にあいまい性が残る．しかしながら(27f-h)のように結合点があいまいでない例を見てみると，それらはすべてモーラ境界と解釈すべき例である．また解釈にあいまい性を残す例に複数の解釈を与えてみても，すべての例がモーラ境界で結合したと解釈できる．

この結果は英語の混成語とは際だった違いである．英語の場合には，(28a-e)のように語頭の子音(子音群)と母音の間で語が切れるか，(28f, g)のように入力がともに多音節語の場合には音節境界を結合点とすることが多い．

(28) a. br(eak.fast) / (l)unch → brunch [朝食兼昼食]
b. sm(oke) / (f)og → smog [スモッグ]
c. m(ag.a.zine) / (b)ook → mook [雑誌風の本]
d. t(ea) / (s)up.per → tup.per [軽食兼夕食]
e. sp(oon) / (f)ork → spork [先割れスプーン]
f. Ox.(ford) / (Cam).bridge → Ox.bridge [英国のエリート大学]
g. cin.e.(ma) / (pan.o).ra.ma → cin.e.ra.ma [シネラマ(映画の商標)]

日本語の混成語は混成エラーと同じように，「長さの法則」についてもモーラが重要であることを示す．混成語が右側要素(つまり後半部分を残す要素)と同

じ長さを持つというこの法則は，モーラを尺度として測った方が音節を尺度として測る場合よりも明確な形で捉えることができる．たとえば(27)の例をこの法則に照らし合わせて分析してみると(29)のようになり，モーラの方が音節より高い規則性を示す．

(29)

		音節	モーラ
a.	リン(ス)／(シャン)プー → リンプー	2/2→2	3/4→4
b.	ゴ(リラ)／(ク)ジラ → ゴジラ	3/3→3	3/3→3
c.	ダス(ト)／(ぞう)きん → ダスキン	3/2→3	3/4→4
d.	バイ(バイ)／(さよ)なら → バイナラ	2/4→3	4/4→4
e.	バト(ミントン)／(ピン)ポン → バトポン	4/2→3	6/4→4
f.	ビニ(ール)／(ナイ)ロン → ビニロン	3/2→3	4/4→4
g.	尾／(し)っぽ → おっぽ	1/2→2	1/3→3
h.	まず(い)／(しま)った → まずった	2/3→3	3/4→4

このように結合点，長さの法則ともに日本語ではモーラで捉えた方が広範囲なデータを説明でき，また英語との違いを明確に捉えることができるのである．

練習問題 6.9

ピアノとハモニカ(ハーモニカ)の混成語が「ピアカ」とならないのはなぜか．

(c) 混成語実験

モーラを単位とする日本語の分節原理は，実験的に混成語を作らせる混成語実験の結果にも端的に現れてくる(Kubozono 1995)．混成語実験とは二つの語を入力として被験者に与え，1語の前半部分ともう一つの語の後半部分を結びつけて新しい語(つまり混成語)を作らせる実験である．入力となる2語は聴覚刺激(つまり音声)として与えられ，被験者はその刺激を数回聞いて，すぐに2語を結合した形を作り出すという手法をとる．英語母語話者を被験者とした実験(たとえばTreiman 1986)では，[krɪnt]と[glʌpθ]のような無意味語を刺激として与えられた場合に(30a)のような混成語を作り出し，(30b–d)のような語形

6.6 混成語とモーラ

が作られにくいということが報告されている．(30a)はこれまで見てきた英語の混成語エラーや意識的な混成語と同じように，入力となる2語を母音の前で分節する型である．

(30) a. kr(ɪnt) / (gl)ʌpθ → krʌpθ
b. k(rɪnt) / (g)lʌpθ → klʌpθ
c. krɪ(nt) / (glʌ)pθ → krɪpθ
d. krɪn(t) / (glʌp)θ → krɪnθ

これに対して日本語母語話者に同様の実験をしてみると，まったく異なる結果が得られる．*pig*[pɪg]と*bat*[bæt]のようにCVCという構造を持つ実在語ペアを刺激音として用い，日本語話者(45人)と英語話者(9人)の2グループがどのような混成語を作り出すか調べた実験(Kubozono 1995)では，日本語話者は圧倒的に(31a)の分節方法を，英語話者は(31b)の分節方法を好むことが報告されている．詳細な実験結果を表6.5に示す．

(31) a. pi(g) / (ba)t → pit
b. p(ig) / (b)at → pat

表6.5 日本語母語話者と英語母語話者を被験者とした混成語実験

結合型	日本語話者	英語話者
(31a)	718(80%)	23(13%)
(31b)	116(13%)	155(86%)
その他	66(7%)	2(1%)
計	900(100%)	180(100%)

日本語話者と英語話者の違いは明白である．日本語話者はCVCという刺激語を母音の後ろで分節し，一方，英語話者は同じ刺激語を母音の前で分節する傾向を示す．このことは，*pig*や*bat*という語を聞いた瞬間に，日本語話者はpi-g, ba-tと分節し，一方，英語話者はp-ig, b-atと分節することを示唆している．このうち後者の英語話者が示す分節型は，混成語エラーや意識的な混成語形成に見られる型と同じものである．

では日本語話者が好む分節型は何を意味するかというと，語頭の子音をその

後ろの母音と切り離さず，[子音+母音]を一つの単位として分節するということである．これは前節まで見てきたモーラを単位とする分節法と一致する．ちょうど混成語エラーにおいて「何で」や「にゃんこ」という語を na-nde, nya-nko と分節し，また意識的な混成語を作る際に「しまった」や「しっぽ」という語を sima-tta, si-ppo と分節するように，CVC という構造の音節を CV と C の間で切っているのである．これはモーラ境界で単語を切断する分節法に他ならない．

このように，無意識のうちに作り出す言い間違いでも，意識的に作り出す場合でも，あるいは実験室で作り出される場合でも，混成語の作り方に日本語と英語は顕著な違いを見せる．日本語についてはモーラ境界で語を分節するという方策が用いられているという結論が得られる．このことは，モーラが日本語の語を分節する基本単位として機能していることを意味している．

---練習問題 6.10 ----------

top と *matt* という語を混成させると，日本語話者と英語話者はそれぞれ，どのような混成語を作り出すか．

6.7 吃音とモーラ

言い間違いや混成語実験よりモーラ言語としての日本語の特徴が出てくるのが吃音(stuttering)の現象である．吃音とはいわゆる「どもり」のことで，自然発話の中で単語が出てこなくなったり，特定の要素を何回も繰り返してしまう現象である．程度の差こそあれ，健常な人にも観察されている．

この非流暢性現象を日本語母語話者と英語母語話者について比較してみると，
 (i) 単語の初めで吃りやすい．
 (ii) 音が出てこなくなる症状(いわゆる blocking)や特定の音を伸ばす症状 (prolongation)に比べ，語頭の音や音連続を繰り返す症状(repetition)が圧倒的に多い

などの共通点が見られる．この一方で，繰り返し型の吃音について詳細に比較

6.7 吃音とモーラ　177

してみると，何を単位に繰り返すかという点について日英語間に明確な違いが見られることが判明している．日本語を母語とする成人話者の吃音を繰り返し単位について調べてみると，(32)のような複数の型が観察される（ドット(.)は音節境界を，ハイフン(-)は発話の中断箇所を示す）．

(32) a. s - s - soo（そう）
　　　　g - g - go.nen（5 年）
　　 b. no - no - no.bo.ru（登る）
　　 c. na - na - nan.de（何で？）
　　　　so - so - soo.si.ki（葬式）
　　 d. tai - tai - tai.hen（たいへん）
　　　　gen - gen - gen.yu（原油）
　　 e. ta.bi - ta.bi - ta.bi.ni de.ru（旅に出る）

(32a)は語頭の子音が繰り返している型，(32b)は語頭の音節ないしはモーラが繰り返している型，(32c)は語頭の2モーラ音節が二つに分離し，最初のモーラだけが繰り返されている型，(32d)は語頭の2モーラ音節が音節ごと繰り返されている型，そして(32e)は語頭の2音節・2モーラ（この場合には2モーラ名詞）が繰り返し現れている型である．このうち(32b)と(32e)は語頭が1モーラ音節の連続で始まっているために，モーラと音節のいずれが繰り返されているかわからない型である．

このようなあいまいな例を除くために，CVVあるいはCVCという2モーラで始まる語の吃音症状を分析してみると，表6.6に表す結果が得られる（Ujihira & Kubozono 1994）．圧倒的に多いのが(32c)の型，すなわちCVCやCVVという音節をCV-C, CV-Vと分節して，最初のCVを繰り返す吃音症状である．CVとC，CVとVの間にはそれぞれモーラ境界が存在していることから，

表6.6　日本語成人話者の繰り返し型
吃音に見られる分節型と頻度（162 例）

分節型	(32a)	(32c)	(32d)
頻度	6	150	6
(%)	3.7	92.6	3.7

この繰り返し型はモーラを単位とする繰り返しであり,音節単位の繰り返しではないことがわかる.

これに対して英語の場合には,(33)のように語頭の子音を繰り返すタイプが文献に報告されている例の大半を占める.

(33) a. n - n - n - n - never
b. th - think
c. d - d - difficult
d. s - s - s - street

統計的に調べてみても,複数の分節型の中で一番多いものは語頭の子音を繰り返す型である.氏平明の統計報告(氏平1997)を見てみると(表6.7),語頭の最初の子音を繰り返す型((a)の型)が全体の7割近くを占めており,母音まで含めて繰り返す型((c)-(d)の型)は1割強にすぎない.

表6.7 英語話者の繰り返し型吃音に見られる分節型とその頻度(107例)

分節型	頻度(%)
a. t-t-telephone	73(68.3)
b. str-str-strange	1(0.9)
c. na-na-national	8(7.5)
d. ma-ma-maIld(mild)	7(6.5)
e. a-a-attend	18(16.8)

表6.6と表6.7の結果を比較してみると,日本語と英語の違いは明白であろう.日本語の吃音では,[子音+母音]をひとまとまりとして繰り返す型がもっとも多いのに対し,英語の吃音では語頭の子音を繰り返す型がもっとも一般的である.日本語の場合には,言い間違いや混成語と同じようにモーラ境界で語を分節しているのである.一つ身近な例を引くならば,しばらく前に「か.か.か.か.かけふさん(掛布さん)」という殺虫剤の宣伝がテレビで流れていたが,「掛布(元阪神タイガースの選手)」の「か」と「蚊」の「か」の音をかけ合わせたあの宣伝は,日本語に特徴的なモーラを単位とする吃音例である.

---練習問題 6.11----------------------------
「掛布さん」という語を英語母語話者が吃るとしたら,どのような吃り方を
すると想像できるか.

6.8 音韻規則とモーラ

日本語におけるモーラの役割を示す最後の例として,音韻規則とモーラの関わりを考えてみよう.ここでは代表的な音韻規則として,外来語アクセント規則と代償延長の現象を取り上げることにする.

(a) 外来語アクセント規則

日本語(東京方言)の外来語は「−3(マイナス3)」のアクセント規則を持つと言われている.これは語末から数えて三つ目のモーラにアクセントが置かれるという規則である(ちなみにアクセント位置を語頭ではなく語末から数えるという言語は数多い).(34)にいくつか例をあげておこう.

(34) a. スト ﹃レス,カ﹃ルテ,グ﹃ルメ,キオ﹃スク,クリス﹃マス
　　　b. ピ﹃ンク,タ﹃ンゴ,アルバ﹃イト,テ﹃ープ,ブロマ﹃イド;
　　　　 イ﹃ラン,カンガ﹃ルー,ポ﹃パイ

(34a)は語末の3モーラがいずれも自立モーラからなる例,(34b)は特殊モーラを含む例であるが,いずれの場合でも,後ろから三つ目のモーラにアクセントの記号(﹃)がついている.これは**アクセント核**と呼ばれているもので,その位置でピッチが急激に下降することを意味している.たとえば「スト ﹃レス」という語の場合には,「ト」と「レ」の間でピッチが急に落ちるのである.また語頭部分では,1モーラ目から2モーラ目にかけてピッチが上昇する.「ピ﹃ンク」のように第1モーラにアクセントのある語は,そのモーラの最初の部分でピッチが上昇し,第2モーラとの境目で急激に下降する.

(35) 　スト﹃レス　　　ス｜ト｜レス
　　　クリス﹃マス　　ク｜リス｜マス

ピ⌐ンク　　　　ピ⌐ンク

　(34)の例からもわかるように「−3」の規則は日本語独自のアクセント規則であって，外来語(原語)の規則ではない．「ピ⌐ンク」や「テ⌐ープ」は確かに原語(この場合は英語)のアクセント位置と一致しているが，「スト⌐レス」や「クリス⌐マス」のように原語のアクセント位置とは一致しない例も多数存在している．

　またこの規則は日本語の外来語だけに通用する規則でもない．和語や漢語を見てみると，一番生産性の高いアクセント型は語末から3モーラ目にアクセントを有する型か，あるいは平板式アクセントと呼ばれる平坦なアクセント型である(平板式については5.4節，5.5節，7.4節(c)を参照されたい)．たとえば人名や地名のアクセント型を見てみると，そのほとんどがこのいずれかに属する(2モーラ語の場合には自動的に−2となる)．アクセントが−3以外の位置に付く型はかなり少ないことから，−3の規則が外来語だけでなく日本語の名詞アクセントの中核をなすアクセント規則であることがわかる(窪薗・太田 1998)．

(36)　a.　−3のアクセント型
　　　　　佐藤，江藤，天野，福島，徳島，長崎，神戸，名古屋，宝塚，
　　　　　武者小路，松平，正樹，雅子
　　　　b.　平板式
　　　　　伊藤，後藤，中野，広島，鹿児島，川崎，大阪，東京，正男，
　　　　　雅美

　−3のアクセント規則は半数以上の外来語のアクセント構造を説明できるとされているものであるが，この規則は(34)の例からもわかるように単純にモーラを単位に語の長さを数えている．すなわち，撥音や促音，長母音の後半などの特殊モーラも，「す」や「ぶ」のようなCV構造の自立モーラと同じように一人前の長さの単位として数えられているのである．この規則が音節を基調としていないことは(34a)と(34b)の比較からもわかる．もし音節を単位に語の長さを数えていたとしたら，(34a)は語末から3音節目，(34b)は語末から2音節目にアクセントが置かれるということになってしまう．音節で数えたのでは

(34a)と(34b)を異なる規則に還元せざるをえなくなってしまうのである．これでは有意義な一般化とは言えない．

(34)に例示した「−3のアクセント規則」はモーラを単位として語の長さを測っているものであって，これまで見てきた言い間違いや混成語の場合のようにモーラを単位として単語を分節しているわけではない．語の長さを測る場合に単語を何かの単位に区切って数えなくてはならないのは確かであり，その単位としてモーラを用いているのであるが，(34)のような外来語アクセントの現象においては，語をモーラ単位に分節するというより，モーラを尺度として語の長さや距離を測り，最終的にアクセントの位置を導き出すという方策をとっている．

アクセント位置を決めるのにモーラを単位として距離を数えるということは，日本語のすべての方言に共通する原理ではない．(34)の規則がモーラを単位としたものであることをさらに深く理解するために，東京方言や近畿方言とは対照的な体系を持つ鹿児島方言の場合を見てみることにしよう．鹿児島方言では(34)の外来語が(37)のような音調で発音される．

(37) a. ストレス, カルテ, グルメ, キオスク,
　　　　クリスマス
　　　b. ピンク, タンゴ, アルバイト, テープ, ブロマイド
　　　b'. イラン, カンガルー, ポパイ

(37)のデータをモーラで分析したのでは，規則性が見えてこない．(37a)の語のように語末から二つ目のモーラが高くなっているものもあれば，(37b)のように語末から2モーラ目と3モーラ目が高くなっている語もある．さらには(37b')のように，語末から3モーラ目だけが高くなっている語もある．モーラを基本単位として考えれば，このように三つのアクセント型を認めざるをえなくなり，(37)のアクセント現象を一般化することはできない．

これに対して，モーラの代わりに音節を基本単位として考えて(37)のデータを再分析してみると，この方言におけるアクセントの規則性が見えてくる．(37)の語はすべて「語末から数えて二つ目の音節」が高い音調を与えられているのである．すなわち「ストレス」の「レ」，「ピンク」の「ピン」，「イラン」

の「イ」に共通しているのは，語末から音節ごとに数えていったときに二つ目の音節に該当するということである．このことから，鹿児島方言話者は音節を単位として語の長さを測り，音節を単位にアクセント構造を決めているということがわかる．これはモーラを基本的な長さの単位とする(34)のデータとは対照的なものである．鹿児島方言のアクセント体系については7.3節で詳しく述べることにするが，(37)に示した鹿児島方言のアクセント規則との比較からも，東京方言がモーラを主体とする方言であることが実感できよう．

練習問題 6.12

自分の名前(姓と名)を発音して，どのようなアクセント型で発音されているかを調べなさい．

(b) 代償延長

アクセント規則と同じようにモーラを単位として語の長さを測っているのが**代償延長**(compensatory lengthening)という音韻現象である．代償延長とは，一つの音が何かの理由で消えたり，二つの音が一つの音に融合してしまう場合に，減った分の長さを埋め合わせしようとして別の音が長くなる現象を指す．ここで紹介する日本語の代償延長は，二つの母音が一つの音に融合する際に起こる長母音化の現象である．

第4章で音声素性を論じる際に母音融合の現象を考察した(4.4節)．具体的には(38)のような丁寧な発音とぞんざいな発音の間に見られる音変化の例である．

(38)　a.　大根(daikon) 〜 でえこん(deekon)
　　　 b.　お前達(omaetati) 〜 おめえたち(omeetati)
　　　 c.　すごい(sugoi) 〜 すげえ(sugee)
　　　 d.　先生(sensei) 〜 せんせえ(sensee)

二つの母音を融合したときにどの音色の母音が現れるかということについてはすでに論じたので，ここでは問題にしない．問題となるのは，「大根」が「でこん」ではなく「でえこん」となるように，母音融合にあわせて長母音化が起

6.8 音韻規則とモーラ

こるという事実である．二つの音が一つの音に融合して，その減った分を補おうとして長くなっているのであるから，典型的な代償延長の現象と言える．

　この種の代償延長が必ず起こるかというとそういうわけではない．たとえば同じ日本語でも鹿児島方言を見てみると，丁寧な発音とぞんざいな発音の間に東京方言に似た母音融合が起こっているものの，代償延長までは生じていない．

(39)　a.　大根(daikon) ～ でこん(dekon)
　　　b.　大概(taigai) ～ てげ(tege)
　　　c.　灰(hai) ～ へ(he)
　　　d.　蠅(hae) ～ へ(he)
　　　e.　違う(tigau) ～ ちご(tigo)

ではなぜ鹿児島方言において代償延長が母音融合に伴って起こらないかというと，それは鹿児島方言がモーラで数える音韻体系ではないからである．鹿児島方言は**シラビーム方言**と呼ばれ，前節で見たように音節を基本単位として語のアクセント構造を決定する体系を有している(詳しくは7.3節を参照)．この音節で語の長さを数えるという特徴が，アクセント規則だけでなく母音融合の現象にも現れているのである．モーラを基本単位とする体系ではなく，音節を基本としているために，音節数に増減がない限り，長母音化などの現象を伴う必要性はないことになる．

　一方，モーラを基調とする東京方言ではそういうわけにはいかない．二重母音が融合して一つの母音になってしまうということは，単語(あるいは当該音節)のモーラ数が一つ減ることを意味している．モーラで語の長さを数える体系では，語全体の長さを保つために長母音化が起こる必要が出てくる．そうしなければ，母音融合という音の変化に伴って語の長さまでも変えられてしまうからである．

　このように東京方言と鹿児島方言の母音融合現象を比較してみると，前者の体系において語のモーラ数を保とうとする力が強く働いていることがわかる．つまり東京方言の音韻体系では，モーラという単位を使って語の長さを測っているのである．このように語の長さを測る単位が方言間で異なっているということは，服や畳の長さを測るのにセンチを使うか，それとも尺(あるいはイン

チ）を使うかということと基本的に同じことである．基本単位が異なるために，アクセント規則においても母音融合現象においても際だった違いが生じることになる．もっとも，同じ日本語でありながら，東京方言と鹿児島方言がなぜこれほどまでに大きな違いを示すのか，その理由は定かではない．今後，歴史的な事実などを糸口に探究すべき問題であろう．

> **練習問題 6.13**
> 東京方言で「お前等」が「おめえら」となって「おめら」とならないのはなぜか．

6.9 モーラの普遍性

前節までの話から，モーラという言語単位が日本語の記述に不可欠なものであることがわかる．日本語の中には鹿児島方言のように音節を基本単位とする方言もあるが，東京方言や近畿方言は明らかにモーラを基本単位とする方言であり，「音節言語」に対して「モーラ言語」と呼ぶにふさわしい方言と言える．

ではモーラが日本語の専売特許かと言うとそういうわけではない．すでに見てきたように，日本語のモーラは
　（i）　語の音声的な長さを測る単位
　（ii）　語の音韻的な長さを測る単位
　（iii）　語を分節する単位
というように，複数の機能を果たしている．このような複数の観点からモーラという単位を捉えてみると，その一部の機能は比較的数多くの言語に観察されることがわかってきた．具体的には，単語や発話をモーラで区切るという「分節単位」としての機能は日本語にかなり特徴的なものであるが，アクセント規則などの音韻規則において語の音韻的な長さ・距離を測る単位としてモーラを使う言語は数多い．これは伝統的な「モーラ言語-音節言語」という区分を超えて言えることであり，英語やドイツ語のような音節言語と言われる言語にもあてはまる．ここでは英語の名詞アクセントを例に取り上げてみる．

英語の名詞アクセントはラテン語の影響を受けて次のような規則に従うと言われている.

(40) 英語の名詞アクセント
a. 語末から二つ目の音節が2モーラの長さを持つ場合には，その音節にアクセントが置かれる.
b. 語末から二つ目の音節が1モーラの長さしか持たない場合には，一つ前の音節にアクセントが置かれる.

(40a)で2モーラの長さと呼んでいるのは，短母音の後に子音が続く構造（第7章で「重音節」と呼んでいるもの）と，子音は後続しないが母音が長い（つまり長母音か二重母音）構造を指している．これに対して(40b)の1モーラの長さとは，母音が短くて，その後に子音が続かない構造である．ちょうど日本語の「かん」や「カー」という音節が2モーラの長さを持ち，「か」や「な」が1モーラの長さを持つと解釈されるのと同じ捉え方である．(41a, b)に(40a, b)の具体例をあげる（大文字はアクセントの置かれる音節を表す）.

(41) a. ［短母音+子音］a.GEN.da, ve.RAN.da, ap.PEN.dix
　　　［長い母音］ho.RI.zon, vi.O.la, di.PLO.ma
b. ［短母音］a.ME.ri.ca, I.vo.ry, BAL.co.ny, RA.di.o

英語はその歴史の中で複数の言語と接触してきたため，その語彙体系もアクセント体系も複雑である．アクセントを見ても(40)の規則に合致しない名詞は数多い．しかしながら，アクセント体系の根幹に(40)のような規則があることも周知の事実とされていることである．つまり，英語のように元来「音節言語」とされてきた言語でも，アクセント規則などの音韻規則において語の抽象的な長さを測る場合には，モーラという単位が不可欠な役割を果たしている．これは日本語のアクセント規則においてモーラが果たしている役割と同一のものである.

興味深いことに，モーラが音韻的な長さ・距離を測る単位として機能するということは，系統や体系の違いを超えて数多くの言語において報告されている．ドイツ語やオランダ語のような英語の兄弟とされている言語はもちろんのこと，イタリア語やスペイン語のようなロマンス系の言語，さらにはアラビア語やハ

ワイ語のようにヨーロッパの言語とは系統的な関連性のない数多くの言語にも同じことがあてはまる．

このように「音韻的な長さ・距離を測る」というモーラの一つの役割だけに限定してみると，モーラは日本語だけに必要な概念ではない．広く人間の言語に共通した言語単位である．しかしながらここで話を本章のテーマに戻してみると，日本語のモーラはこれ以外の役割も果たしている．言い間違いや吃音の分析で見たように，日本語ではモーラが語や発話を区切る単位（分節単位）として働いている．あるいは俳句や短歌のような詩の韻律において語の長さを指折り数え，詩全体のリズムを作るというときにもモーラは不可欠な単位となっている．このようなモーラの機能は，残念ながら英語などの言語では観察されない．モーラが分節単位や詩のリズム単位としても機能するというところが「モーラ言語」としての日本語の特質であり，日本語を他の言語と区別している特徴である．

練習問題 6.14

英語のアクセント（強勢）規則に，モーラという概念がどのように関わっているか．

演習問題

6.1 次の川柳は中学生が作った定型の川柳である（文英堂刊『平成わかいもの川柳』）．モーラ数を数えながら，括弧内に適当な語を入れて句を完成させなさい．

(a) 平成の トップアイドル（　　）と（　　）
(b) 甲子園　毎年（　　）が　減っていく
(c) 長電話　怒った母も　（　　　）
(d) Jリーグ　主役はあなた　（　　　）
(e) 首つるな　どうせ人生　（　　　）
(f) 人の死を　無駄にはしない　（　　）
(g) 給食の　おかげで母は　（　　　）
(h) 電話では　ころっと変わる　母の（　　）

(i) 捕虜とって （　　　）求める　ハイジャック
(j) 遊ぼうと　電話かけたら　みんな（　　）

6.2 次の語はいくつのモーラ，音節からなっているか．
(a) アメリカ　(b) ガーナ　(c) イタリー　(d) ルネッサンス
(e) ナイチンゲール　(f) ワシントン　(g) ロンドン　(h) ロサンゼルス
(i) ベートーベン　(j) バッハ

6.3 次の楽譜をもとに，日本語の歌謡とモーラの関係を述べなさい．

```
4/4 │♪♪♪♪  ♪♪♪♪│♪♪♪♪  ♩𝄽│
    │ま い ご の  ま い ご の│こ ね こ ちゃ ん  │
```

6.4 次にあげる日本語の言い間違い(a–d)と吃音(e–h)は，それぞれモーラを単位とする現象と判断してよいか．音節とモーラの違いを考えて判断しなさい．
(a) おたまじゃくし → おじゃまたくし
(b) 鉄筋コンクリート → こっきんテンクリート
(c) 原爆ドーム → げんどくドーム
(d) タクト／指揮棒 → たくぼう
(e) た，た，た，た，たいへんだ
(f) ラ，ラ，ラ，ラ，ランドセル
(g) なん，なん，なん，なん，何百年も
(h) な，な，な，な，何百年も

6.5 6.6節(c)に紹介した混成語実験を自分でも立案し，日本語話者と日本語以外の言語を母語とする話者の違いを分析しなさい．

音節とアクセント

　カラヤン，カヤラン，カンヤラ，カンラヤ，カランヤ，カヤンラ
　上記のカタカナ語は，カラヤンという音楽家の名前をもとにモーラを入れ替えて作った無意味語である．これらを発音してみると，語によってアクセント型が異なることに気がつくであろう．「カ ラヤン」と「カ ヤラン」，「カ ンヤラ」と「カ ンラヤ」，「カ ラ ンヤ」と「カ ヤ ンラ」というように二つずつ同じアクセント型となり，合計三つの異なるアクセント型が出現する．いずれも4モーラの語であるから，モーラという点からは基本的に同じ構造を持っているはずであるが，実際のアクセント型は語によって異なってくる．この違いは，じつは音節構造の違いを反映しているものなのである．
　前章ではモーラという言語単位について，日本語における役割をさまざまな現象を通して考察した．その結果，モーラという単位を仮定することによって音楽から言い間違い，アクセント規則まで，じつにさまざまな現象を単純な形で統一的に説明することができることがわかった．「日本語はモーラ言語である」という仮説を裏づける分析である．しかしながらこの分析結果は，日本語の分析に音節が不要であるということを意味するものではない．この章ではモーラ言語とされる日本語において音節という言語単位がどのような役割を果たしているかという問題と，日本語の音節構造の問題を一般言語学的観点から考察し，そこに垣間見える音韻構造の普遍性と日本語の特質を指

摘する.

7.1 音節とは何か

　日本語の「音節」という用語に対応する英語の用語は syllable である．この syllable という語は「束ねる」という意味のギリシャ語に由来するもので，前半部分の *syl-* は syllabus（シラバス，講義要覧）や syntax（統語論，語を並べる）などの *syl-*, *syn-* と起源を同じくしている．では syllable は何を束ねるかというと，一つ一つの音を束ねるのである．つまり syllable とは「一つ一つの音を束ねたもの」という意味を持つ.

　これに対して日本語の「音節」という語は「音の節」という意味を持っている．ここで「音」と呼んでいるのは「一つ一つの音」という意味ではなく，「連続した音声信号としての音」である．つまり日本語(人)は,「音」というものを連続して発せられる音声の総体として捉え，それを区切った単位として「音節」という概念を用いている．英語の syllable が「個をまとめた単位」と捉えているのに対し，日本語の「音節」は「全体を区切った単位」と捉えているのである．結果的には同じ言語単位を意味することになるのであるが，個から出発するか全体から出発するかという点で，西洋の捉え方と日本(あるいは東洋)の捉え方が異なっていることは興味深い．これはちょうど空間や時間を表す際に，西洋では伝統的に(1)のように小(個)から大(全体)へと進むのに対し，日本語では(2)のように全体から個へと進むことと並行した違いであろう．

(1) a. xx 様, xx 番地, xx 通り, xx 市, xx 郡(県, 州), xx 国
　　　(例) Mr. John Smith, 31 Lady Road, Edinburgh, Scotland, United Kingdom.
　　b. 9 日, 10 月, 1998 年
　　　(例) 9th October, 1998

(2) a. (xx 国,) xx 県, xx 市, xx 町, xx 番地, xx 様
　　　(例)(日本)兵庫県神戸市灘区六甲台町 1–1 言語太郎様
　　b. 1998 年 10 月 9 日

7.1 音節とは何か

　syllable と「音節」という二つの用語の間にこのような発想の違いがあることを踏まえた上で，これらの概念の実質的な定義を考えてみることにする．以下，syllable も「音節」もともに音節と呼ぶことにするが，この音節という単位には形を基準にした定義と，機能を基準にした定義の 2 種類が存在する．このうち形をもとにした定義とは，語の中でどのように音節としてのまとまりができるかを，そこにまとまる音の性格をもとに定義しようとするものである．この観点から少し単純化して定義すると，音節は母音のまわりに子音が群がってできた単位ということになる．母音は子音よりエネルギーの大きな音であるから，エネルギーの大きな音のまわりにエネルギーの小さな音が集まってできた単位ということになる．母音が音節の中心(核)となるのであるから，語の中にいくつ母音があるかを数えればその語の音節数がわかる．ここで母音と呼んでいるものの中には，短母音だけでなく長母音や二重母音も含まれる．これらの「長い母音」は自然な発話では切れ目のないものであるから，長い母音全体で一つの音節の核を形成することになる．

　母音に子音が群がって音節という一つの有機体を作る際に，その群がり方には一定の法則がある．7.5 節で述べるように，子音が結合するかどうか，結合する場合に何個まで結合するかは個別言語の特徴として言語ごとに決まっていることであるが，子音が母音の前後に二つ以上結合する場合には，結合の仕方に普遍的な決まりがある．具体的には，母音の近くに母音性の高い子音が，そのまわりに母音性の低い子音が結合するという法則である．ここで母音性と呼んでいるのは，調音時に声道からどれくらい空気が自由に流れていくかという尺度であり，上でエネルギーと呼んだものに相当する．子音が母音の前後に二つずつ結合した音節(たとえば英語の *trust* という語)を考えてみると図 7.1 のようになる．これはちょうど母親と子供が，一番背の高い母親を中心に背の低

図 7.1　*trust* の音節構造

い順へと手をつないで並んでいる状態にたとえることができる.

英語やロシア語のように母音のまわりに子音が三つ以上結合する場合でも,一つの音節が図7.1に示したような山を形成するということは同じである.母音性の低い子音から始まって高い子音,そして母音へと進み,母音の後ろでは母音性の高い子音から低い子音へとつながっていく.これは普遍性の高い法則であるが,例外がないわけではない.よく知られている例外が,英語などに出てくる/str-/ (*street*) や/spr-/ (*spray*), /spl-/ (*splendid*) といった**子音結合** (consonant cluster) である.たとえば *street* という語は,英語話者の意識の上でも,言語現象における振る舞いから見ても1音節の語であるが,図7.1のように表してみると二つの山に分かれてしまう(図7.2).これは [s] という子音が示す特殊な振る舞いであり,後続する閉鎖音より母音性が高いにもかかわらず,独立した音節を構成しないという特徴である. [s] という子音は英語だけでなく多くの言語でこのような例外的な振る舞いを示すことが知られている.

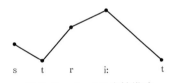

図 7.2 *street* の音節構造

[s] が示すような特殊な現象を除くと,図7.1に示した形,すなわち母音性の山は,音節というまとまりを示す客観的な基準になる.上で述べた「母音を中心とする音のまとまり」というあいまいな定義を客観化したものと言える.ここで「母音性」と呼んでいるものは,発話時の声道の広さを表した**概念**であり,空気がどのくらい自由に流れるかを定量的に表すものである.音声学では「それぞれの音がどこまで聞こえるか」を定量化した**聞こえ度**(sonority)という用語を用いることもある.第2章で学んだことを復習すると,図7.3のように表すことができる.

音節が母音性(ないしは聞こえ度)を基準とした音のまとまりであるということは,音声産出の面から見るとそれほど驚くべきことではないかもしれない.どの言語の音も母音と子音からなっており,この2種類の音が連なって発話を

7.1 音節とは何か　　193

図 7.3 母音性(聞こえ度)の尺度

作っている．音声産出の基本は口の開閉動作であるから，大ざっぱに見ると口の開き具合が大きい状態と小さい状態が繰り返されるのである．おおむね前者の状態が母音，後者の状態が子音に対応するわけであるから，母音と子音(あるいは子音群)が繰り返されることによって発話が作り出されることになる．音節を定義するときに用いられる「聞こえ度の山」という概念は，この繰り返しの単位を指している．つまり音節という言語単位は，基本的に「口の開閉」という音声産出の周期的な繰り返しに対応しているのである．

音節が聞こえ度の山であり，周期的な口の開閉動作を反映したものであるということから，この言語単位が基本的にリズム性を持つ単位であるという知見も得られる．リズムとは何かが繰り返すこと，その繰り返しから得られる快適さを意味する．ちょうど1日という時間の単位が朝・昼・夜の連続によって作り出され，また1年という単位が春夏秋冬という季節の連続によって構成されるように，音節という言語の単位は，聞こえ度の大小の組み合わせによって作り出されている．1日や1年が周期性を持つ時間の基本単位であるように，音節は発話を構成する周期的な単位なのである．

「音節」は，このように母音のまわりに子音が群がった「形」として定義されるだけでなく，言語話者の直観や言語現象を記述する単位として機能的な観点から定義することも可能である．たとえば英語をはじめとする言語では，母語話者が音節という単位をしっかりと認識している．ある単語が提示されるとその語の中に何音節あるか自覚しており，音節ごとに区切ることができる．*Japan* という語であれば Ja.pan という 2 音節語，*October* であれば Oc.to.ber という 3 音節語と答えることができるのである．また音楽の楽譜を見ても，伝統的な曲は一つの音節に一つの音符が付与される形式をとっている(6.4 節参照)．これは，作曲家が語を音節の連鎖に分解し，音節という単位に対して音

符をあてがう方法でメロディーを付けていることを意味している．英語をはじめとする諸言語では，このように単語の長さを数えたり，単語を分節する単位として音節が重要な役割を果たしているのである．

音節は，単語の長さを数えたり単語を分節したりする役割に加え，多くの言語においてアクセントを担う単位としての役割も果たす．英語では次のような決まり文句のリズムにその役割が明確に現れている（ドット(.)は音節境界）．

(3) a. TIME and MON.ey （時と金）
    b. TOM and JER.ry （アニメの名前）
    c. MEN and WOM.en （男女）
    d. PE.ter, PAUL and MA.ry （歌手グループ名）
    e. LA.dies and GEN.tle.men （皆さん）
    f. SI.mon and GAR.fun.kel （歌手グループ名）

(3a–d)では[強弱]の繰り返しから[強弱強弱…]という2拍子のリズムが，(3e, f)では[強弱弱]の繰り返しにより[強弱弱強弱弱]という3拍子のリズムが作り出されているが，ここで[強]や[弱]というアクセントの特徴を付与されている単位が音節である（英語における音節の他の役割については窪薗(1995, 1998)，窪薗・太田(1998)などを参照されたい）．ちなみに，ここで語順を逆にしてしまうと，MON.ey and TIME，JER.ry and TOM, WOM.en and MENは[強弱弱強]，PAUL, PE.ter and MA.ryは[強強弱弱強弱]，GEN.tle.men and LA.diesやGAR.fun.kel and SI.monは[強弱弱弱強弱]という構造となり，規則的なリズムが出てこなくなってしまう．

練習問題 7.1

「聞こえ度」とはどのような概念か．この概念が音節構造とどのように関わっているか．英語の *trend* という語を例にして考えなさい．

7.2 モーラと音節

　前節の議論から「音節」という言語単位を形式と機能の両面から捉えることができることがわかった．英語などの言語では，形式的な観点と機能的な観点からの定義が実質的に一致するために，用語の混乱が生じる心配はない．Ja.pan という語を例にとると，「母音を中心とするまとまり」という形式的な観点から見ても，「語の長さを測る単位」あるいは「語を分節する単位」という機能的な観点から見ても，この語は二つの音節からできていると分析されるのである．一般言語学や一般音声学では，形式，機能の二つの側面のうち，形式を基準にした定義が「音節」の一義的な定義としてしばしば用いられている．これはある言語をはじめて分析する場合に，形式をもとにした音節分析は図 7.3 の客観的な尺度をもとに可能であるが，機能的側面はその言語を詳細に分析してみないとわからないという事情による．英語の場合と同じように，多くの言語においてこの二つの分析は同じ結果をもたらすことから，両者を厳密に区別する必要がでてこないのである．

　これに対して，日本語の分析では長さの単位としてしばしばモーラ（あるいは拍）という用語が使われてきたために，用語・定義をめぐって混乱が生じている．伝統的な分析は，音節を「語の長さを測る単位」あるいは「語を分節する単位」という機能的な単位として捉える．「東京」であれば to-o-kyo-o，「関西」なら ka-n-sa-i とそれぞれ四つの単位に分節するから，この単位を音節と呼んでいるのである．これは「音節」を「モーラ」と同義に用い，「東京」「関西」を too-kyoo, kan-sai のように 2 分割する単位を特に認めない立場である．

　一方，「音節」を「母音を中心とする音のまとまり」と定義する立場もある．この定義に従えば「東京」「関西」は母音を二つずつしか含んでいないから，2 音節ということになる．この分析は，長さを測ったり分節したりする単位を別のものとして捉え，この単位に対してモーラ，拍という用語を用いている．このため，「東京」「関西」は 2 音節 4 モーラの語と解釈されることになる．

　以上述べた日本語に対する二つの立場を「東京」という語を例にまとめてみ

ると次のようになる．

(4)

	立場 A	立場 B
too-kyoo	—	音節
to-o-kyo-o	音節（＝モーラ，拍）	モーラ（＝拍）

(4)にまとめた二つの分析の違いは，「モーラ」と「音節」を実質的に別の概念として捉えるかどうかという点にある．「長さを測る単位」または「語を分節する単位」という音節の機能面を重視する(4A)の立場であれば，モーラと音節を区別する必要はない．これに対して「母音を中心とするまとまり」という形式面を重視する(4B)の立場であれば，日本語の分析では両者を区別する必要が出てくる．

　この二つの立場は，先験的にどちらがいいと決められるものではない．しかしながら(4)の二つの分析は上記の定義とは別に，具体的に異なる主張をしていることに注意しなくてはならない．その一つは tookyoo という語を too-と -kyoo に2分割することに意義を認めるかどうかということである．「音節」を機能的に定義しようとする(4A)の立場では，このような分節法に特別の意味を認めない．日本語の発話や語を，母音を中心とした単位に分節することは重要ではないと考えるのである．これに対して(4B)の立場は，このような分節法を意義あるものと考える．「東京」や「関西」などの語を「奈良」と同じ長さ（つまり2単位）と捉えることに意味があると主張するのである．

　(4A)と(4B)の二つの分析が異なるもう一つの点は，英語の syllable と日本語の「モーラ」を完全に同一視できるかということにある．(4A)の分析は語の長さを測る単位，あるいは語を分節する単位としての共通性を日本語の「モーラ」と他言語の syllable の間に見いだす．この共通性をもとに「モーラ」という用語を syllable の訳語である「音節」と同義に用いるのである．しかしながら，諸言語において syllable が果たす役割は，長さの単位や分節単位としての機能だけではない．すでに述べたように，syllable は多くの言語でアクセントを担う単位として機能し，それ以外の役割も少なくない．もし日本語の「モーラ」が他の言語の syllable と機能的に同一であるとするならば，日本語のモー

ラはこのような機能をも兼ね備えていておかしくない．もし事実がそうであるならば，それは(4A)の分析を支持する強い証拠となる．しかし，syllableが果たしている他の機能を「母音を中心とする有機的なまとまり」が果たしていたとしたら話は違ってくる．その場合には，他言語のsyllableという単位と(4B)の分析が「音節」と呼んでいる単位との間に機能的な共通性が存在することになり，「音節」という用語を形式的な観点から定義する(4B)の分析が妥当であることになる．

このような二つの観点から(4)にあげた二つの分析を比較してみると，後述するように，tookyooという語がnaraという語と同じように2単位に振る舞う言語現象が日本語(東京方言)に存在し，また他言語でsyllableと呼ばれている単位と(4B)の分析が「音節」と呼んでいる単位が共通して果たす役割が存在することがわかってきている．このような理由から本書では，tookyooという語をtoo-kyooと二つに分けた単位を「音節」と呼び，英語をはじめとする諸言語のsyllableと対応する単位であると仮定する．そして同じ語をto-o-kyo-oと4分割する場合の単位を「モーラ」と呼ぶことにする．すなわち，「東京」という語は2音節，4モーラの構造を持ち，「奈良」は2音節，2モーラ，「函館」は4音節，4モーラの長さであると解釈する．

---練習問題7.2-------------

次の川柳を音節単位で区切ってみなさい．
(a) 日本中　あっちこっちで　たまごっち
(b) ハローから　バトンタッチで　ニーハオへ
(c) 動燃の　ウソの報告　どうなってんねん
(d) 総会屋　だまして脅して　金儲け
(e) 箸よりも　フォークが似合う　野茂選手
(f) 日米の　ともに英雄　野茂英雄

7.3 シラビーム方言

東京方言における「音節」の役割を具体的に論じる前に，日本語の中で「音節主体の方言」(伝統的な用語では「シラビーム方言」)とされている鹿児島方言の体系について簡単に述べておこう．シラビーム方言とは，Trubetzkoy が「音節言語」と呼んだものと同義であり，モーラではなく音節が有意義な音韻単位として機能する方言体系を意味している(Trubetzkoy 1958/69)．モーラではなく音節が有意義な単位であるということは，CVV や CVC という 2 モーラ構造の音節(たとえば/kaa/ や/kan/)が 1 モーラの音節(CV，たとえば/ka/)と音韻的に同じ資格を持ち，その結果，言語現象において同じ振る舞いをすることを意味している．つまり 1 音節であれば音節構造の中身に関係なく同じ振る舞いを見せるということである．別の見方をすると，CVC や CVV という 1 音節構造と，CVCV という 2 音節構造が異なる振る舞いをすることになる．東京方言や近畿方言のようにモーラで数えるモーラ方言では両者はともに 2 モーラということになるが，シラビーム方言ではこのような数え方が意味を持たず，前者が 1 単位，後者が 2 単位という違いを示すのである．

鹿児島方言においてこの特徴がもっともよく見られるのがアクセント現象である(アクセント現象をもとにシラビーム方言と分類されていると言った方が適切かもしれない)．鹿児島方言には(5)にあげる二つの型しか存在せず，このため二型(にけい)アクセント体系と呼ばれている(線はピッチの高低を意味する)．

(5) A 型: あめ(飴)，はな(鼻)，あか(赤)，かこ(過去)，
かんこう(観光)，さど(佐渡)，サード，さどう(茶道)，
ビル，ビール，アマゾン，ブラジル
B 型: あめ(雨)，はな(花)，あお(青)，がっこう(学校)，
ようかん(羊羹，洋館)，アメリカ

(5)の例を見て，A 型，B 型と呼ばれている二つの型の違いが把握できるだろうか．モーラで分析してみると，同じ A 型の中にも複数の型が見いだされる．語末から数えて二つ目のモーラが高くなっている「飴」「ブラジル」のよ

うな例があるかと思うと，語末の3モーラ目が高くなっている「茶道」「アマゾン」のような例もあり，また語末から2モーラ目と3モーラ目が高くなっている「サード」「ビール」のような例や，語末から3モーラ目と4モーラ目が高くなっている「観光」のような例もある．モーラで分析すると四つの型が混在しているように見える．一方，B型にも，「雨」や「アメリカ」のように語末モーラだけが高くなっている型と，「学校」「羊羹，洋館」のように語末の2モーラがともに高くなっている型の2種類が混在しているように見える．モーラで分析すると統一的なパターンが見えてこないのである．

これに対して音節を単位として再分析してみると，A型とB型がそれぞれ一般化でき，両者の違いも明らかになる．A型は語末から数えて二つ目の音節が高くなる型，B型は語末音節が高くなる型である．このように解釈すると，上で述べたA型の四つの型(「佐渡」–「茶道」–「サード」–「観光」)をすべて同じアクセント型として一般化することができる．B型の場合も同様な見方をすると，「雨」も「学校」も語末音節だけが高くなると一般化できる．またA型とB型の違いは，どの音節が高くなるかという違いであり，前者の方が後者よりその位置が1音節だけ前に来ると見ることができる．

鹿児島方言が音節を基調にしたアクセント体系を持っていることは，次のような発音の交替に見られるアクセント構造の変化からも理解できる．いずれも左側が丁寧な発音，右側がぞんざいな発音である．

(6) a. かご｜し｜ま～か｜ごい｜ま，か｜ごん｜ま (鹿児島)
 b. くぼ｜ぞ｜の～く｜ぼ｜ぞん (窪薗＝人名)
 c. きょう｜だい～きょ｜で (兄弟)
 d. たい｜がい～て｜げ (大概)

(6)の例では丁寧な発音とぞんざいな発音の間で音韻構造の違いが生じても，A型はA型を，B型はB型のアクセント型を保っている．(6a, b)では語末から二つ目の音節が高くなり，(6c, d)では語末の音節が高くなっているのである．このような規則性もまた，モーラを単位として分析していたのでは捉えることができない．

(5)や(6)の例からもわかるように，鹿児島方言では撥音や促音，長母音や

二重母音の後半要素といった特殊モーラがアクセント規則に対して何ら影響を及ぼさない．「かんこう(観光)」-「かこ(過去)」や「きょうだい」-「きょで(兄弟)」のペアからもわかるように，東京方言で特殊モーラと呼ばれている要素(下線部分)があたかも存在しないかのように振る舞うのである．この結果，CVCやCVVという構造がCVの構造と同じ振る舞いを示すことになる．このように，内部構造に関係なく同じ音節数であれば同じ振る舞いを示すというのが「音節言語」または「シラビーム方言」と呼ばれる体系の特色である．

鹿児島方言はアクセントの現象だけでなく，6.8節(b)で見た母音融合の現象においても音節言語としての特徴を示す．二つの母音が融合しても音節数が変わらない限り，母音の長さが変わらない(つまり長母音化する必要がない)という現象である．この現象もまた，音節言語・シラビーム方言をモーラ言語・モーラ方言と区別する特徴の一つと言える．

---練習問題7.3---

次の単語は鹿児島方言のA型(語末から二つ目の音節が高くなるタイプ)の語である．実際にどのように発音されるか，ピッチ曲線で描きなさい．
 (a) シャンハイ(上海) (b) コロンビア (c) ホンコン(香港) (d) ペルー
 (e) ワシントン (f) マドリッド (g) ロサンゼルス (h) デンマーク

7.4 音節とアクセント規則

(a) 歌謡の言語構造

前節では音節を基調とする鹿児島方言においてCVCやCVVという構造がCVの構造と同じ振る舞いを見せることを指摘したが，モーラ方言とされている東京方言ではどうであろうか．モーラ数ではなく音節数が問題となる現象はないものであろうか．

東京方言の言語現象を分析してみると，そのような現象が複数観察される．その一つが6.4節で詳しく論じた歌謡の構造である．日本語の伝統的な歌謡で

は，一つのモーラに一つの音符を付与することが原則となっているが，二つのモーラに一つの音符が付与される例も少なからず観察され，そのほとんどすべてが1音節を形成する2モーラのケースである．つまり，日本語の歌謡には1モーラに1音符を付与する原理と，1音節に1音符を付与する原理が共存している．図解すると次のような二つのケースである（MとSはそれぞれモーラと音節を表し，また♪は任意の音符を意味する）．

(7)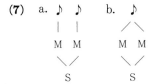

　(7a)は特殊モーラを含む2モーラの音節（CVVやCVC）に二つの音符を付与しているケース，一方(7b)は同じ構造の音節に一つの音符しか付与しないケースである．たしかに統計的に見ると2：1の割合で(7a)のタイプの方が多いという結果が出ているが（6.4節の表6.2参照），この数値は完璧なモーラ言語にはふさわしくない数値である．完璧なモーラ言語では(7a)のパターンが100％を占めていてもおかしくない．2：1という統計結果を単純に解釈すると，日本語の歌謡にはモーラ言語としての特性が2/3，音節言語としての特性が1/3現れていると見ることができよう．とりわけこの傾向がはっきり現れるのが，2モーラ目に撥音や促音が来る場合である．撥音の場合には(7a)と(7b)の比率が約1：1となり，促音に至ってはおよそ1：2の割合で(7b)の方が多くなる．つまり子音性の特殊モーラを含む音節では，モーラを基本単位とする(7a)のパターンより音節を基本単位とする(7b)のパターンの方がむしろ一般的となるのである．

練習問題 7.4

　日本語が完全なモーラ言語であったとしたら，(7a)と(7b)の構造がどのくらいの比率で出現すると考えられるか．

(b) 外来語アクセント規則

音節が基本となるという意味では，東京方言に観察されるさまざまなアクセント現象がさらに強固な証拠を提供してくれる．ここではまず古典的な外来語アクセント現象を見てみよう．

(8) a. ハ˥ワイ，ミ˥シン，スト˥レス，クリス˥マス，アルバ˥イト，コンク˥ール

b. アルゼ˥<u>ン</u>チン，ワシ˥<u>ン</u>トン，ケンタ˥<u>ッ</u>キー，サ˥<u>イ</u>パン，スウェ˥<u>ー</u>デン

(8a)の例はいずれも語末から数えて3モーラ目にアクセント核を持っている．これは6.8節で紹介した「−3の規則」に従ったアクセント型である．これに対して(8b)の語はもう一つ左側のモーラ，すなわち語末から4番目のモーラにアクセント核を有している．この二つ目のアクセント型は「−3の規則」とは別個の規則(「−4の規則」)によるものであるように思えるかもしれないが，じつはそうではない．(8b)の例からもわかるように，この「−4」のアクセント型を示す語の大半は語末から3モーラ目に撥音，促音，長母音・二重母音の後半要素(下線部)を有する語なのである．つまり，語末から3番目のモーラが特殊モーラである場合には，「−3」の型から自動的に「−4」の型が生み出されるのである．

この現象を簡単に記述しようとすると次のようになる．

(9) アクセント核調整規則
　　特殊モーラに付与されたアクセント核は自動的に左側の自立モーラに移動する．

「音節」を「モーラ」と区別しない(4A)の立場に立つと，(8)の現象は特殊モーラが引き起こすアクセント核調整規則として表され，「−3の規則」と合わせて次のような規則として定式化できるようになる．

(10) 外来語アクセント規則
　　語末から3番目のモーラにアクセント核を付与する．ただし，このモーラが特殊モーラの場合にはアクセント核がその左側の自立モーラに

移動する.

これに対して「音節」を「母音を中心とするまとまり」と見る(4B)の分析に従うと, (11)のような定式化となる.

(11) 外来語アクセント規則

語末から3番目のモーラを含む音節にアクセント核を付与する.

(10)の規則と(11)の規則は, 定式化に若干の違いは見られるものの, 規則としてはどちらでもよいように見える. すなわち, (10)では音節という概念を使わないかわりに「モーラ」を「自立モーラ」と「特殊モーラ」の2種類に区別し, 一方, (11)では2種類のモーラを区別しないかわりに「モーラ」と「音節」の二つの概念を用いている. また記述範囲という点でも, ともに(8)にあげた「-3」と「-4」の二つのアクセント型をうまく記述しているように見える.

このように(10)と(11)の二つの規則は, 記述の簡潔さという点でも妥当性という点でも等価であるように思えるのであるが, もう少しよく考えてみると, 両者の間にはいくつか決定的な違いがあることがわかる. それは(9)のアクセント核移動現象を説明できるかどうかという違いである. (10)の規則には「特殊モーラがアクセント核を担わない(担えない)」という主張と「特殊モーラが担うべきアクセント核は左側の自立モーラに移動する」という主張が含意されている. 最初の主張に対しては,「なぜ特殊モーラがアクセント核を担えないのか」という素朴な疑問が生じるし, 百歩譲ってこの主張を受け入れたとしても, 次に二つ目の主張に対して「なぜアクセント核が左側の自立モーラに移動するのか」という疑問が生じる. 自立モーラしかアクセント核を担えないと仮定するのであれば, 特殊モーラに付与されたアクセント核の移動先は左側の自立モーラでも, 右側の自立モーラでもかまわないはずである. ところが(8b)に示した「アルゼンチン」などの語は,「アルゼ⌐ンチン」となって「アルゼンチ⌐ン」とはならない. つまり特殊モーラに付与されたアクセント核は常に左側の自立モーラに移動するのである. この移動の方向性を説明しなければならないのであるが, 残念ながら(10)の規則はただこの事実を記述しているだけで, 何ら説明を加えていない. 記述的妥当性は満たしているものの, 説明的妥当性は満たしていないのである.

これに対して「音節」という概念を取り込んだ(11)の規則はどうであろう．この規則では音節がアクセント核を担う単位として定義されており，(9)にまとめたアクセント核移動の現象がこの音節という単位によって説明されている．すなわち，特殊モーラがアクセント核を担えないのは当然のことで，アクセント核を担う単位が音節であるからであると考える．さらに，なぜ特殊モーラに付与されたアクセント核が左側に移動するかというアクセント核移動の方向性についても，特殊モーラが右側のモーラ（自立モーラ）とではなく左側のモーラと音節という有機体を作っていることに還元される．たとえば「アルゼンチン」という語は7.1節で述べた普遍的な原理に従って「ア．ル．ゼン．チン」と音節区分されるから，語末から3モーラ目の「ン」に付与されたアクセント核は「アクセント核を担うのは音節である」という前提によって自動的に左側の「ゼ」の位置に落ち着くことになる．このように(9)にまとめたアクセント核移動の現象が(11)の規則では無理なく説明できるのである．

　もっとも，(11)の規則を批判的に見てみると，「アクセント核を担うのは音節である」という前提そのものが妥当か，という問題に直面する．しかしながら，この問題は一般言語学ではまったく問題にならない．なぜなら，数多くの言語を分析したこれまでの研究によって，アクセント核（他の言語でアクセントないしは強勢と呼ばれるもの）を担う単位はほとんどすべての言語において音節であることが証明されているからである．(11)の分析は，この一般的な考え方を日本語に導入しただけのことである．自立モーラ・特殊モーラという日本語にしか通用しない概念を導入する分析と，言語一般にあてはまる考え方を取り入れた分析のいずれが妥当なものであるか，その答えは自明であろう．

　以上の議論をまとめると，(10)のように自立モーラ・特殊モーラという概念を用いて分析していては，(8)の2種類のアクセント型を統一的に記述することはできても，両者の関連性を説明することができないということが言える．一方，自立モーラと特殊モーラの区別を廃して，代わりにモーラと音節という二つの音韻単位を記述に導入すると，この不備を解消できるだけでなく，日本語を他の言語と同じ土俵で議論できるという利点が得られるのである．後者の分析を採用するとさらに，日本語（東京方言）を「モーラで長さ・距離を数え

て，音節でアクセント核を担う言語」と類型化できるようになる．つまり，アクセント付与のための距離を測る単位と，アクセント核を実際に担う単位とを区別して考えることにより，言語や方言の間の異同（共通点と相違点）を明示的に捉えることができるようになるのである．ちなみに前節で論じた鹿児島方言は「音節で長さ・距離を数えて，音節でアクセント（音調）を担う言語」と解釈できる．

練習問題 7.5

「クリス⌐マス」，「アンコ⌐ール」のアクセント型と「デラ⌐ックス」，「デザ⌐イナー」のアクセント型は，どのように一般化できるか．つまり，どのようにすれば一つの規則にまとめることができるか．

（c） 音節構造と外来語の平板化

アクセント規則と音節の関わりを示すもう一つの事例として，外来語の平板化現象を考えてみよう．すでに何回も述べたように，平板式アクセントは語の途中でピッチが下がらず最後まで平坦に発音されるアクセント型である．音韻構造としてはアクセント核を持たないアクセント型を意味する．このアクセント型の存在は日本語アクセントの一つの大きな特徴となっているが，日本語（東京方言）の語彙の約半数をこのアクセント型が占めている．つまり2語に1語は平板式アクセントの語なのである．ところが外来語に限って言うと，このタイプの語の比率はきわめて低く10%程度にすぎない．これは，英語をはじめとする外国語では何らかのアクセント特徴を持って発音されるのが普通であるために，この特徴が外来語として借用される場合にも残ることを反映した数値と解釈されている．

このように和語や漢語に比べると外来語はアクセント核を持って発音される場合が圧倒的に多いのであるが，その一方で平板式アクセントの外来語が増えてきているということが最近しばしば指摘されている．この平板化する外来語は平板化の理由をもとに二つのグループに大別できるようである．その一つは，なじみ度の高さによって平板化するグループである．以前より「オルガン」や

「アメリカ」「フランス」など，日本語に定着してきた外来語は平板化の傾向を示すことが指摘されてきた．最近ではこの傾向が急速に強まってきており，とりわけ外来語を使用することの多い若者の間で顕著となっている．いくつか具体的な例をあげてみよう．

(12) スニーカー，トレーナー（服または訓練士），ボトル，モーター，
   ドラマ，ドラム（楽器またはドラム缶），メドレー，
   ドライバー（運転手または工具）

平板化するもう一つの外来語グループは，特定の音節構造によって平板式アクセントとなると考えられる語である．ここで本章の冒頭にあげた外来語の例を考えてみよう．「カラヤン」という語を除いてすべて無意味語である．

(13) カラヤン，カヤラン，カンヤラ，カンラヤ，カランヤ，カヤンラ

これらの語を東京方言話者に発音してもらうと，話者によって若干の揺れはあるものの，おおむね次のような三つのアクセント型が観察される．この違いは自分で発音してみても実感できるはずである．

(14) a. カ⌐ラヤン，カ⌐ヤラン
   b. カンヤラ，カンラヤ
   c. カラ⌐ンヤ，カヤ⌐ンラ

これらの三つのアクセント型のうち，前節で論じた「−3の規則」で説明できるのは(14c)のみである．(14a)は後ろから三つ目のモーラが特殊モーラでないにもかかわらず，すぐ左側のモーラにアクセント核が移動している（この奇妙なアクセント型については後述する）．これと並んで不思議なアクセント型が(14b)の平板式アクセントである．(14)のようなアクセント型の違いを示すのは撥音を含む語だけではない．撥音を長音に変えてみても，同様のアクセント型が観察される．

(15) a. カ⌐ラヤー，カ⌐ヤラー
   b. カーヤラ，カーラヤ
   c. カラ⌐ーヤ，カヤ⌐ーラ

(14)と(15)の例はいずれも4モーラの長さを持つ語であり，モーラ構造だけ見ると撥音の「ン」や長音の位置が異なるだけである．しかし，このわずかな違

いが異なるアクセント型を生み出しているようなのである.
　このことを音節構造という点から考察してみると,語末に1モーラからなる音節が連続する場合に平板化しやすいという傾向を読みとることができる.つまり音節を,「ラ」や「ヤ」のように1モーラで単独の音節を作り出す軽音節(別名「短音節」)と,「ラン」「ヤー」のように2モーラで一つの音節にまとまる重音節(別名「長音節」)の2種類に分類してみると,(16)のような傾向が観察されるのである.

(16)　語末が軽音節の連続で終わる4モーラ語は平板化しやすい.

　語末の2音節を軽音節(L=light)か重音節(H=heavy)かという基準で分類してみると(17)にあげた四つの組み合わせしか出てこない.この組み合わせに基づいて4モーラの外来語地名206語(NHK編『日本語発音アクセント辞典』巻末所収)を分析してみると,表7.1,表7.2の結果が得られる(窪薗1996b).

(17)　…LL, …HL, …LH, …HH

　表7.1は上記206語のうち平板化している71語について,どの音節構造に属しているかを分類したものである.4モーラ平板語の9割以上が(16)で述べた音節構造に集中していることがわかる.また音節構造別の平板化率を分析した表7.2の結果でも,(16)の音節構造条件を満たす語のじつに6割近くが平板化していることがわかる.外来語全体の平板化率が約10%であるから,軽音節の連続で終わる4モーラ語はその約6倍の確率で平板化しやすいということがわかる.またこの表は,同じ4モーラの長さであっても他の音節構造を有する

表7.1　4モーラ地名の平板式アクセント語彙と音節構造

音節構造	…LL	…HL	…LH	…HH
占有率	65/71(91%)	2/71(3%)	4/71(6%)	0/71(0%)
語例	アリゾナ	オランダ	テヘラン	—
	アイダホ	フランス	バチカン	

表7.2　音節構造と平板化傾向

音節構造	…LL	…HL	…LH	…HH
平板化率	65/111(59%)	2/40(5%)	4/34(3%)	0/21(0%)

語では平板化率がきわめて低いことも表している．

　ここで，(16)の条件が4モーラという特定の長さを有する語に限定されることも強調しておく必要がある．4モーラで平板化する語にもう一つ軽音節を加えてみると，とたんに平板化しなくなってしまう．これは実在語に関する統計研究から裏づけられるだけでなく，(18)のような無意味語を発音してみても実感できる．いずれの例でも -3 の外来語アクセント規則が働き，語末から3モーラ目にアクセント核が置かれる．つまり，語末から3モーラ目と2モーラ目の間で急激にピッチが下降するのである（(　)内は平板化する4モーラ語）．

(18)　カンヤ⌐ラキ（カンヤラ），カーラ⌐ヤピ（カーラヤ），
　　　アリゾ⌐ナマ（アリゾナ），アイダ⌐ホワ（アイダホ）

このように，外来語の平板化は(16)に述べた二つの条件を有する語に特徴的に起こっている．「4モーラ」という長さの条件と「軽音節の連続で終わる」という音節構造の条件の両方を満たす場合に，平板化というアクセント型が生じているのである．なぜこの2条件が平板化を引き起こすのか，今のところその理由はわかっていない．しかしながら，平板式アクセントという特定のアクセント型が特定の音節構造と結びついていることは確かなことである（詳しくは窪薗・太田（1998）の第2章を参照されたい）．

練習問題 7.6

　次の外来語はイタリアのプロサッカーチームの名前である．この中で平板化するのはどの語か．また，その語は他の語とどのように音韻構造（語の長さや音節構造）が異なっているか．

　（a）ペルージャ　（b）ユベントス　（c）カリアリ　（d）フィオレンティーナ
　（e）ボローニャ　（f）ベネチア　（g）パルマ　（h）エンポリ

(d)　カラヤンのアクセント

前節で外来語の平板化を述べる際に，「カ⌐ラヤン」のような変則的なアクセント型を持つ語が存在することを指摘した．従来の外来語アクセント規則（-3 の規則）では「カラ⌐ヤン」というアクセント型が予測されるところであるが，

7.4 音節とアクセント規則

実際にはほとんどの東京方言話者がアクセント核を 1 モーラだけ左側にずらして発音している例である．これは語末から 3 モーラ目が特殊モーラであることによってアクセント核が左側にずれてしまう「アルゼ˥ンチン」などの例とは異なり，本節(b)で紹介した外来語アクセント規則にとって完全な例外となる場合である．

このような例外的なアクセント型を示す例を多数集めてみると，特定の音節構造を有する語に集中していることがわかる(窪薗 1996b)．4 モーラ語の場合には，LLH (軽音節+軽音節+重音節) という構造に集中して起こる．実在する語の例を(19)にあげよう．

(19) ア˥マゾン，マ˥ゼラン，ブ˥ルペン，テ˥ネシー，ト˥ロフィー

もっとも，(20)に示したように「−3 の規則」が予想する通りのアクセント型も観察されるし，また(21)のように(19)と(20)の両方のアクセント型を示したり，話者によって揺れを示す語も存在する．

(20) アセ˥アン(ASEAN)，ビタ˥ミン，イエ˥メン
(21) レ˥バノン〜レバ˥ノン，ド˥ラゴン〜ドラ˥ゴン

では(19)と(20)の分布はどうかというと，上記の外来語地名では 27 例中 21 例が(19)のアクセント型，3 例が(20)のアクセント型を示し，数の上では圧倒的に(19)の方が優勢である．また，同じ統計結果が外来語の一般名詞についても報告されている．このような統計結果をもとに判断すると，規則の例外とは言えないほどに(19)の型を示す語が多いという結論に至る．

ではなぜ(19)の型がこれほどまでに多いのか．英語の影響という可能性も高いが，単語ごとの借用という可能性は低い．(19)にあげた単語の中にはたしかに Amazon のように英語の強勢位置と一致するものもある一方で，「トロフィー」(英語は TROphy [tróufi]) のように一致しない例もあるし，さらには「キャベジン」や「ビニロン」のように日本語で作られたカタカナ言葉も同じアクセント型を示す．これらの例は，(19)のアクセント型が英語発音の単なる借用ではなく，日本語のアクセント体系に根付いた発音であることを示唆している．もう少し正確に言うと，(19)は特に LLH という音節構造を持つ語に特徴的に見られる比較的新しいアクセント型である(窪薗 1996b)．

外来語アクセントとラテン語アクセント

7.4節(b)において，日本語(東京方言)の外来語が「語末から三つ目のモーラを含む音節」にアクセントを持つことを紹介した．この規則の主役はモーラであり，音節がモーラの補助的な役割を果たす形で定式化されている．日本語がモーラ言語であることを象徴する規則と言ってよい．これに対して，英語やドイツ語の(名詞)アクセント規則は6.9節で述べたように基本的に音節によって決まる．語末から2音節目か3音節目にアクセント(強勢)が置かれ，そのいずれになるかを決定するのが語末から二つ目の音節の長さ(モーラ数)である．この規則では音節が主体で，モーラが補助的役目を果たすと言うことができる．両者をまとめると次のようになる．

(1) 日本語の外来語アクセント
 語末から三つ目のモーラを含む音節にアクセントを置く．
(2) 英語の名詞アクセント
 語末から二つ目の音節が2モーラの長さを持つ場合にはその音節に，1モーラの長さしか持たない場合には，一つ前の音節にアクセントを置く．

この二つの規則は一見するとほとんど共通性がない．より正確に言うと，一般化の仕方が異なるので，どのような(どの程度の)共通性があるのかもわからない．ところがこの二つの規則の中身を比較してみると，両者は酷似した内容を持つことがわかる．ここで日本語の定式をしばらく離れて，日本語の規則性を英語と同じく音節を中心に記述してみる．具体的には，音節を2モーラのもの(重音節，長音節)と1モーラのもの(軽音節，短音節)に区分し，語末の3音節について組み合わせを見てみると(3)のような八つの可能性が存在する(Hは重音節を，Lは軽音節を意味する: #は語境界)．

(3) a. HHH# b. LHH# c. HHL# d. LHL#
    e. HLH# f. LLH# g. HLL# h. LLL#

(3)の八つの組み合わせに対して(1)の日本語の規則は(4)のように，(2)の英語の規則は(5)のようにアクセント(下線部分)を指定する．(4)を算出するにあたっては，H=2モーラ，L=1モーラという基準をあてはめ，語末から3モーラ目を選び出せばよい．

(4) a. HHH# b. LHH# c. HHL# d. LHL#
　　e. HLH# f. LLH# g. HLL# h. LLL#
(5) a. HHH# b. LHH# c. HHL# d. LHL#
　　e. HLH# f. LLH# g. HLL# h. LLL#

　両者の共通性は一目瞭然である．(4)と(5)の内容を比較してみると，日本語の規則と英語の規則は6/8の環境で同じアクセント型を作り出す．つまり，両者が異なるのは(e)と(f)の二つの音節構造だけである．このうち(f)の構造は7.4節(d)で論じた「カラヤン」の構造である．そこでの議論からもわかるように，この音節構造を持つ日本語の外来語の大半は「カ⌐ラヤン」のように英語と同じアクセント型(つまり(5f))を示し，「アセ⌐アン」のように(4f)のアクセント型を示す語は少数派となっている．この傾向は(e)の構造の外来語についてもある程度あてはまるものであり，とりわけ若い人たちの発音では(4e, f)より(5e, f)の方が一般的となってしまっているようである(たとえばイ⌐ンタビュー，ミュ⌐ージシャン，エ⌐ンデバー，ク⌐ーデター)．つまり，日本語の外来語規則は実質的に8/8(つまりすべて)が英語の名詞規則と同一の内容となっている(窪薗・太田 1998)．

　外来語規則は和語や漢語のアクセント規則とも共通性の高いものであるから，このような日本語の変化は，もともとモーラを主体としていた日本語のアクセント規則が英語のアクセント規則のように音節を主体としたものへ徐々に変化してきていることを示唆していると言えよう．また，この観点から7.3節で論じたシラビーム方言の体系を再検討してみると，鹿児島方言のようにすでに完全に音節を基本としている体系は，日本語の中でももっとも進歩的な方言であると言えるのかもしれない．

　このように日本語には，特定の音節構造に特徴的に見られるアクセント型や，アクセント型の変化が観察される．このようなアクセント現象は，モーラ構造だけではなく，語の音節構造までも考慮に入れて分析しないと正しく理解できないのである．この分析をさらに進めていくと，(20)から(19)へのアクセント型の変化がじつは法則のない個別的な変化ではなく，日本語の外来語アクセント規則をラテン語や英語タイプのアクセント規則に近づけようとする大きな流れの中に位置づけられることがわかる．詳細については窪薗・太田(1998)を参

照されたい．

練習問題 7.7

次の疑似外来語はアニメ『ポケットモンスター』に登場するモンスターの名前である．自分の発音でどのようなアクセント型となるか調べなさい．
(a) キャタピー　(b) ピカチュー　(c) ニドラン　(d) ミニリュウ
(e) ハクリュー　(f) メタモン　(g) ポリゴン　(h) ニョロボン

(e) 桃太郎と金太郎のアクセント構造

次に「桃太郎」「金太郎」のように「太郎」という名詞を後部要素とする人名(X太郎)のアクセントを考えてみよう．太郎という語は3モーラの長さをもち，その最初のモーラにアクセント核を持つ語である．このタイプの語が複合語の後部要素となる場合，東京方言ではこの要素のアクセント核が複合語のアクセント核として残る．つまり，語頭で上昇したピッチが後部要素の1モーラ目と2モーラ目の間で急激に下降するのである．いくつか具体例を見てみよう．

(22) バ⌝レー: ママさんバ⌝レー，ビーチバ⌝レー
　　　さ⌝ぎょう(作業): のうさ⌝ぎょう(農…)，はたけさ⌝ぎょう(畑…)
　　　じゅ⌝ぎょう(授業): ほしゅうじゅ⌝ぎょう(補習…)，
　　　　　　　　　　こじんじゅ⌝ぎょう(個人…)

ところがX太郎という複合語のアクセント型は，この一般的な複合語アクセント規則には合致しない．この複合語はXに何が来るかによって(23)のような三つのアクセント型を示すのである(浦島太郎(うら⌝しま　だ⌝ろう)のように複数のアクセント単位に分かれてしまうものは分析の対象から外す)．

(23)　a.　平板式アクセント
　　　　　鬼太郎(き)，寝太郎(ね)，小太郎(こ); Q太郎(きゅう)，金太郎(きん)，乱太郎(らん)，勘太郎(かん)，
　　　　　海太郎(かい)

　　　b.　…⌝たろう
　　　　　桃⌝太郎(もも)，垢⌝太郎(あか)，鬼⌝太郎(おに)

c. …た⌐ろう
　　力太⌐郎, ウルトラマンタ⌐ロウ

　(23)の三つのアクセント型のうち(23c)は(22)と同じアクセント型であり,「太郎(た⌐ろう)」の持つアクセント核をそのまま残している．ところが(23a, b)の二つのアクセント型はこれとは違い, 前者が全体にピッチの落ちない平板式, 後者が前部要素の末尾にアクセント核を持つ型となっている．(22)にあげた語とは異なり, 3種類の多様なアクセント型を示すのである．

　(23a, b)の二つのアクセント型は(22)に示した複合語アクセントの規則には合致しないが, だからといって規則性がないかというとそういうわけでもない．前部要素にいろいろな語を入れて見ると, 新造語であるにもかかわらず(23a, b)のアクセント型を示すものが多い．たとえば「絵を描くのが好きな太郎」ということで「絵太郎」, 漫画を書くのが好きな「漫太郎」, 柿ばかり食べている「柿太郎」, お金の亡者の「金太郎」という語を勝手に作って発音してみると, 前二者は(23a)のアクセント型, 後二者は(23b)のアクセント型となる．別のアクセント型で発音してみると何か変なのである．このように(23a, b)のアクセント型は(22)のアクセント型とは同一ではないものの, かなりの生産性を持っている．

　ではこの生産性はどのような規則によって作り出されているのであろうか．モーラで考えると, 2モーラの長さを持つ前部要素が(23a)と(23b)に分散している．「きゅう」や「きん」などの2モーラ語が同じ2モーラ語の「もも」や「あか」とではなく, 1モーラの「き」や「ね」と同じアクセント型を示しているのである．「きゅう」「きん」と「き」「ね」に共通していて,「もも」や「あか」に共通していないものは何か．それは音節数である．「きゅう」「きん」は「き」や「ね」と同じように1音節であるが,「もも」や「あか」は2音節である．このことから「X太郎」のアクセント規則は次のように定式化できる．

　(24)「X太郎」のアクセント型
　　a. Xが1音節であれば平板式となる(=23a)
　　b. Xが2音節2モーラであればXの末尾にアクセント核が置かれる(=23b)

c. Xが3モーラ以上であれば後部要素(た⌐ろう)のアクセント核が残る(=23c)

ここで(24c)の条件が「3音節以上」ではなく「3モーラ以上」となっていることに注意していただきたい．(24a)と(24b)の違いが「1音節」か「2音節」かという音節数の違いに還元できることから，(24b)と(24c)の境界も音節数で定義できるのではないかと予想されるが，実際にはそうではない．「カレー」や「だんご」「大工」などの2音節3モーラ語でX太郎の複合語を作ってみると，(25)に示すように(23c)の「力太郎」と同じアクセント型を示し(23b)の型を示さない．

(25) カレーた⌐ろう，*カレ⌐ーたろう；
だんごた⌐ろう，*だんご⌐たろう；
大工た⌐ろう，*大工⌐たろう

このように2音節3モーラ語は2音節2モーラ語とではなく，3音節3モーラ語と同じ振る舞いを示すことから，(23b)と(23c)の境界は2音節と3音節の間にあるのではなく，2モーラと3モーラの間にあることがわかる．以上のことを総合すると，(23a)と(23b)の区別を作り出すのは1音節か2音節かという音節数の違いであり，一方，(23b)と(23c)の違いを作り出すのは2モーラか3モーラ(以上)かというモーラ数の違いであることがわかる．(24)の定式化はこのような事実をまとめたものである．

練習問題7.8

「正（まさ）太郎」と「正（しょう）太郎」は音節構造とアクセント型がどのように異なっているか．

(f) 複合語アクセント規則

前節では「金太郎」や「桃太郎」のアクセント現象にモーラだけでなく音節も大きく関与しており，部分的に「音節で数える」ということが不可欠であることを見た．これは「X太郎」という特定の固有名詞に関するアクセント規則であることから，日本語の中では特別な現象のように思えるかもしれない．こ

7.4 音節とアクセント規則　215

のような疑問を払拭するために，一般的な複合語アクセント規則を考察してみることにする．具体的には後部要素に2モーラの外来語をとる場合を考えてみる．

前部要素が3モーラ以上で，後部要素に2モーラ外来語をとる複合語は(26)にあげる二つのアクセント型を示す．(26a)は前部要素の末尾音節にアクセント核を持つ型，(26b)は後部要素の頭にアクセント核を持つ型である．後部要素がもともと持っているアクセント核との関連で言えば，(26a)は後部要素のアクセント核を保存しない(できない)型，(26b)は保存している型と言うことができる．

(26) 　a. 　ピ⌉ン：ネクタ⌉イピン，あんぜ⌉んピン(安全ピン)
　　　　　　　パ⌉イ：ミート⌉パイ，パンプキ⌉ンパイ
　　　　　　　カ⌉ー：パトロール⌉カー，レーシング⌉カー
　　　　　b. 　ピ⌉ザ：ミックスピ⌉ザ，シーフードピ⌉ザ
　　　　　　　バ⌉ス：通勤バ⌉ス，マイクロバ⌉ス
　　　　　　　ガ⌉ス：天然ガ⌉ス，メタンガ⌉ス

(26)にあげた二つのアクセント型を分けている基準は，後部要素が1音節であるか2音節であるかという違いである．同じ2モーラでも，1音節であれば(26a)のアクセント型を，2音節であれば(26b)のアクセント型を示している．たしかに話者によっては(26a)の複合語を(26b)のアクセント型で発音する場合も観察される(たとえば ミートパ⌉イ，レーシングカ⌉ー と発音する)．この傾向は年輩の話者や，なじみの薄い語に見られるようであるが，多くの複合語を大勢の東京方言話者について調べてみると，後部要素の音節構造によって(26)にあげた二つのアクセント型の違いが作り出されると言って問題ないようである(窪薗 1996c)．

(26)にあげた複合語アクセントの現象は，前節で論じた「X太郎」の現象とは違い，一般的な複合語アクセント規則の一部をなすものである．この規則の中で音節の数が重要な意味を持っているということは，日本語のアクセント現象の中で音節が重要な役割を果たしていることを示唆している．

(26)の現象を一般言語学的な観点から考察してみると，この音節の役割が日

本語だけに限定されるものではないこともわかる．一般にアクセントという音韻特徴を持つ言語では，語末音節にアクセントが来にくいという顕著な傾向が観察される(Prince & Smolensky 1993)．日本語の複合語は後部要素のアクセント核を保存するという原則に従うから(5.3節)，この原則に忠実に従えば，「ピン」や「パイ」のような1音節の語も，「ピザ」「バス」のような2音節の語も同じ複合語アクセント型，つまり(26b)のアクセント型を示すはずである．ところが，1音節語の場合にこの原則をあてはめてしまえば，語末にアクセント核を保持する複合語を作り出してしまうことになり，多くの言語に見られる「語末にアクセントを置かない」という原則に反してしまうことになる．「ピン」や「パイ」のような1音節語が日本語複合語の原則に反して自らのアクセント核を複合語に残さない背景には，この一般的な原理が働いているものと解釈できる．つまり，「語末にアクセントを置かない」という一般的な原理と「後部要素のアクセント核を保存する」という原則(忠実性の原理)を天秤にかけ，前者を優先させているのである．これに対して「ピザ」や「バス」のような2音節語はもともと語末から二つ目の音節にアクセント核を持っているため，言語一般的な原理に違反せずに忠実性の原理も満たすことができる．(26)にあげた二つのアクセント型はこのように，音節数の異なる2種類の語がその入力構造の違いによって作り出したものなのである．モーラ構造だけでなく音節構造まで視野に入れると，(26)の二つのアクセント型の違いを説明できるだけでなく，その違いを多くの言語に観察される一般的な原理と関連づけて説明できるようになる．

---練習問題 7.9---
同じ複合語でも「いちごジャ￢ム」と「いちご￢パイ」のアクセント型が異なってくるのはなぜか．

7.5 音節構造

前節ではモーラ言語とされる日本語においても音節という言語単位が有意義かつ不可欠な役割を果たすことを指摘した．このことを理解した上で，次に日本語の音節構造を他の言語の構造と比較して考察してみたい．

(a) 日本語の歴史と音節構造

日本語の音節構造は[子音+母音]（つまり CV）が基本であるとしばしば言われる．これは歴史的にも，また現代の日本語についてもあてはまることである．昔の日本語ではこの基本構造に合わせるために(27a)のように子音を挿入したり，(27b)のように2母音を融合したり，(27c)のようにいずれかの母音を削除したりした．中国語からの借用語（つまり漢語）では(27d)のように母音の挿入も起こっている（ドット(.)は音節境界を表す）．

(27) a. ha.ru + a.me → ha.ru.sa.me（春雨）
san + i → san.mi（三位）
b. na.ga + iki → na.ge.ki（長息=嘆き）
c. a.ra + i.so → a.ri.so（荒磯）
su.mi.i.re → su.mi.re（墨入れ=すみれ（花））
d. gak + mon → ga.ku.mon（学問）

CV という構造に合わせようとする現象は現代日本語にも起こっている．この現象は音節構造の異なる言語から語を借用する場合に顕著に現れ，(28)のように母音挿入によって可能な限り CV の連続が作り出される．

(28) 'strike'[straIk] → su.to.rai.ku
'pass'[pæs] → pa.su

もっとも，現代日本語には CV 以外の音節構造も許容される．6.3 節でも部分的に述べたように，千余年の歴史の中で V，CVV，CVC，CCV という音節構造を許容するようになったからである．(29)に(27)と対応する例をあげる．

(29) a. oo + a.me → oo.a.me（大雨）

b. na.ga + i.ki → na.ga.i.ki（長生き）
　　　c. gak + koo → gak.koo（学校）
　　　d. kyak → kya.ku（客）

このうち V は**頭子音**(onset)のない音節であり，CVV は長母音や二重母音を含む音節である．また CVC は撥音や促音で終わる音節，すなわち**尾子音**(または末子音，coda)を持つ音節であり，一般に閉音節と呼ばれるタイプである．CVV と CVC はモーラで数えると 2 モーラの長さを持っている．また CCV は拗音と呼ばれる漢語からの借用音であり，「きゃ，きゅ，きょ」や「みゃ，みゅ，みょ」のようにかな文字 2 文字で表されている．

　現代日本語ではこのように部分的に CV 以外の音節も許容されるようになっているが，今でも CV が基本であることには違いない．1 モーラ音節(CV と V および CCV)と 2 モーラ音節(CVV，VV，CVC，VC，CCVC，CCVV)の頻度を調べてみると，今でもおよそ 3:1 の割合で前者の方が多い．また「場合 (ba.ai)」が「ばやい (ba.yai)」と発音されたり，「書いておこう (kai.te.o.koo)」「書いてあげよう (kai.te.a.ge.yoo)」が口語体で「書いとこう (kai.to.koo)」「書いたげよう (kai.ta.ge.yoo)」と語形変化するように，頭子音の欠落した音節(つまり母音で始まる音節)を避けようとする現象がいくつも観察される．

　ところで CV を基本とするということの背後には，音節構造に関する三つの制約が存在している．一つは頭子音が欠如した V という音節構造を避けようとする制約であり，他の二つは閉音節((C)VC)と子音結合(CCV や VCC)を避けようとする制約である．これらの三つの制約は音節構造に関する三つの異なる制約であり，かつ，広範囲な言語に観察される一般的な有標性の原理である．これらの三つの制約を順番に見ていくことにする．

練習問題 7.10

　母音挿入という現象から，日本語の音節構造についてどのような知見が得られるか．

(b) 頭子音

CV と V はただ頭子音があるかないかという違いのように思えるかもしれないがそうではない．前者が基本的な構造であり，後者はより複雑な構造である．その証拠に，V という音節構造を許容する言語は必ず CV も許容する．V があれば CV もあるわけで，V があって CV はない言語は存在しないとされている．このことは子供の言語獲得にも現れており，子供が最初に獲得する語は CV という音節構造であり，頭子音の欠落した V という音節は CV よりも後に獲得すると言われている．これとは逆の順序が言語を喪失する過程に見られ，失語症患者は V を先に喪失し，CV は最後まで保持するとされている．自然言語における分布，言語獲得，言語喪失，いずれの面でも，CV が V より基本的な音節構造として働くのである．有標性の考え方を用いると，V より CV の方が無標であるということが言える．図式化すると(30)のように表すことができる(A > B は A の方が B より無標であることを意味する)．

(30)　CV > V

日本語において V という構造の音節を避けようとする現象は，すべてこの有標性の原理に還元できる．すなわち(27a)の子音挿入，(27b)の母音融合，(27c)の母音削除，以上の三つの現象はいずれも頭子音の欠落した有標の音節構造から CV という無標の音節構造を作り出そうとする現象である．また上であげた「場合(ba.yai)」の音形や「書いとこう」「書いたげよう」の語形も，それぞれ子音挿入と母音削除(あるいは母音融合)という手段を使って(30)の制約を具現化しようとした現象である．このように日本語の歴史や現代日本語の共時的な音形(語形)変化の中に(30)の制約を読みとることができる．

見方を変えるならば，(30)の有標性原理によって子音挿入，母音融合，母音削除という三つの音韻現象を統一的に理解することができるようになると言うこともできる．これらの音韻現象はそれぞれ独立した現象のように思えるが，じつは共通した動機を持っているのである．

日本語の中で起こる複数の現象を一般化できるだけではない．英語では *a book*, *an apple* というように母音で始まる名詞が *a* ではなく *an* という不定冠詞

を要求するが，この関係もまた(30)の制約に還元できる．*an apple* は実際の発話において a nap.ple という音節構造で発音される．名詞の頭の部分に頭子音の欠落した音節が作り出されないように，不定冠詞の尾子音(a<u>n</u>)を頭子音として取り入れているのである．一方，*book* のように頭子音で始まる語の場合にはこのような必要性がないために，an という音形の不定冠詞をとらなくても問題が生じることはない．このように(30)の一般的な制約によって，日本語の諸現象を他の言語の現象と関連づけて統一的に理解できるようになる．

ところで(27a)にあげた例の中で「雨」という語が [a.me] と [sa.me] の二つの音形で出てきていることに注意されたい．日本語の歴史のある段階では，この語が単独では [ame] と発音され，複合語の中（つまり後部要素）では [same] と発音されていたのである．このうち単独発音の方だけが(30)の制約に反していることになるが，この状態は特別なものではない．V という音節構造が CV に比べ有標である一方で，この有標な構造は多くの言語において語頭で許容されている．V を極端に嫌う言語でも，語頭の位置だけはこの音節構造を許容するということが珍しくないのである．日本語の「あめ」－「はるさめ」というペアもこのような一般的な傾向を反映したものである．

最後に日本語の歴史を(30)の制約に注目して考察すると，日本語は千余年の歴史の中で CV という無標な構造だけを許容する体系から，V という有標の構造をも許容する体系へと変化してきたことがわかる．無標，有標の両方の構造を持つ体系へ発展してきたのである．制約ないしは規制という用語を用いるならば，無標の構造だけを許容していた規制の厳しい体系から，有標の構造も許容する規制の緩やかな体系へ変わったと言うこともできる．上で述べた「あめ」－「はるさめ」の時代はこの歴史過程の途中段階，すなわち V という有標の音節構造が語頭という限られた環境にまず生起するようになった体系を表している．

─ 練習問題 7.11 ─
　　同じ音節でも頭子音が存在しない構造より，存在する構造の方が無標であることは，どのような現象から実証されるか．

(c) 尾子音

　CV という基本構造を作り出しているもう一つの制約は，閉音節を避けようとする制約である．閉音節とは尾子音の付いた音節であるから，尾子音を避けようとする制約と言うこともできる．一般言語学の観点から見ると，開音節と閉音節の間には(31)のような有標性の差異がある(ここで V は短い母音，長い母音の両方を意味する)．すなわち閉音節の方が開音節よりも有標である．

(31)　CV > CVC

　前節で述べた頭子音の場合と同じで，CVC という複雑な音節構造を持っている言語は必ずその前提として CV という音節構造をも有する．つまり CVC があって CV がないというような言語は存在しない．英語や朝鮮語のように閉音節が多い言語(いわゆる閉音節言語)であっても，必ず開音節も有しているのである．子供の言語獲得も CV から始まり，CVC を獲得するのはその後とされている．失語症に同じ考え方をあてはめると，失語症患者は CVC を先に失い，その後に CV を失うということになる．

　このように見てみると，尾子音の有無は前節で論じた頭子音の有無とはまったく反対の意味を持っていることがわかる．(30)からもわかるように頭子音はあるのが自然であって，欠如した状態は有標の状態を示す．これに対して尾子音は(31)に示されたように存在しない方が無標である．頭子音と尾子音は母音に結合する子音という点では同じであるが，その意味はまったく異なっているのである．この違いは CV と VC を比べた場合によく理解できる．CV はどの言語にも存在し，子供がまっ先に獲得する音節構造であるが，VC はこれよりはるかに有標の(つまり複雑な)音節構造である．それゆえ VC という音節構造を有する言語は，その前提として CV，CVC，V という三つの音節構造を許容する．言語発達過程でも，VC を産出できる子供はすでにこれらの三つの音節構造を獲得していると考えられるのである．

　ここで日本語の歴史を(31)の有標性の尺度に照合して考察してみよう．日本語も(31)の制約をおおむね忠実に守っている．すなわち CVC という有標の構造が外国語から入ってくる場合には，通常(27d)のような母音挿入という手段

でこの有標構造を避けようとする．論理的に見るとCVCから尾子音を削除する手段も考えられるが，一般に原語にある音を削除するという手段は用いられず，もっぱら母音挿入という手段をとる．(32)からわかるように，この手段は音節を一つ増やし，入力の尾子音を新しい音節の頭子音として取り込む操作である．

(32) CVC → CV.CV

(32)の手段は古い時代には漢語に対して，そして新しい時代には外来語に対して用いられている．(28)にあげた *strike* の例では，語末の [u] という母音が(32)の過程によって挿入されている．もっとも(32)の現象が常に起こるかというとそういうわけでもない．(29c)にあげた「学校(gak.koo)」の例からもわかるように，無声阻害音(特に無声閉鎖音)の前ではCVCという構造が古い時代から許容されている．また尾子音が鼻音である場合にも，「天(ten)」や「万(man)」のようにCVCの構造がそのまま受け入れられた．外国語から受け入れただけではない．撥音便・促音便という日本語内部の音変化を通してCVCという音節構造が作り出された(5.3節, 6.3節)．これは(33)に示すように(32)とはまったく逆の変化である．

(33) CV.CV → CVC

  a. 撥音便 死にて(si.ni.te) → 死んで(sin.de)

       読みて(yo.mi.te) → 読んで(yon.de)

  b. 促音便 持ちて(mo.ti.te) → 持って(mot.te)

       由りて(yo.ri.te) → よって(yot.te)

このように尾子音の有無という点から見ると，撥音便・促音便は開音節の連続を閉音節に変えてしまう効果を持つ変化であり，(31)に示した有標性の尺度に違反する現象と言える．しかし音便を音節量(音節の長さ)というまったく別の観点から眺めると，1モーラ音節の連続を2モーラに変えるという効果を持っている．母音に長短の区別のある言語では，1モーラ音節よりも2モーラ音節の方が安定した構造であることが数多くの言語の研究から知られている(窪薗1995)．CVとCVCはともに，この音節量の原理と(31)の有標性制約とを同時に満足させることはできない．(31)の制約を尊重すると(32)の変化が，逆に音

節量の原理を尊重すると(33)の変化が起こるという結果が予想されるのである．このように音節構造に関する二つの力が衝突する場合に，どちらを優先させるかによって(32)と(33)という相反する現象が生み出されると考えられる．

　ここで忘れてならないことは，漢語からの借用や(33)の音変化によって CVC の音節構造が日本語に生起するようになったからといって，日本語の中で閉音節の方が開音節よりも一般的な構造になったわけではないということである．CVC という音節構造が許容されるようになったのは非常に限られた音声環境であり，尾子音の位置に実際生起できる音は鼻子音(つまり撥音の「ん」)か無声阻害音(つまり促音の「っ」)に限られている．それ以外の子音(たとえば有声阻害音やラ行の子音など)は依然として尾子音の位置に生起することは許されていない．これは英語などの言語において，ほとんどすべての子音音素が尾子音の位置に生起している状態と対照的なものである(たとえば英語では *bed* [bed] や *five* [faɪv] のように有声阻害音が尾子音となりうる)．日本語にはこのような強い制限が働いているために，今でもなお開音節の方が閉音節よりも圧倒的に多いのである．実際に統計をとってみると，9:1 の比率で開音節が閉音節を圧倒している．

　この数字は，親族語や身体語，自然語などのいわゆる基礎語彙を見てみると理解できる．基礎語彙は，言語変化の影響を受けにくく，その言語の語彙の構造を一番よく反映していると言われる種類の語彙である．(34)に示されたように，日本語ではこのタイプの語彙の大半が開音節である．閉音節言語とされる英語(35)において，基礎語彙の8割強が閉音節であることと対照的である．日本語が「開音節言語」と言われる根拠がここにある．

(34)　父(ti.ti)，母(ha.ha)，兄(a.ni)，姉(a.ne)，弟(o.too.to)，妹(i.moo.to); 目(me)，手(te)，足(a.si)，鼻(ha.na)，頭(a.ta.ma)，腹(ha.ra); 日(hi)，月(tu.ki)，木(ki)，風(ka.ze)，雨(a.me)

(35)　英語の基礎語彙
　　　a. 開音節　　eye [aI], tree
　　　b. 閉音節　　hand, leg, nose, head, sun, moon, wind, rain

以上の話から，日本語はその歴史の中で開音節という無標の音節構造だけしか許容しない体系から，閉音節という有標の音節構造も部分的に許容する体系へと変化してきたことがわかる．規制がわずかながら緩やかになったというわけである．

　ここで英語の音節構造に視点を移すと，英語が(35)に示されるほどまでに閉音節を多用するということは意外なところかもしれない．つまり，無標であるはずの開音節が少数派となっている状態に疑問を抱くかもしれない．じつは英語が有標な閉音節の構造を多用することには独立した要因がある．英語は日本語とは違い単音節語の多い言語(いわゆる単音節言語)であり，(35)の例からもわかるように基礎語彙の大半が1音節だけからなる．人間の言語には一般的な原理として1モーラの長さの語を避けようとする制約が働いている(窪薗 1995)．日本語の短縮語が2モーラ以上の長さを持つこと(たとえば「ストライキ」や「チョコレート」は「スト」や「チョコ」とは略せるが「ス」や「チョ」の1モーラ形には略せない)や，近畿方言の1モーラ語が2モーラの長さに発音される(たとえば「手」「目」「蚊」「血」が「てえ」「めえ」「かあ」「ちい」と伸ばされる)のもこの制約による現象であるが，英語の場合には閉音節(CVC)という構造の音節を選択することでこの制約を守ろうとしている．閉音節で母音が長ければCVVCという3モーラの長さの音節ができあがり，母音が短ければCVCという2モーラの音節ができあがる．いずれにしても，閉音節を選択することによって1モーラ語という短すぎる長さの語を避けることができるのである．開音節 > 閉音節 という有標性の原理より，「1モーラ語を避ける」という原理の方が強く働いたために，(35)のような結果が生じていると考えられる．

　もっとも，ここで忘れてはならないことは，いくら英語で閉音節の頻度が高いとは言っても，閉音節100%という言語ではないということである．すでに述べたように開音節100%という究極の開音節言語はあっても，閉音節100%という完全な閉音節言語は存在しない．閉音節よりも開音節の方が無標の音節構造であるから，より基本的な構造を持たずに特殊な構造だけ有するという状態は出てこないのである．

練習問題 7.12

すべての音節が開音節であるという言語は存在しても，すべての音節が閉音節であるような言語は存在しないと言われている．これはなぜか．

(d) 子音結合

音節構造に関する三つ目の有標性制約は子音結合に関するものである．常識的に考えてもわかるように，子音が2個連続する構造は子音1個の構造よりも複雑である．3個連続する構造はそれよりさらに複雑である．これは頭子音，尾子音のいずれについてもあてはまる．有標性の尺度で表すと(36)のようになる．

(36)　a.　CV > CCV > CCCV
　　　b.　VC > VCC > VCCC

(36)の制約もまた，人間の言語における音節の生起分布，子供の言語獲得，失語症における喪失の三つの側面に現れてくる．人間の言語ではCCVがあればCVもあり，また英語のようにCCCV(たとえば *stray* [streɪ])を許容する体系ではCCVやCV(*stay* [steɪ], *say* [seɪ])も許容する．(36b)に記した尾子音の場合にも同じことが言える．3桁の計算ができる子供は1桁や2桁の計算もできるというのと同じ理屈である．裏を返すと，CCVがあってCVのない言語や，CCCVがあってCCVのない言語は存在しないということである．

同じことが言語獲得にもあてはまる．子供の言語発達ではCVからCCV，そしてCCCVへと発音できる音節構造が広がり，またVCからVCC, VCCCへと広がっていくと言われている．失語症では逆にCCCVやVCCCを先に失い，その次にCCV, VCCへ，さらにはCVCやCVへと発音できる構造が限定されていくと考えられている．頭子音の位置でも尾子音の位置でも，単純な構造の方が複雑な構造より発音しやすいというわけである．もっとも，子音が二つ連続するより一つの方が単純だとは言え，1より0の方が単純であるというわけではない．尾子音だけを問題にすると，前節で述べたようにCVの方がCVCよりも単純であるが，頭子音の場合にはVの方がCVよりも単純という

わけにはいかない．本節(c)で述べたように頭子音は存在する方が自然であるから，V よりも CV の方が無標ということになる．(36)はあくまでも子音が存在する場合の尺度である．

　日本語の歴史を(36)の尺度と照合して見ると，日本語は(36)の有標性制約を守りながら，無標だけの構造から有標の構造をわずかながら許容する体系へと発達してきている．わずかながらと言ったのは，頭子音の位置だけに子音が二つ連続する構造を許容し，しかもその子音結合が「きゃ(kya)，きゅ(kyu)，きょ(kyo)」や「りゃ(rya)，りゅ(ryu)，りょ(ryo)」などの拗音に限られているからである．英語では頭子音位置でも尾子音位置でも 3 個までの子音結合が許容され(たとえば *strength* [streŋkθ])，さらに語頭の CC という子音結合だけ見てみても，*trust* の [tr-] や *stay* の [st-]，*clean* の [kl-] のように，比較的多くの子音が子音結合に参加できる．日本語の場合には頭子音位置にだけ 2 個の子音結合が許容され，しかも二つ目の子音に来るのは /y/ の子音だけである．このように日本語では子音結合に関する制限が非常に厳しいために，英語などから [tr-] や [str-] などの子音結合を含む語を借用する場合には，母音挿入という手段を用いてこの制限を守ろうとする．*trust* は /to.ra.su.to/，*street* は /su.to.rii.to/ という音形で借用されるのである．これらの例では波線(⁓)の母音が子音結合制約によって挿入された母音，実線(_)の母音が尾子音を嫌う(31)の制約によって挿入された母音である．このように日本語では千余年の歴史を経て，拗音の借用によって子音結合に関する規制がほんのわずか緩やかになったと言える．

練習問題 7.13

CVC という音節構造と VCC という音節構造ではどちらが有標か．

(e) 音節構造の多様性

　本節では，日本語の基本構造と言われる CV の音節構造がじつは日本語だけにあてはまることではなく，人間の言語に共通した原理であることを考察した．「CV が基本」という考え方は，じつは頭子音を要求する制約，尾子音を禁じる

制約，そして子音結合を禁じる制約の三つの制約から成り立っている．これらの制約はすべて日本語という個別言語が持つ制約ではなく，人間の言語に共通して課される制約である．言語間の違いは，これらの制約をどのくらい忠実に守ろうとするかということから生じてくる．昔の日本語のように三つの制約をかなり忠実に守ろうとする言語がある一方で，英語やロシア語などのようにいずれの制約に対しても緩やかな制限しか課さない言語もある．その間にさまざまなタイプの言語が位置しているのである．

日本語は頭子音，尾子音，子音結合のいずれの制約についても基本的な構造を基調としているが，歴史的過程の中で若干の変化をとげている．つまり千余年の歴史の中で頭子音が欠如した構造や，尾子音が付いた構造，そして頭子音位置に子音が二つ連続する拗音の構造まで許容範囲を広げてきている．本節(b)~(d)で述べた三つの音節構造制約のすべてについて，日本語は無標の構造を出発点として有標の構造を若干許容する体系へと発展してきているのである．

ここで，問題の三つの制約がお互いに独立したものであることを強調しておきたい．尾子音を禁じる(31)の制約と子音結合を禁じる(36)の制約の二つを考えてみても，前者の制約を守る言語が必ず後者の制約を守るとは限らない．逆もそうである．*street* [stri:t] という語を借用する場合を考えるならば，その借用形は(37)に示すように多様である．

(37) *street* の借用形

(31) \ (36)	守る	守らない
守る	su.to.rii.to	strii.to
守らない	su.to.riit	striit

日本語のように両方の制約を忠実に守る言語であれば /su.to.rii.to/ という4音節語として借用され，両方の制約を守らない（つまり有標の構造を許容する）言語であれば /striit/ という音形の1音節語で借用することであろう．また(31)の尾子音制約だけを守る言語であれば，子音結合をそのままにして /strii.to/ という2音節語として借用するであろうし，(36)の子音結合制約だけを守る言語

ならば/su.to.riit/(ないしは/sut.riit/)という音形で借用することが予想される.

(30)の頭子音制約と(31)の尾子音制約を組み合わせても多様な借用形が可能となる. *eight*[eɪt] という語の場合には(38)に示す四つの音形が考えられる(℃は何らかの挿入子音を意味する). 現代日本語は頭子音制約がそれほど強くないために, /ei.to/という音形を選択することになる.

(38)　*eight* の借用形

(30) \ (31)	守る	守らない
守る	℃ei.to	℃eit
守らない	ei.to	eit

頭子音制約, 尾子音制約, 子音結合制約の三つの制約が組み合わされると, さらに多くの可能性が考えられる. 英語の *east* という語が借用される場合には(39)のような音形が出てくる. どの音形を選択するかは, その言語が三つの制約をどのくらい忠実に守るかということによって決まる.

(39)　℃ii.sut, ℃ii.sto, ii.su.to, ℃iist, ii.sut, ii.sto

すべての制約を厳密に守る言語であれば/℃ii.su.to/ という音形を選択するであろうし, 逆にすべての制約について制限の緩い体系であれば/iist/ という原語に近い音形を選択することになる. この二つの音形の間に(39)にあげるような多くの可能性が存在しているのである.

ところで(30)(31)(36)にあげた三つの音節構造制約がお互いどの程度関連したものであるかについては, まだ十分な研究が行われていない. 独立した制約とはいえ, すべて音節構造に関する制約であるから, 一つの制約だけを忠実に守って, 他の二つの制約はまったく守らないというような言語体系は考えにくい. そのような言語は不可能ではないにしても, おそらく数の上では少ないものと推察される. 昔の日本語のように三つの条件すべてについて非常に厳しい制限を課している言語や, 現代英語のようにすべての制約について非常に緩やかな制限しか課さない言語が比較的多いであろうと推察されるが, その中間に

どのような組み合わせがあって，どの組み合わせが人間の言語に多いのかという興味深い疑問が未解決のままである．今後の実証的な研究を待たなくてはならない．

練習問題 7.14

treat [triːt] という英単語を /to.riit/ という音形の 2 音節語として借用する言語は，音節構造に関してどのような制約を持っている言語と言えるか．また，借用形が /to.rii.to/ となる言語や /trii.to/ となる言語の場合には，どう分析できるか．

7.6 母音挿入

音節に関する議論を終える前に，外来語に起こる母音挿入の現象がどのような原理によって決定されるかという問題を考えてみたい．古くは漢語において閉音節(CVC)を避けるために母音が挿入され，最近でも英語などから語を借用する際に同様の母音挿入が起こっている．

(40) a. gak + mon → ga.ku.mon (学問)
　　　b. strike → su.to.rai.ku (ストライク)

すでに述べたように，このような母音挿入が起こる第一の動機は，借用語を日本語の音節構造に合致させようとする力である．中国語や英語に比べ日本語は音節構造に関する制約が厳しく，ほとんど基本的な構造しか許容しない体系であった(ある)ために，そのような言語から単語を借用する際に日本語の音節構造に合わせようとする力が働く．(40)にあげた母音挿入はそのような力が働いた結果である．しかしながらここで見落としてしまいがちなのが，原語の音形を保とうとする力も同時に働いていることである．出力構造を入力構造に限りなく近づけようとするこの力を第5章では忠実性の原理と呼んだ(5.2節，5.3節)．この原理が音節構造制約に対抗する力として，借用語における母音挿入現象にも働いているのである．忠実性の原理を100%守るのであれば，すべての外来語が原語と同じ語形や音形で借用される．逆に

忠実性の原理がまったく働かないのであれば，[straɪk] という外来語に対して「サタライカ」(sa.ta.rai.ka)とか「セテライケ」(se.te.rai.ke)というような音形も可能となってくる．もっと極端な言い方をすると，[straɪk] という原語に対して /ga.ku.mon/ という借用形が出てくることも不可能なことではない．常識から考えてそのようなことはないと思われるであろうが，この常識を支えているのが入力と出力を一致させようとする忠実性の原理なのである．[straɪk] という音形と /ga.ku.mon/ という音形は非常に類似性が薄いことから，この常識を反映した原理に照らし合わせてみて，この両者が入力–出力の関係にあることはまず考えられない．/ga.ku.mon/ が出力候補になる前に，/sa.ta.rai.ka/ や /se.te.rai.ke/ などの音形がもっと優れた出力候補となるはずである．これらの音形は /ga.ku.mon/ に比べ，[straɪk] という入力形にはるかに近い音形を持っているからである．

　では [straɪk] という入力形に対して「ストライク」(su.to.rai.ku)という音形が選択されるのはなぜであろうか．日本語の音節構造に合致させるために母音を挿入するというのであれば，一番発音しやすいと言われる [a] の母音を一貫して挿入してもいいし，あるいは [e] を挿入してもいいはずである．このような母音ではなく [u] や [o] が挿入されるのはなぜであろう．また，なぜ [s] や [k] の後には [u] が挿入され，[t] の後には [o] が挿入されるのであろうか．どのような決まりによって挿入母音の選択がなされるのであろうか．じつはこれらの疑問に答えてくれるのが，今述べた忠実性の原理である．

　日本語が英語から単語を借用する際に選択している挿入母音は [i][u][o] の 3 母音である．この中で一番多く用いられるのが [u] であり，他の二つの母音は特定の音声環境にしか出てこない．具体的には，[t] や [d] の後では [o] の母音が挿入され，[tʃ] や [dʒ] の後では [i] が挿入される．[k] に後続する位置で [i] が挿入されることもあるが，これは古い借用語に見られる特徴で，現在では [u] が選択される (*strike* に「ストライキ」と「ストライク」の 2 形が，また *ink* に「インキ」と「インク」の 2 形があるのはこのためである)．以上述べた環境を除くと，すべての環境で [u] が挿入される．(41)にあげた例でこのことを確認してみよう (下線部が挿入母音)．促音の「っ」が挿入されることについては窪

蘭(1995, 第4章)を参照されたい.

(41) a. [o] bat → [bat.to̥], accent → [a.ku̥.sen.to̥], bed → [bed.do̥],
middle → [mi.do̥.ru̥]

b. [i] inch → [in.tʃi̥], beach → [biː.tʃi̥], vbadge → [bad.dʒi̥],
bridge → [bu̥.rid.dʒi̥], cake → [keː.ki̥],
strike → [su̥.to̥.rai.ki̥], ink → [in.ki̥]

c. [u] strike → [su̥.to̥.rai.ku̥], ink → [in.ku̥], cap → [kjap.pu̥],
log → [lo.gu̥], file → [Φai.ru̥], plastic → [pu̥.ra.su̥.tʃik.ku̥],
gum → [ga.mu̥]

なぜ [u] がもっとも一般的な挿入母音かというと，この母音は日本語の中で一番短く発音される母音で(つまり同じ長さで発音しているつもりでも音声的には一番短く)，[i] と並んでもっとも無声化しやすい母音であるからである(2.4節(g)参照). つまり日本語の5母音の中でも一番母音性の低い母音であり，母音としての特性がもともと一番低いのである. このような特性を持った母音を挿入すれば，原語の発音に一番近い借用形が得られる. 無声化しやすい母音であることを考え合わせると，挿入してももっとも被害が少ない母音であることが想像できる. つまりこの母音を挿入することにより，日本語の音節構造に合致する構造を作り出しながら，入力である原語の発音に一番近い音形が得られるのである. 最近の外来語だけでなく，その昔に漢語が借用されたときにもこの母音がもっとも一般的な挿入母音であったというのも偶然のことではあるまい(たとえば「作文」は [u] を挿入して /saku̥bun/ となった).

入力に限りなく近い音形を作り出すために [u] という母音が挿入母音として選択されることを理解した上で，次に [o] と [i] が挿入される場合を考えてみよう. この場合にも働いている力は入力と出力を限りなく近づけようとする忠実性の原理である. 今かりに bat という語に [u] という母音を挿入して発音してみる. 機械的に挿入すると [bat.tu] という音形が得られるのであるが，残念ながら日本語の体系には [tu] という音が存在しない. tour [tʊə] という語を「ツアー」(すなわち [tsu.aː]) と発音することからもわかるように，日本語の /t/ の子音は [u] という母音と結合する場合に [tsu] という破擦音になる. [tu] ではな

く [tsu] となるのである (3.4節参照). この体系上の要請に従って bat という語を借用すると [bat.tsu] という音形が得られる. ところが実際に発音してみるとわかるように, [bat.tsu] (つまり「バッツ」) と発音したのでは英語の bat という語との同一性が明瞭でなくなってしまう. [bat.tsu] と聞いてもそれから英語の bat が復元できなくなるおそれさえでてきてしまうのである. これに対して [o] という母音を挿入母音として選択すると [bat.to] (つまり「バット」) という音形が出てくる. これは [u] より母音性の高い, [o] という母音を挿入しているものの, 原語にあった語末の [t] という閉鎖音をそのまま保存している発音である. すなわち語末の子音に関する限り, 原語の発音に忠実な音形なのである. 英語の bat という語を聞いてそれを借用語として発音しようとした際, [u] を挿入して得られる [bat.tsu] という音形よりも, [o] を挿入して得られる [bat.to] の音形の方が原語の発音に近いということになる. 同じ要因が [d] の後の挿入母音にもあてはまる. すなわち, 日本語の /d/ の子音音素は [u] の前で [dzu] ないしは [zu] となり [du] とはならない. このために bed を [bed.dzu] という音形で借用するより, [o] という母音を挿入して [bed.do] という音形で借用した方が, 原語に近い発音が得られるのである.

　[tʃ] や [dʒ] に続く位置で [i] が挿入されるというのも同じ忠実性の原理で説明できる. 日本語では /t/ と /d/ の音素が [i] という母音の前で [ti] や [di] ではなく [tʃi], [dʒi] となる. これは [i] という母音の影響で [t] と [d] がそれぞれ口蓋化 (硬口蓋化) してできた音である. 言い換えるならば, [tʃ], [dʒ] という破擦音と [i] という母音はともに硬口蓋という場所で作り出されている音である (母音の前舌という調音点は子音の硬口蓋という調音点と同じであることを思い出されたい (2.5節, 3.4節)). このため inch や badge などのように [tʃ] や [dʒ] の後ろに何か母音を挿入しなければならない状況が生まれた場合, [i] という母音を挿入するのがもっとも自然であるということになる. つまり, [tʃ] や [dʒ] という硬口蓋子音は [i] という母音と同じ音色を自らの中に含んでいるのである. これに対して, [tʃ] や [dʒ] の子音の後ろに [u] という母音を挿入したとすると inch や badge がそれぞれ [in.tʃu], [bad.dʒu] となってしまい, 原語が持つ発音から離れてしまう. 原語の発音にもっとも近い音形を作り出すという目標を達成する

7.6 母音挿入　233

のであれば，[u] という一般的な挿入母音ではなく [i] を選択するのが最適であるという結論に至るのである．

このように(41)に示した挿入母音の選択には，入力となる原語の発音にできるだけ近い発音を出力として作り出したいという力が働いている．[o] や [i] の場合には，日本語の/t/,/d/ という子音音素が [i], [u] という二つの母音の前で発音を変えるという日本語内部の要因が加わることになるが，挿入母音の最終的な選択において忠実性の原理が働いていることには変わりない．すなわち，一方では日本語の音節構造に合致しながら，他方では入力（原語の発音）にできるだけ忠実な出力を選び出そうとする，このような二つの力がぶつかり合った結果，[u] や [o], [i] という三つの母音がそれぞれしかるべき環境において選択されているのである．

最後に，ここで問題になっている音節構造制約と忠実性の原理がともに普遍的な原理であることをあらためて強調しておきたい．できるだけ入力構造に近い出力を出そうとする忠実性の原理はきわめて常識的なもので，日本語だけにあてはまるものでないことは容易に理解できる．同じように頭子音や尾子音，子音結合に関する3種類の音節構造制約も普遍的なものであり，どの制約をとってみても，基本的な（つまり無標の）構造と複雑な（有標の）構造の区別はすべての言語に共通した有標性の原理として定義されるものである．ただ音節構造制約の場合には，有標構造をどこまで許容するかによって言語間の差異が生じる．外国語から単語を借用する際に受け入れ側の言語によって借用音形が異なってくるのはこの違いを反映している．このような言語差異はあっても，もともと有標性の原理として言語の普遍的な特質を反映したものであることには変わりはない．

有標性の原理はもともと発音を容易にしようとする動機付けを持っている．この章で論じた3種類の音節構造制約の場合にも，音節構造が単純で基本的なものになるほど，発音しやすい構造が作り出されることになる．一方，入力と出力の同一性を要求する忠実性の原理は,「出力から入力を回復できるべきである」,つまり「入力が復元できないような出力は避けなければならない」という動機付けを持っている．借用語に見られる母音挿入という現象の背後には，

音変化と語源

　もともと同じ単語から派生した二つの単語が，時間を経るにつれて関連性が意識されなくなってしまうことがしばしばある．とりわけ両者の間に発音の違いが生じる場合にはその傾向が強くなる．たとえば2.5節(g)で紹介した「光」と「ピカリ」，「ヒヨコ」と「ピヨピヨ」がその一例である．もともと[p]という子音を持つ同音語であったものが，名詞の方だけ音変化に巻き込まれてしまい「ぴかり」から「ひかり」，「ぴよこ」から「ひよこ」へと変わってしまったとされている．子音の発音が変わっただけではなく，現代の日本語では「ぴ」と「ひ」の子音は意味的な対立を引き起こす異なる音素(/p/-/h/)である．異なる音素を含むようになっては両者の語源的関連性を意識するのは少しむずかしい．「ひかり(hikari)-ぴかり(pikari)」のようにミニマルペアをなす場合にはなおさらである．

　発音が変わったと言えば，日本語と英語のペアにも語源を同じくする単語がいくつかある．「茶」と *tea*,「台風」(「大風」)と *typhoon*,「日本」と *Japan*(マルコ・ポーロの Cipangu(ジパング)より)などがその例で，中国付近に存在した語が東に西に移動して，このようにすっかり発音の違うペアを作り出してしまった．

　発音が変わった例は外来語同士のペアにも見られる．カルタ(ポルトガル語)-カルテ(ドイツ語)-カード(英語)や，スコップ(オランダ語)-スクープ(英語)，コップ(オランダ語)-カップ(英語)，ガラス(オランダ語)-グラス(英語)などはいずれも語源を同じくするペアであるが，日本語に入ってきた言語が異なるために発音が違ってくる．しばしば意味も異なってしまうために，語源的につながりがあることを見落としてしまいやすい．

　文字が変わってしまうことによって語源がつかみにくくなる場合も数多い．「湖=水海」，「蛤=浜栗」，「瞼=目蓋」などはその好例である．これらの例は語源的には複合語でも，現代語の中では単純語として定着している．それゆえ机の上の辞書でも(脳内の)心的辞書でも，「海」や「栗」「蓋」とは直接関連性のない独立した語彙項目となる．

　外来語の中にも，日本語に定着してしまった結果，漢字で表記されるようになり，外来語ということすらわからなくなってしまったものがある．たとえば

合羽(カッパ, capa), 天麩羅(テンプラ, tempero), 釦(ボタン, botão), 煙草(タバコ, tabaco), 金平糖(コンペイトー, confeito), 歌留多(カルタ, carta), 南瓜(カボチャ, カンボジアを意味する Cambodia から)など, いずれも戦国時代にポルトガル語から日本語に入ってきた外来語である.

　文字と発音の両方が変わってしまうと, さらに語源がたどれなくなってしまう. 7.5節で引用した「嘆き=長息」,「すみれ=墨入れ」などがその例である. 類例に「近江=淡海」(awaumi → oomi),「りんどう=竜胆」(riutan → rindoo),「ついたち(一日)=月立」,「夫=男人」(ohito → otto)などがある. 英語でも *husband*(*house* + *band*), *good-bye*((*May*) *God be* (*with you*))などは綴り字と発音がともに変わってしまい, 語源がたどりにくくなっている.

発音を楽にしようとする有標性の原理と, 出力から入力を回復することを要求する忠実性の原理の二つの原理が常に力の張り合いをして, その力がぶつかりあうところで挿入母音の選択がなされているのである.

---練習問題 7.15---
　外来語における挿入母音の選択に忠実性の原理がどのように関係しているか考察しなさい.

演習問題

7.1 モーラと音節の違いを簡潔に説明した上で, それらの概念を用いて次に例示する日本語(東京方言)の外来語アクセントと英語の名詞アクセント(強勢)の現象をそれぞれ一般化しなさい(/⏋/ はアクセント核を, 英語の大文字は強勢音節を意味する).
  (a) アトラ⏋ンタ, アルゼ⏋ンチン, クリス⏋マス, スト⏋レス, ラ⏋ジオ, アリゾナ, アイダホ
  (b) at.LAN.ta, a.PEN.dix, ar.gen.TI.na, ho.RI.zon, ar.i.ZO.na, RA.di.o, a.MER.i.ca, BAL.co.ny

7.2 次のデータをもとに, 音節という概念を用いて鹿児島方言の複合語アクセント規則を定式化(一般化)しなさい.

あお̄,あ̄か,お̄に,ペ̄ン,むらさ̄き,あおお̄に,あかお̄に,
あおペ̄ン,あかペ̄ン,あおむらさ̄き,あかむらさ̄き,
あおしんご̄う,あかしんご̄う

7.3 東京方言では「X次郎」という複合語人名はどのようなアクセント規則に従っているか. 次の名前のアクセント型を分析しながら, その規則を述べなさい. またその規則が, 7.4節(e)で紹介した「金太郎」「桃太郎」などの「X太郎」のアクセント規則とどのように異なっているかも, あわせて検討しなさい.

(a) 小次郎(こ), 与次郎(よ), 弥次郎(や)
(b) 紋次郎(もん), 金次郎(きん), 新次郎(そう), 宗次郎(こう), 高次郎, 正次郎(しょう)
(b′) 桃次郎(まめ), 豆次郎, 金次郎(かね), 正次郎(まさ), 高次郎(たか), 力太郎(りき)
(c) 力次郎(ちから), ウルトラマン次郎, 頭次郎(あたま)

7.4 「一」という文字で終わる日本人の名前(義一, 与一, 彦一, 浩一, 健一など)を20個以上収集し, そのアクセント型を分析しなさい. その分析にモーラと音節がどのように関わっているか, あわせて考察しなさい.

7.5 字余りの俳句や川柳, 短歌の音節構造を分析し, 字余りと音節の間に関連性があるかどうかを考察しなさい.

7.6 日本語や英語以外の言語について, (英語などからの)外来語がどのように発音されているかを, 母音挿入という観点から分析しなさい. またその分析をもとに, その言語の音節構造を論じなさい.

読書案内

日本語音声と音韻論・音韻理論に関する主要な文献を，最近刊行されたものを中心に，一般的な（初学者向けの）ものから専門的なものへと順に並べてみる．国語学，言語学，音声学の各分野における古典的な研究については，下記の文献の参考文献欄を参照されたい．

入門書・啓蒙書

[1] 小松英雄(1981):『日本語の音韻』(「日本語の世界」第7巻)中央公論社.
音声学や日本語音声学に関する入門書は多いが，日本語の音韻構造をわかりやすく解説した本は比較的少ない．この本は，音便や連濁など日本語の基本的な音声現象をおもに歴史的視点から解説した本であり，初学者でも読める内容となっている．

[2] 田中真一，窪薗晴夫(1999):『日本語の発音教室』くろしお出版.
日本語学習者(外国人)と日本語教師を目指す大学生を対象に執筆された日本語音声の入門書．豊富な用例と設問が特徴で，添付のCD(カセットテープ)を使って母音・子音からアクセント，リズム，イントネーションまで，日本語の発音と日本語音声の基礎が独学で学べるように工夫されている．

[3] 天沼寧，大坪一夫，水谷修(1978):『日本語音声学』くろしお出版.
数多い日本語音声学の概説書の一つ．実験音声学や音韻理論の観点から見ると少し物足りない記述となっているが，日本語音声をはじめて学ぶ人にはわかりやすいかもしれない．カセットテープ(別売)を活用されたい．

[4] 小泉保(1997):『音声学入門』大学書林.
一般音声学の入門書である．いろいろな言語に関する記述があって少しむずかしく感じられるかもしれないが，別売りのカセットテープを使うと独学も無理ではない．

[5] 窪薗晴夫(1998):『音声学・音韻論』(日英語対照による英語学演習シリーズ1)くろしお出版.
日本語と英語の対照を基調にして，音声学と音韻論の基本概念や主要分野を解説した概説書．日本語から英語へ，あるいは英語から日本語へと自分の知識を広げたい人や，対照言語学的観点から日英語の音声を学びたい人に奨めたい．

[6] 日本音響学会(編)(1996):『音のなんでも小事典』講談社ブルーバックス.
音声の研究をもう少し広い視点から学びたい読者に最適である．心理学をはじめとす

る言語学の周辺分野から，音の知覚を含む音声研究の諸分野に関する，身近で面白いテーマを数多く解説している．

[7] Vance, Timothy J. (1987): *An Introduction to Japanese Phonology.* State University of New York Press.

日本語より英語の方が読みやすい，あるいは英語で日本語音韻論を学びたいという読者には適当な入門書．音声学の基礎からアクセントまで日本語音韻論の諸分野がカバーされている．

[8] Pinker, Steven (1994): *The Language Instinct.* William Morrow and Company. 椋田直子(訳)，『言語を生み出す本能』，NHK ブックス．

人間が言葉を操るのは蜘蛛が蜘蛛の巣を作るのと同質の現象であるという立場から，生成文法の基本的な考え方を言語研究の諸分野について解説した啓蒙書．音声に関する章も含んでいる．大津由紀雄(編)，『言語』(「認知心理学」3，東京大学出版会，1995)も同類の文献と言える．

[9] 小林春美，佐々木正人(編)(1997):『子どもたちの言語獲得』大修館書店．

特に言語獲得というテーマについて最近の研究を知りたい人にお奨めの本である．音声や文法の獲得から手話文法に至る言語獲得の諸分野を解説している．

テーマ別専門書

[10] 田窪行則，前川喜久雄，窪薗晴夫，本多清志，白井克彦，中川聖一(1998):『音声』(岩波講座「言語の科学」第2巻)岩波書店．

人間の音声を総合的に学びたい人へ奨めたい本である．音声科学の基礎を，音声学，音韻論，生理学，音声合成，音声認識の五つの分野から解説している．内容的には概説書と専門書の中間的なレベルである．

[11] カッケンブッシュ寛子，大曽美恵子(1990):『外来語の形成とその教育』(日本語教育指導参考書16)国立国語研究所．

外来語の発音について学びたい人にとって最適の本である．外来語の音韻構造を母音の挿入，促音の添加，アクセントなど，いろいろな視点から分析していて，資料集としても利用価値がある．

[12] 杉藤美代子(監修)(1989):『日本語の音声・音韻』(上)(講座「日本語と日本語教育」2)．明治書院．

日本語音声をもう少し本格的に学びたいという人に奨めたい論文集の一つ．連濁や母音の無声化，アクセント，イントネーションなどを分析した論文を含んでいる．

[13]　杉藤美代子(監修)(1997):『日本語音声』[1][2] 三省堂.
文部省の科学研究費による大型研究プロジェクト「日本語音声」の成果をまとめたもので，内容的には [12] の続編と言えなくもない．第1巻は方言音声に関する論文を，第2巻は東京方言のアクセントやイントネーション，ポーズに関する論文を集めている．

[14]　音声文法研究会(編)(1997/99):『文法と音声』[1][2] くろしお出版.
文法や談話，形態の各構造と音声構造(イントネーションやアクセントなどのいわゆるプロソディー)との関係を考察した最新の論文を収めたもの．

[15]　杉藤美代子(1994-):『日本語の音声の研究』全7巻, 和泉書房.
日本語音声の実験分析で著名な著者の長年の研究を集大成した全7巻の大著．日本語音声の実験的研究の入門書としての役割も果たす内容である．各巻の題目を見て，自分の関心に合致した巻(章)から読み始めるとよい．

[16]　窪薗晴夫(1995):『語形成と音韻構造』くろしお出版.
日本語と英語の語形成過程に見られる音韻特徴を，構造や規則にかかる制約という観点から分析し，両言語の共通性を指摘した論考である．日本語に存在する2種類の複合語(音韻的に一つにまとまる複合語とまとまらない複合語)を，意味構造や統語構造，リズム構造などの視点から分析している．

[17]　窪薗晴夫, 太田聡(1998):『音韻構造とアクセント』(日英語比較選書10)研究社出版.
日本語と英語は言語類型的に対照的であるとする伝統的な音韻分析に対し，アクセント規則や音節現象などに見られる日本語と英語の共通性を指摘した論考．概説書ではないが，音韻論に関する基礎知識を持っていれば十分に読める内容である．

[18]　早田輝洋(1999):『音調のタイポロジー』大修館書店.
日本語諸方言の語アクセント，音調の規則を，朝鮮語や中国語をはじめとするアジアの諸言語の規則と比較し，音調の類型を提案しようとする論考．日本語のアクセントを類型論的観点から考察した野心作である．

[19]　Goldsmith, John. (ed.) (1995): *The Handbook of Phonological Theory*. Blackwell.
最近の音韻理論と理論的分析について俯瞰図を示してくれる論文集．モーラや音節，アクセントといったテーマについて一般言語学的な解説を与えてくれる．日本語の音声現象をもう少し理論的に，あるいは一般言語学的視点から分析してみたいという人には必須の文献である．

[20] Tsujimura, Natsuko (ed.) (1999): *The Handbook of Japanese Linguistics*. Blackwell.
日本語を理論的観点から分析した論考を集めた文献．モーラや音節，アクセントなどを分析した論文も数編含まれている．

事典・電子辞典・音声分析ソフト
[21] 金田一春彦，林大，柴田武(編)(1988):『日本語百科大事典』大修館書店．
日本語の特徴を音声，文法，形態などさまざまな観点から解説した百科事典．歴史的な事実もうまくまとめてあり，気楽に読める事典である．
[22] 杉藤美代子(1995):『大阪・東京アクセント音声辞典』丸善．
65000語におよぶ単語のアクセント情報と約5600語の基本語彙および短文を収めたCD-ROM版アクセント辞典．少々高価であるが，パソコンを使って日本語主要方言のアクセントが検索できる，便利な電子辞書である．従来のアクセント辞典(本)を使った手作業に比べ，その数十分の1の時間でアクセントの統計分析ができるようになった．
[23] 杉藤美代子(監修・著)(1998):『マルチメディア方言ライブラリ――日本列島ことばの探検』富士通ビー・エス・シー．
[13]と同じ科学研究費プロジェクトの成果をもとにしたCD-ROM版の方言資料．日本語の諸方言(20地点)の語り手が昔話「桃太郎」を語る音声をはじめ，アイヌ語の語りや日本語各地のアクセント・イントネーションが簡単に聞ける．パソコンが操作できれば，初学者でも楽しく利用できる．
[24] 「SP4WIN Pro」NTTアドバンステクノロジ社．
Windows 95/98/NTに対応した音声処理ソフトウェアで，この条件を満たすパソコンであれば特別な周辺機器なしでピッチやスペクトルの分析ができる．これまでの分析ソフトより格段に安価で入手できるのが魅力である．

参考文献

Cutler, A., Mehler, J., Norris, D. G. & Segui, J. (1983): A language-specific comprehension strategy. *Nature*, **304**, pp.159–160.

Fromkin, V. (1973): *Speech Errors as Linguistic Evidence*. Mouton.

伊藤友彦・辰巳格(1997): 特殊拍に対するメタ言語知識の発達.『音声言語医学』(日本音声言語医学会), 38-2, pp.196–203.

Jakobson, R. (1968): *Child Language, Aphasia and Phonological Universals*. Mouton.

服部四郎(編・監訳),『失語症と言語学』, 岩波書店, 1976 所収.

金田一京助(1976):『日本語の変遷』講談社学術文庫.

金田一春彦・林大・柴田武(編)(1988):『日本語百科大事典』大修館書店.

Kubozono, H. (1989): The mora and syllable structure in Japanese: Evidence from speech errors. *Language and Speech*, **32-3**, pp.249–278.

Kubozono, H. (1995): Perceptual evidence for the mora in Japanese. In B. Connell & A. Arvaniti (eds.), *Phonology and Phonetic Evidence: Papers in Laboratory Phonology IV*. (pp.141–156), Cambridge University Press.

窪薗晴夫(1995):『語形成と音韻構造』くろしお出版.

窪薗晴夫(1996a): 英語の複合語強勢について. 天野政千代他(編),『言語の深層を探ねて』, pp.3–17, 英潮社.

窪薗晴夫(1996b): Syllable and accent in Japanese: Evidence from loanword accentuation.『音声学会会報』(日本音声学会), 211 号, pp.71–82.

窪薗晴夫(1996c): 東京方言の複合名詞アクセントと音節構造. 国語学会平成 8 年度春季大会口頭発表(予稿集, pp.125–132).

窪薗晴夫(1998): 音韻論. 岩波講座「言語の科学」第 2 巻『音声』, 岩波書店.

窪薗晴夫(1999): 歌謡におけるモーラと音節. 音声文法研究会編『文法と音声』2, pp.243–262, くろしお出版.

窪薗晴夫・太田聡(1998):『音韻構造とアクセント』(日英語比較選書 10), 研究社.

日本音響学会編(1996):『音のなんでも小事典』講談社ブルーバックス, 講談社.

Otsu, Y. (1980): Some aspects of *rendaku* in Japanese and related problems. *Theoretical Issues in Japanese Linguistics*. (*MIT Working Papers in Linguistics*. 2),

pp.207–227.
Prince, A. & Smolensky, P. (1993): *Optimality Theory: Constraint Interaction in Generative Grammar.* m.s. Rutgers University (Blackwellより2004年出版).
佐藤大和(1989): 複合語におけるアクセント規則と連濁規則. 杉藤美代子(編),『日本語の音声・音韻』(上),(講座「日本語と日本語教育」第2巻), 明治書院.
杉藤美代子(1965): 柴田さんと今田さん——単語の聴覚的弁別についての一考察.『言語生活』165号, pp.64–72.(杉藤美代子著『柴田さんと今田さん』(「日本語音声の研究」第6巻)に再録).
Treiman, R. (1986): The division between onsets and rimes in English syllables. *Journal of Memory and Language,* **25**, pp.476–491.
Trubetzkoy, N. S. (1958/69): *Grundzüge der Phonologie (Principles of Phonology).* University of California Press. 長嶋善郎(訳),『音韻論の原理』岩波書店, 1980.
上野善道(1984): 地方アクセントの研究のために.『国文学 解釈と鑑賞』昭和59年5月特別増刊号.
Ujihira, A. & Kubozono, H. (1994): A phonetic and phonological analysis of stuttering in Japanese. *Proceedings of ICSLP '94,* Yokohama, Japan, **3**, pp.1195–1199.
氏平明(1997): 吃音の引き金の日英比較.『大阪大学日本学報』第16号, pp.49–67.
Vance, T. J. (1987): *An Introduction to Japanese Phonology.* State University of New York Press.
渡部眞一郎(1996): 母音体系の類型論. 音韻論研究会編『音韻研究——理論と実践』, pp.113–116, 開拓社.
安本美典(1978):『日本語の成立』講談社現代新書.
Zec, D. (1995): The role of moraic structure in the distribution of segments within syllables. In J. Durand & F. Katamba (eds.), *Frontiers of Phonology: Atoms, Structures, Derivations.* Longman.

索　引

−3の（アクセント）規則　　179, 202, 206, 208
dvandva compound　　137
OCP　　123
post-nasal voicing　　119
p音　　60
syllable　　190
tの有声化　　91
UPSID　　24
[voice]　　8, 90

ア 行

アクセント　　194
アクセント核　　179, 203
アクセント核調整規則　　202
アクセント単位　　140, 212
アラビア語　　23, 26
言い間違い　　80, 94, 163
異音　　73
イ音便　　152
異音変異　　74, 111
異化　　123
一般化　　1, 2, 68
意味制約　　132
咽頭　　19
ウ音便　　40, 152
ウムラウト　　30
英語の名詞アクセント　　185, 210
枝分かれ制約　　139

円唇母音　　33
オノマトペ　　57, 61, 134
音韻　　67
音韻論　　x
音声素性　　8, 86
音節　　5, 144, 147, 181, 190
音節言語　　149, 150, 163, 184, 198, 201
音節構造　　148, 191, 207, 217
音節量　　222
音素　　6, 66, 108
音素体系　　71
音素配列規則　　130
音便　　152

カ 行

開音節　　73, 221
開口度　　26, 33, 45
開母音　　33
外来語　　115, 229
　──の平板化　　205
外来語アクセント　　179, 202, 210
鹿児島方言　　57, 153, 162, 181, 183, 198
歌謡　　156, 200
含意の法則　　21, 32
漢語　　109, 115
聞こえ度　　192
気息　　74

244　索　引

吃音　176
訓令式　76, 80
軽音節　207
経済性　43, 125
形態音素　108
形態音素交替　108
形態素　108
言語獲得　13, 21, 45, 52, 68, 153, 219, 221, 225
言語喪失　21, 53, 219, 225
構音　19
交換エラー　94, 164
口腔　19
口腔母音　30
口子音　48
後舌母音　28, 32
喉頭　16
口母音　30
高母音　33
声　8, 38, 49, 53, 91
呼吸　16
語種　115
五十音図　27, 58
混成エラー　167
混成句　168
混成句エラー　168
混成語　168, 172
混成語エラー　168
混成語実験　174
混成文　168
混成文エラー　168

サ 行

最小対語　72

逆さ言葉　58
ささやき声　18, 39
三項対立　87
子音　20, 191
　──の交替　110
子音結合　192, 225
子音性　20, 49, 52
重音節　207
出力　114
シラビーム方言　183, 198
シラブル　147
自立拍　149
自立モーラ　149, 203
心理的実在性　80
スペイン語　127
清音　55, 117
声帯　16, 38, 42
声調　124
声道　16, 19, 38
声門　16
接近音　47, 54, 58
狭母音　33
前舌母音　28, 32
相補分布　66, 73, 76
阻害音　48, 52, 54, 58, 123
側音　47
促音　148, 160
促音化　40
促音便　40, 152, 222
素性分析　88, 90

タ 行

タイ語　54, 75
代償延長　182

索　引　245

代入エラー　166
濁音　55, 57, 117, 123
惰性　43
弾音化　91
短音節　207
短縮語　57, 224
短母音　73
単母音化　97
中国語　54, 75, 109, 117, 124
忠実性の原理　114, 118, 132, 216, 230
中母音　33
中和　43, 125
調音　19
長音節　207
調音点　45, 50
調音法　45, 51
長母音　73, 148, 160
低母音　33
同化　43, 79, 113
頭子音　218, 219
頭子音制約　219, 228
特殊拍　149
特殊モーラ　149, 203

ナ　行

内在時間長　41
長さの法則　170, 173
縄張り　125
　——の原理　27
二項対立　87
二重母音　148, 149, 160
入力　114

ハ　行

拍　146, 195
破擦音　48, 52
弾音　47
撥音　119, 148, 160
発音器官　16
発音のしやすさ　43
撥音便　120, 152, 222
発声　16
破裂音　48
半母音　47
鼻音　48, 54, 58
鼻腔　19
鼻腔閉鎖音　49
鼻子音　48
尾子音　218, 221
尾子音制約　221, 227
左枝分かれ構造　138
必異原理　123
ピッチ　17
鼻母音　29
広母音　33
複合語アクセント　121, 127, 136, 139, 212, 215
複合名詞　5
複数感覚知覚　81
分節音　6
閉音節　73, 221
閉鎖音　48, 52
平唇母音　33
平板式アクセント　128, 136, 180, 205
閉母音　33

並列構造　*131*
並列複合語　*137*
ヘボン式　*76, 82*
弁別機能　*67*
母音　*19, 191*
　――の交替　*108*
　――の無声化　*92, 231*
母音空間　*26, 67*
母音削除　*217*
母音性　*20, 59, 192*
母音挿入　*217, 229*
母音体系　*23, 26, 67*
母音融合　*97, 182, 217*

マ行

マガーク効果　*81*
摩擦音　*47, 52*
末子音　*218*
右枝分かれ構造　*138*
ミニマルペア　*72*
無気音　*74*
無声　*16, 43*
無声音　*8*
無声子音　*50*
無声母音　*38*
無標　*9*
モーラ　*144, 146, 195*

モーラ音素　*149*
モーラ言語　*149, 160, 184, 201*

ヤ行

有気音　*74*
有声　*16*
有声音　*8*
有声子音　*50*
有標　*9*
有標性　*1, 9, 28, 38, 50, 51, 219, 221, 225*
　――の原理　*219, 233*
拗音　*119, 155, 218, 226*
予測可能性　*11*

ラ行

ライマンの法則　*123*
ラテン語　*124, 185, 210*
リズム　*146, 156, 193*
流音　*47*
連濁　*5, 43, 89, 113, 131*
ローマ字　*76*

ワ行

和語　*115*
わたり音　*79*

■岩波オンデマンドブックス■

現代言語学入門 2
日本語の音声

1999 年 4 月 21 日	第 1 刷発行
2013 年 5 月 15 日	第 12 刷発行
2016 年 9 月 13 日	オンデマンド版発行

著 者　窪薗晴夫（くぼぞのはるお）

発行者　岡本　厚

発行所　株式会社　岩波書店
　　　　〒101-8002　東京都千代田区一ツ橋 2-5-5
　　　　電話案内　03-5210-4000
　　　　http://www.iwanami.co.jp/

印刷／製本・法令印刷

© Haruo Kubozono 2016
JASRAC 出 1607565-601
ISBN 978-4-00-730479-8　　Printed in Japan